Kohlhammer

Der Autor

Georg Milzner ist Diplom-Psychologe und Psychologischer Psychotherapeut. Als Hypnotherapeut und Bewusstseinsforscher hat er sich mit den mythischen Wurzeln unserer Kultur beschäftigt und zu den Bezügen von Spiritualität und seelischer Gesundheit geforscht und publiziert. Mehrere Jahre gehörte er dem Vorstand der Deutschen Gesellschaft für Hypnose und Hypnotherapie (DGH) an und ist heute Ausbilder und Supervisor der Schweizerischen Ärztegesellschaft für Hypnose (SMSH). Georg Milzner arbeitet in eigener Praxis in Oldenburg und als Forschungsleiter und Therapeut am Institut für Hypnotherapie in Düsseldorf. Er veröffentlichte Bücher u. a. zur Hypnotherapie von Schmerzerkrankungen und zur Hypnotherapie bei Psychosen sowie zu den seelischen und mentalen Herausforderungen der Digitalisierung.

Georg Milzner

Hypnotherapie mit Archetypen

Alte Bilder des Unbewussten in moderne Therapie integrieren

Verlag W. Kohlhammer

Dieses Werk einschließlich aller seiner Teile ist urheberrechtlich geschützt. Jede Verwendung außerhalb der engen Grenzen des Urheberrechts ist ohne Zustimmung des Verlags unzulässig und strafbar. Das gilt insbesondere für Vervielfältigungen, Übersetzungen und für die Einspeicherung und Verarbeitung in elektronischen Systemen.

Pharmakologische Daten verändern sich ständig. Verlag und Autoren tragen dafür Sorge, dass alle gemachten Angaben dem derzeitigen Wissensstand entsprechen. Eine Haftung hierfür kann jedoch nicht übernommen werden. Es empfiehlt sich, die Angaben anhand des Beipackzettels und der entsprechenden Fachinformationen zu überprüfen. Aufgrund der Auswahl häufig angewendeter Arzneimittel besteht kein Anspruch auf Vollständigkeit.

Die Wiedergabe von Warenbezeichnungen, Handelsnamen und sonstigen Kennzeichen berechtigt nicht zu der Annahme, dass diese frei benutzt werden dürfen. Vielmehr kann es sich auch dann um eingetragene Warenzeichen oder sonstige geschützte Kennzeichen handeln, wenn sie nicht eigens als solche gekennzeichnet sind.

Es konnten nicht alle Rechtsinhaber von Abbildungen ermittelt werden. Sollte dem Verlag gegenüber der Nachweis der Rechtsinhaberschaft geführt werden, wird das branchenübliche Honorar nachträglich gezahlt.

Dieses Werk enthält Hinweise/Links zu externen Websites Dritter, auf deren Inhalt der Verlag keinen Einfluss hat und die der Haftung der jeweiligen Seitenanbieter oder -betreiber unterliegen. Zum Zeitpunkt der Verlinkung wurden die externen Websites auf mögliche Rechtsverstöße überprüft und dabei keine Rechtsverletzung festgestellt. Ohne konkrete Hinweise auf eine solche Rechtsverletzung ist eine permanente inhaltliche Kontrolle der verlinkten Seiten nicht zumutbar. Sollten jedoch Rechtsverletzungen bekannt werden, werden die betroffenen externen Links soweit möglich unverzüglich entfernt.

1. Auflage 2024

Alle Rechte vorbehalten
© W. Kohlhammer GmbH, Stuttgart
Gesamtherstellung: W. Kohlhammer GmbH, Stuttgart

Print:
ISBN 978-3-17-044403-4

E-Book-Formate:
pdf: ISBN 978-3-17-044404-1
epub: ISBN 978-3-17-044405-8

Inhalt

Einleitung 9

1 **Mythen, Märchen und Archetypen in der therapeutischen Praxis** 15
    1.1   Alles beginnt mit den Mythen 15
    1.2   Der Unterschied zwischen Märchen und Mythen 16
    1.3   Warum Archetypen keine Geschichten sind 17
    1.4   Die Welt der großen Bilder 18
    1.5   Vorwürfe gegen die Archetypen-Lehre 19

2 **Hypnotherapie und das kollektive Unbewusste** 21
    2.1   Vom individuellen zum kollektiven Unbewussten 21
    2.2   Wie können wir uns das kollektive Unbewusste vorstellen? .. 22
    2.3   Warum Archetypen keine Ich-Zustände sind 22
    2.4   Was können wir über Archetypen wissen? 24
    2.5   Archetypus und Imagination 25
    2.6   Imagination bei Jung und Paracelsus 26
    2.7   Hypnotherapie und Imagination 27

3 **Die therapeutische Arbeit mit Archetypen** 29
    3.1   Wenn archetypisches Geschehen ins Leben eindringt 29
    3.2   Das eigene Leben als archetypisch geprägt begreifen 31
    3.3   Archetypen und Trance 32
    3.4   Die zwei Seiten eines Archetypus 34
    3.5   Erste Schritte der hypnotherapeutischen Arbeit mit Archetypen 37

4 **Innere Heilerinnen und Ärzte: Archetypen der Heilung** 39
    4.1   Von der Magie zur Heilkunst 39
    4.2   Eine innere Begegnung 40
    4.3   Unterschätztes Selbstwissen 41
    4.4   Geheilt werden oder verarztet werden? 43
    4.5   Der verwundete Heiler 44
    4.6   Die Arbeitsweise innerer Heilerinnen und Heiler 45
    4.7   Ruppige Heilmethoden 47
    4.8   Innere Heilung und innere Warnung 48

	4.9	Selbstwissen und universelles Heilwissen	49
5	**Der Archetyp der Großen Mutter**		**51**
	5.1	Mutter-Archetyp und Vater-Archetyp	51
	5.2	Die Große Mutter und die Macht der Natur	52
	5.3	Die lichte Seite des Archetyps der Großen Mutter	54
	5.4	Gaia wird dich halten	55
	5.5	Der dunkle Aspekt der Großen Mutter	57
	5.6	Das Universelle der Großen Mutter	58
	5.7	Die Große Mutter und die weibliche Autonomie	59
6	**Archetypen des Kampfes 1: Vom Krieger zum Helden**		**61**
	6.1	Archetypisches Wirken zwischen Zerstörung und Heilung	61
	6.2	Die Verdrängung des Krieger-Archetyps	63
	6.3	Wie der Krieger-Archetyp auch im Verborgenen wirkt	64
	6.4	Der Krieger in seinen Erscheinungsformen	65
	6.5	Selbstopferungen und Helden	66
	6.6	Von der dunklen zur lichten Seite des Kriegers	67
	6.7	Wenn Krieger Heilern begegnen	69
7	**Archetypen des Kampfes 2: Die wehrhafte Frau**		**70**
	7.1	Nicht erobern, sondern verteidigen	70
	7.2	Suchprozesse einer Kriegerin	71
	7.3	Mit Mary Poppins in den Kampf	73
	7.4	Die junge Frau im Harnisch	75
	7.5	Wenn die Furie erwacht	76
	7.6	Helle und dunkle Aspekte der wehrhaften Frau	77
8	**Der Archetyp des göttlichen Kindes**		**80**
	8.1	Das Wissen des göttlichen Kindes	80
	8.2	Die Erscheinung des göttlichen Kindes	81
	8.3	Das göttliche Kind und das innere Kind	82
	8.4	Die Besonderheit des göttlichen Kindes	83
	8.5	Das göttliche Kind als Erlösungsfantasie	83
	8.6	Das göttliche Kind und der unreife Mann	84
	8.7	Das göttliche Kind und die höhere Naivität	85
9	**Närrinnen, Clowns und Irre**		**87**
	9.1	Ein unterschätzter Archetypus	87
	9.2	Hofnärrinnen und Klassenclowns	87
	9.3	Narren und Verrückte	88
	9.4	Narr und Närrin in der Therapie der AD(H)S	89
	9.5	Ein Archetypus gegen Willkür und Herrschaft	91
	9.6	Der Trickster als heilkundiger Provokateur	93
	9.7	Der Narr und das tiefere Wissen	94

10	**Der Archetyp der alten Weisen**	**96**
10.1	Die Fließgrenze zwischen Narren und Weisen	96
10.2	Wenn Weisheit das Alter adelt	96
10.3	Jenseits einfacher Ratschläge	97
10.4	Eine Selbsterfahrung mit weisen Alten als spirituellen Mentoren	99
10.5	Der alte weise Mann und seine Jugend	101
10.6	Die richtige Wahl treffen	102
10.7	Die alte weise Frau und ihre Eigenarten	103
10.8	Eine Trance von kommendem Alter und Weisheit	105

11	**Archetypen der Freiheit und Kraft 1: Die wilde Frau**	**107**
11.1	Sehnsucht nach dem Wilden in uns	107
11.2	Rituale zur Wildheit	108
11.3	Jungfrau und sexuell autonome Göttin	109
11.4	Die wilde Frau und die Tiere	109
11.5	Tierfrauen	110
11.6	Staunen über die wilde Frau	112
11.7	Durchsetzungskraft und Zartheit	113
11.8	Die wilde Frau und die Intuition	114

12	**Archetypen der Freiheit und Kraft 2: Der wilde Mann**	**116**
12.1	Der Mann in den Wäldern	116
12.2	Der wilde Mann als therapeutisches Thema	117
12.3	Den wilden Mann in Trance erleben	118
12.4	Eisenhans und die Folgen	119
12.5	Männergruppen auf der Suche nach dem wilden Mann	120
12.6	Der grüne Mann als Hüter der Wildnis	122

13	**Der gute Hirte und die große Gärtnerin: Archetypen der Sorge**	**124**
13.1	Das stille Heilen	124
13.2	Der mythische Hintergrund der Sorge	125
13.3	Überhandnehmende Besorgnis	125
13.4	Die Balance der Möglichkeiten	127
13.5	Sorgen als Kompensation der Sicherheit	128
13.6	Sorge tragen, anstatt sich Sorgen zu machen	129
13.7	Die dunkle Seite der Fürsorge	129
13.8	Die Sorge zu sich einladen	130
13.9	Selfcare mit dem Archetypus der Sorge	132

14	**Der Archetyp des Orts der Gesundung**	**134**
14.1	Der Ort der Gesundung als spirituell aufgeladener Ort	134
14.2	Der Ort der Gesundung als innerer Ort	135
14.3	Der Weg zum Ort der Gesundung	136
14.4	Die Höhle des Gesundens	138

	14.5	Der Wald des Gesundens	140
	14.6	Der Berg des Gesundens	142
	14.7	Der See der Gesundung	144
	14.8	Das Meer der Gesundung	146
15		**Der Archetyp des wissenden Tiers**	**148**
	15.1	Die drei Wurzeln des Archetyps vom wissenden Tier	148
	15.2	Das wissende Tier als Symbol	149
	15.3	Das tierische Erbe als unbewusstes Wissen	151
	15.4	Ebenen der Tierbegegnung in Trance	152
	15.5	Wissende Tiere in ihrer Mehrschichtigkeit	153
	15.6	Die dunkle Seite des Archetypus vom wissenden Tier	155
16		**Der Drache und der Schatz, den er hütet**	**157**
	16.1	Schrecken und Heilungswissen der Drachen	157
	16.2	Die Vielgestalt der Drachen	158
	16.3	Der Drache und das Schlangensymbol	159
	16.4	Drachen imaginativ schauen	160
	16.5	Von Drachen träumen	162
	16.6	Die Drachenhöhlen-Trance	163
	16.7	Was ist das, einen Drachen besiegen?	164
	16.8	Das Wissen des Drachen	166

Literatur **167**

Stichwortverzeichnis **175**

Einleitung

Das archetypische Feld, aus der Analytischen Psychologie C. G. Jungs stammend und inzwischen weit in die Welt der Coachings und Selbstfindungsgruppen hineingewachsen, ist zu groß und zu bedeutsam, um es allein von einer psychotherapeutischen Schule bestellen zu belassen. Längst ist es ja auch von Anhängerinnen und Anhängern anderer therapeutischer Vorgehensweisen betreten worden.

So tauchen zum Beispiel bei manchen Systemischen Aufstellungen Bezugnahmen auf Archetypen auf. In der Gestalttherapie und -pädagogik fand der Archetyp der Heldenreise Beachtung (Rebillot 2011). Die Psychosynthese Roberto Assagiolis begreift Archetypen in einem spirituellen Sinn. Transpersonale Psychologie und Psychotherapie nehmen gleichfalls auf archetypisches Geschehen Bezug, was nicht verwundert, da Jung selbst ja Archetypen als transpersonal benannte und damit begriffsprägend wirkte. Und endlich ist die Begegnung mit archetypischen Inhalten auch in der psychedelischen Forschung von Bedeutung.

Mit dem vorliegenden Buch möchte ich zeigen, wie die Hypnotherapie als vergleichsweise junge Therapieform mit zugleich archaischem Hintergrund die Arbeit mit Archetypen aufnehmen, nutzen und weiterentwickeln kann.

Archetypische Kräfte können jede Psychotherapie anreichern, die es mit dem Unbewussten ernst meint. Für Therapeutinnen und Therapeuten, die mit veränderten Bewusstseinszuständen arbeiten, gehören sie zum Besten, was das alte Wissen des Unbewussten uns anzubieten hat. Denn sie vermögen selbst da zu wirken, wo Menschen in ihrer Biographie anscheinend keine Ressource finden können, weil sie so voll ist von Entsetzen und Schmerz.

Für alle, die hypnotherapeutisch arbeiten, legt die archetypische Welt daher unverzichtbares Material bereit. Es handelt sich hierbei jedoch weniger um einen Werkzeugkasten als vielmehr um ein vitales Gelände voller Ressourcen, die aus der Menschheitsgeschichte erwachsen sind.

Archetypen gehen nämlich über das gelebte Leben hinaus. Sie erwachsen aus einem kollektiven Gedächtnis (Halbwachs 1985) und sind daher mehr als die Summe aller individuellen Lernerfahrungen. Vielmehr sind sie Urkräfte, die auch denen helfen können, denen anscheinend sonst nichts hilft. Aber wie alle Urkräfte fügen sie sich nicht einem modernen Verständnis von Ressourcen und ihrer Zugänglichkeit, sondern wollen verstanden, erkundet und mit Respekt genutzt werden.

So gleicht die Einladung, die Welt der Mythen und der Archetypen in therapeutischer Hinsicht zu erkunden, der Einladung in einen dunklen, in weiten Teilen unerforschten Wald. Über diesen Wald ist zwar viel geredet und geschrieben worden, aber bis heute ist die Anzahl derer, die sich wirklich in ihn hinein- und womöglich durch ihn hindurchgewagt haben, überschaubar. Das hat etwas damit zu tun, dass es in diesem Wald nicht nur auf heimelige Weise esoterisch zugeht, sondern mitunter auch recht unheimlich, ja herausfordernd und manchmal auch so, dass wir mit Wirklichkeiten konfrontiert werden, die dann auf einen Schlag alles Spekulative verlieren.

Indem wir diese Wirklichkeiten der Psyche aber erkunden und uns mit ihren Wirkweisen vertraut machen, werden sie zu machtvollen Werkzeugen der Heilung und der Transformation. Es zeigt sich, dass in uns ein Wissen liegt, das Jahrtausende überdauert hat – und das bedeutet, es muss sich um ein Wissen handeln, dass sich bewährt hat. Wie beim Wald, von dem wir heute neu entdecken, das er ein Ort der tiefen Begegnung und der Gesundung ist, so kann auch dies große Potenzial der inneren Heilung von uns neu entdeckt werden.

Der Begriff »Archetyp« wurde durch Carl Gustav Jung berühmt, ist aber eigentlich älter. Platon hat ihn benutzt, dann Plotin und auch bei Kant und bei Henri Bergson taucht er auf. Ursprünglich meinte der Begriff so etwas wie ein Urbild, eine Vorstellung oder Idee von etwas, das noch nicht existiert, aber werden soll. Platon zum Beispiel kannte die Evolutionslehren noch nicht; seinem Verständnis zufolge lag jeder Erscheinung der Welt ein Urbild zugrunde: eben der Archetyp. Goethe war von dieser Vorstellung noch beeinflusst, seinem Denken zufolge gab es eine Urpflanze, auf die alle botanischen Entwicklungen zurückgeführt werden konnten.

In unserem Unbewussten kommen zwar Urbilder vor, doch ist ein Archetypus in seelischer Hinsicht noch mehr. Nämlich ein hoch dynamisches Geschehen, das uns emotional mitnimmt und dessen begleitende Bilder uns in Träumen und Fantasien erreichen. Wer sich auf die Arbeit mit Archetypen einlässt, sollte daher im Blick behalten, dass es hier nicht nur um Bilder geht, sondern um seelische Urkräfte, die eine beträchtlich Gewalt entwickeln können. Jung selbst gibt mit seiner nationalsozialistischen Verstrickung ein Beispiel dafür, wie dies aussehen kann.

Archetypen sind in der Therapie so etwas wie der Fingerhut, die Pilze oder die Schlangengifte in der Medizin. Sie sind machtvoll, können da heilen, wo andere Substanzen dies nicht vermögen, und können zugleich unser Ruin sein. Ein vom Krieger-Archetypus besetzter Mensch etwa kann in unserer anscheinend so friedvollen und unmilitärischen westlichen Welt plötzlich als Amokläufer wiederkehren. Aber ein Mensch, der aus einem Leiden heraus dem Archetypus der inneren Heilerin begegnet, kann hier etwas finden, was es draußen in der Welt nicht gibt.

Als junger Therapeut, ich hatte eben mein erstes Buch veröffentlicht und würde in einigen Monaten Vater werden, erkrankte ich an einem juckenden Hautausschlag. Eine Neurodermitis sei das nicht, befand ein befreundeter Arzt, vielleicht ein Kontaktekzem.

Vielleicht, ja. Aber an so etwas glaubt man als Psychologe nicht unbedingt. Vor allem nicht, wenn man mit neuen Substanzen gar nicht in Berührung gekommen ist. »Vielleicht auf die Ernährung etwas achten, nicht zu sauer essen«, meinte ein alter Drogist, der mit reichem Kräuterwissen ausgestattet war, aber von seelischen

Dynamiken weniger wusste. »Guck doch mal, wann das auftritt«, meinte eine Kollegin und auch sie hatte auf ihre Weise recht.

Ich hatte zu dieser Zeit eben zwei psychotherapeutische Ausbildungen beendet und begonnen, mich mit einem dritten Verfahren auseinanderzusetzen. In diesem – der Analytischen Psychologie nach Jung – spielten unbewusste Instanzen eine große Rolle. Anders als in der Hypnotherapie, wo man schon einmal so etwas wie einen »inneren Helfer« aufrief, waren sie keine Erfindungen oder Benennungen von noch nicht bewusst gewordenen Persönlichkeitsanteilen, sondern schienen die Menschheitsgeschichte seit jeher begleitet zu haben.

Einige Hypnotherapeutinnen und Hypnoanalytiker arbeiteten mit der Metapher des inneren Arztes, deren archetypischer Hintergrund in diesem Buch im vierten Kapitel ausgelotet wird (▶ Kap. 4). Das Bild gefiel mir. Aber was mich nicht befriedigte, war der Umstand, dass nie erklärt wurde, was das eigentlich sei. Eine innere Ärztin, ein innerer Heiler, eine seelische Instanz, die mehr wusste als mein Bewusstsein – was sollte das sein?

Das Modell, mit dem ich zu arbeiten begann, gründete sich auf Daten, die ich der Neurobiologie entnahm. Es sah so aus: Die Milliarden Nervenzellen in unserem Gehirn sind so vernetzt, dass über maximal sieben Zwischenstellen alles mit allem in Verbindung steht. Die konkreten Angaben über die mutmaßliche Anzahl unserer Neuronen differieren zwar immer wieder, aber das gewaltige Ausmaß der inneren Vernetzung bleibt. Nimmt man diese ernst, so muss unser Gehirn eigentlich über alles Bescheid wissen, was in unserem Körper vor sich geht. Und so könnte die Gestalt eines inneren Heilers oder einer inneren Ärztin so etwas wie eine Repräsentation dieses Wissens sein; eine Instanz, die das Selbstwissen verkörpert, das uns beigegeben ist und das man mittels der Therapie in Trance nutzen kann (Milzner 1996).

Ich begann damals, mit meinem inneren Arzt in Trancen in Kontakt zu gehen. Gleich erwies sich, dass er keineswegs ein Arzt war, sondern ein Heiler, der zugleich etwas von einem Magier hatte. Zu diesem Zeitpunkt wusste ich noch nicht, dass der heutige Arzt nur ein Splitter vom Magier-Archetypus ist, während andere Anteile dieses Archetypus in der Szene der alternativ Heilkundigen, in spirituellen Gruppen und in der Kunstwelt anzutreffen sind.

Mein innerer Heiler sprach zu mir. Aber das war kein Gespräch, kein Gerede. Sondern es waren klare und zugewandte, in den Weisungen unmissverständliche Sätze. Ich konnte das, was er sagte, befolgen oder eben nicht. Zu diskutieren war hier nichts, was für die archetypische Welt übrigens generell gilt.

Dass ich ohne Medikamente gesundete, verdanke ich, da bin ich sicher, dem Kontakt mit dieser heilenden Instanz. Ich gehe im Kapitel über innere Heilerinnen und Ärzte noch vermehrt hierauf ein und zeige auch an Beispielen, wie der Heilungsweg gegangen werden kann (▶ Kap. 4). Hier vorerst nur eins: Man muss es wirklich ernst meinen damit. Das sonst so richtige Bild vom therapeutischen Werkzeugkasten greift bei archetypischen Energien nicht. Es sei denn, man würde diesem Werkzeugkasten einen Zauberstab beigeben, dessen Möglichkeiten man nur begrenzt kennt und der einem selbst die Kunst beibringt, mit ihm umzugehen.

Ich begreife meine Arbeit als Psychologe, Therapeut und Bewusstseinsforscher als fortwährendes Brückenschlagen zwischen dem, was die Digitalisierung und die Künstliche Intelligenz an Neuem bringen kann, und dem, was unser Unbewusstes an altem Wissen enthält. Hier die Chancen des maximalen Vernetzt-Seins, des Zugriffs auf wissenschaftliche Veröffentlichungen auch ohne akademischen Abschluss und die Chance, sich eine Öffentlichkeit zu schaffen – von welchen Followern auch immer. Dort der Anschluss an ein tieferes Wissen, in dem es so etwas wie Schicksal gibt und das Ego auf einer Schicht aus Bewusstseinsinhalten schwimmt wie die Schlacke auf geschmolzenem Silber.

Hier die Verheißungen der Silizium-Welt, aus der heraus womöglich neue Definitionen des Menschseins, von Bewusstsein und von Leben überhaupt entstehen werden. Dort die Schätze früherer Zeitalter, in denen Kräfte des Unbewussten wirken, die dem nur vorgeblich steuernden Bewusstsein möglicherweise überlegen sind.

Es ist kein Zufall, dass gerade heute die Kulturen früherer Jahrtausende, das Schamanentum, das Kräuterwissen und die Kommunikation mit der uns umgebenden Natur wieder erstarken. Sie transportieren ein Wissen, das nicht gegen die moderne Wissenschaft gerichtet ist, sondern ihr eine andere, ältere Form von Wissenschaft an die Seite stellt. Und immer da, wo die moderne Wissenschaft an Grenzen stößt, wird das alte Wissen wieder gesucht.

Es ist dieser Blick auf das alte Wissen des Unbewussten, den ich mit meinem Buch stärken möchte. Es ist vor allem für therapeutisch, beratend oder seelsorgerisch Tätige geschrieben worden, wendet sich aber auch an Klientinnen und Patienten sowie an alle, die an den Heilungsprozessen aus dem Unbewussten heraus Interesse haben.

Sie können dieses Buch daher ebenso als eine Sammlung therapeutisch hilfreicher archetypischer Muster lesen wie auch als eine Erkundung Ihres eigenen unbewussten Potenzials. Es umfasst viele seelisch bedeutsame Themen, mit denen es sich lohnt, in Kontakt zu treten. Vielleicht werden Sie oder Ihre Patientinnen sich in der wilden Frau wiederfinden oder die Freiheit des Narren in sich und Ihren Klienten entdecken.

Sollten Sie sich mit Archetypen schon beschäftigt haben, werden Sie sich vielleicht fragen, warum ich zum Beispiel den Schatten-Archetypus oder auch Anima und Animus als Geschlechterpolaritäten weggelassen habe. Der Grund ist einfach, dass das Buch sonst erheblich zu dick geworden wäre. Ich habe mich deswegen entschieden, dieses Buch über jene Archetypen zu schreiben, die ich als Therapeut in den dreißig Jahren meiner hypnotherapeutischen Arbeit als besonders *heilkräftig* empfunden habe. Vielleicht wird ein Buch über Archetypen der Selbstfindung, in dem dann auch Animus, Anima und der Schatten vorkämen, irgendwann folgen.

Die Hypnotherapie mit Archetypen lässt sich als eine Form der Hypnodynamik (Eberwein 2001) oder der Hypnoanalyse (Milzner 2000) verstehen. Sie ist dynamisch, insofern sie mit Kräften arbeitet, die aus dem Unbewussten heraus gestaltend wirken. Sie ist analytisch, insofern sie das Wissen über Archetypen nutzt, um das innere Geschehen von Klientinnen und Klienten in heilsamer Weise zu moderieren.

Zugleich aber ist sie ungemein praxisrelevant, weil ausnahmslos jeder Mensch über diese Ressourcen verfügt.

Ich habe dieses Buch in den Corona-Zeiten begonnen, die ersten Niederschriften entstanden während des ersten Lockdowns. Mein Eindruck verstärkte sich dabei, dass gerade angesichts von Pandemien und anderen weltumgreifenden Krisen unsere unbewussten Potenziale neue Bedeutung erlangen. Diese setzen zwar Viren nichts entgegen, weil sie auf anderen Ebenen wirken. Aber für unser psychisches Intakt-Sein haben sie, gerade weil sie sich in tausenden von Krisen bewährt haben, viel anzubieten.

Auch Seuchen und Pandemien haben im Übrigen eine archetypische Entsprechung. Sie bringen in Bevölkerungen mitunter eigene, ohne Einsicht in die kollektiv unbewusste Welt nur schwer erklärbare Muster hervor. Dazu wird die Krankheit oder das sich verbreitende Virus schnell personifiziert und die so entstehenden Bilder docken dann an andere, ältere an (Snowden 2019). Um solchen Archetypen des Unheils entgegenzuwirken, gibt es kein besseres Mittel, als sich mit den Archetypen zu befassen, die heilen.

1 Mythen, Märchen und Archetypen in der therapeutischen Praxis

1.1 Alles beginnt mit den Mythen

Am Anfang der Psychotherapie als einer eigenständigen Behandlungsform stehen keine neurophysiologischen Befunde, sondern Mythen. Ödipus und Elektra, sowie der in unserer Zeit so dominante Narziss formten die Bilderwelt der frühen Psychoanalyse. Freud sah sich selbst mit einem mythisch zumindest eingefärbten Blick in der Tradition Josefs, des Traumdeuters am Hof des Pharao. In C. G. Jung erkannte er einen dem Siegfried der Nibelungen-Sage verwandten Typus, von dem er sich gewiss auch eine Nibelungen-Treue erwartet hatte. Neben Freud und später Jung ist vor allem Otto Rank ein Pionier der Arbeit mit dem Mythischen gewesen.

Mythologisches Wissen ist mehr als eine Angelegenheit spezialisierter Geisteswissenschaftlerinnen und Kulturforscher. Vielmehr ist es für jeden Menschen, der seelische Tiefendimensionen therapeutisch und selbst erfahrend erforscht ein »unverzichtbares Instrument« (Grof 2019, S. 61). Dass es nach diesem Instrument ein Bedürfnis gibt, signalisieren nicht zuletzt die Unterhaltungsindustrie und die Kinder- und Jugendliteratur. Wenn Hollywood mit »Thor« die germanische Mythologie neu bebildert und dabei sogar die Regenbogenbrücke nicht vergisst und wenn die Percy-Jackson-Bücher den griechischen Götterhimmel neu in ihre Erzählungen einweben, dann folgen sie damit auch einem Bedürfnis nach Anschluss an die Mythenwelt. Einem Anschluss, der durch populäre Bücher und Filme im Übrigen leichter zu erreichen ist als durch schwerfällige Gelehrsamkeit.

Mythen sind nicht unwissenschaftlich, sondern ergänzen die Wissenschaft (Hübner 2013). Waren sie in ihrer Urform etwas, was immer alle betraf – alle Angehörigen eines Stammes, einer Religion, einer Kultur –, so wurde es in der Moderne möglich, das Mythische gleichsam zu individualisieren. Das erlaubte auch dem einzelnen Menschen, aus sich selbst einen Mythos zu machen. Das vielleicht bekannteste Beispiel hierfür gab Friedrich Nietzsche mit seinem Werk »Ecce Homo«, das er mutmaßlich bereits im Tertiär-Stadium der Syphilis verfasste (Gschwend 2000).

David Feinstein und Stanley Krippner meinen, dass jegliche Wahrnehmung von Wirklichkeit mythisch sei, weil unser Bewusstsein mythisch konstruiert ist. Auch bilden wir, ob wir es wollen oder nicht, individuelle Mythologien heraus. Im Unterschied zu früheren Zeitaltern sind diese jedoch nicht mehr an das Schicksal eines Volks oder einer Dorfgemeinschaft gebunden, sondern vor allem an die Entwicklung des eigenen Selbst (Feinstein & Krippner 1995).

1.2 Der Unterschied zwischen Märchen und Mythen

Mythen bleiben. Sie bilden so etwas wie »die Grundlage der Spiritualität, der geistigen Erfahrung der Natur« (Rätsch 2019, S. 11). Dies trifft auch auf manche Märchen zu; »Frau Holle« zum Beispiel nimmt Motive der »alten Göttin« (Storl 2014) auf. Märchen sind allerdings vielgestaltiger als Mythen, sie beziehen neben spirituellen Inhalten auch soziale Spannungsfelder und Rollenkonflikte mit ein.

Ein Märchen ist zunächst einmal eine Geschichte. Eine Mär ist etwas erfundenes Erzähltes. Was dies Erzählte »märchenhaft« macht, sind die Einsprengsel von Fantastischem, nicht Realistischem. Es gibt fliegende Teppiche und Wunderlampen, in Vögel verwandelte Menschen und Häuser, die ihre Gestalt verändern. Goldtaler fallen vom Himmel, daumengroße Kinder trinken aus Blütenkelchen, und eine beleidigte Fee versetzt ein ganzes Schloss in jahrhundertelangen Schlaf. Dazu kommen Bilder des magischen Schreckens: Ein Mädchen liegt, von Zwergen beweint, mit einem vergifteten Apfelstück im Hals in einem gläsernen Sarg. Tote Seeräuber erwachen des Nachts zum Leben, Teufel quälen einen tapferen Königssohn und ein abgeschlagener Pferdekopf hängt an der Wand und spricht.

Märchen haben in den 80er und 90er Jahren viele psychotherapeutisch Arbeitende beschäftigt. Mit dem Stärker-Werden der Neurowissenschaften ging das Interesse an ihnen jedoch merklich zurück; die Aufmerksamkeit der therapeutischen Welt wandte sich tendenziell von unbewussten Sphären ab und dem zu, was die Hirnforschung zu ermöglichen versprach.

Wenn der Psychoanalytiker Wolfdietrich Siegmund recht hatte, so ist das Verblassen der Märchenspur im allzu hellen Licht der Neurowissenschaften ein schwerer Verlust. Siegmund meinte, dass dort, wo die Märchen nicht mehr sprechen, der Lebenspfad dunkler werde (Siegmund 1984). Ich würde es anders sagen: Die Welt der Märchen nicht zu kennen bedeutet, ein Stück seelischen Bodens unter den Füßen zu verlieren.

Denn Märchen vermitteln ja ein tiefes seelisches Wissen. Die berühmten Anfänge etwa »In den Zeiten, als das Wünschen noch geholfen hat ...« oder »In alten Zeiten, als Menschen und Tiere noch dieselbe Sprache sprachen ...« verweisen nicht so sehr auf die Fantasie einer ursprünglichen Harmonie, sondern vor allem auf eine Entfremdung von größeren Zusammenhängen. Wir wissen, dass Wünsche durchaus mitunter helfen, indem sie nämlich, ernsthaft formuliert, unbewusste Dynamiken in Gang bringen. Was die gemeinsame Sprache von Menschen und Tieren angeht, so spielt dies auf die unglückliche Trennung eines überheblichen Menschen-Bewusstseins von der umgebenden Natur an, der es selbst doch entstammt. Insofern transportieren Märchen die Kenntnis unseres Eingewoben-Seins in größere Zusammenhänge. Sie sind die Spur – oder besser, *eine* Spur, der wir folgen können, wenn wir dieses Eingewoben-Sein wieder erfahrbar machen wollen.

Überdies vermögen Märchen dem aktuellen gesellschaftlichen Mainstream etwas entgegenzusetzen. Marie-Louise von Franz hat vor dem Hintergrund von literaturhistorischen Debatten darauf hingewiesen, dass Märchen zwar manchmal aus Motiven zusammengesetzt sind, die verschiedenen Kulturen entstammen. Doch würden sie dort, wo sie erzählt werden, immer als ein eigenständiges Ganzes erzählt.

Und zwar so, dass das erzählte Märchen kompensatorisch sei zu der Bewusstseinshaltung, die im jeweiligen Land vorherrsche (von Franz 1985).

In letzter Zeit ist das psychologische Interesse an Märchen neu erwacht. Dies jedoch nicht mehr so sehr unter therapeutischem oder tiefenpsychologischem Blickwinkel, sondern eher aus einer allgemein psychologischen Perspektive, die das Märchen multifunktional sieht. Es vermittelt Lernerfahrungen und illustriert wesentliche psychologische Erkenntnisse etwa aus der Motivations- oder der Sozialpsychologie (Frey 2017). Dies alles eingebettet in eine Erzählstruktur, der wir gern folgen, weil sie uns im Innersten vertraut erscheint.

1.3   Warum Archetypen keine Geschichten sind

Unter hypnotherapeutisch Arbeitenden gibt es wunderbare Storytellerinnen und Märchenerzähler, die Bilder finden und Geschichten erfinden von dem, was Immunkräfte stärkt und Symptome lindert. Manchmal hat dies etwas Märchenhaftes, manchmal sind die so gebildeten Metaphern von starker Suggestivkraft. Märchen sind, wie es der Schriftsteller und Märchenfachmann Frederik Hetmann ausgedrückt hat, einerseits Traumgesichte, andererseits Zauberspuren (Hetmann 1982).

Archetypen aber sind *keine* Geschichten und auch *keine* Metaphern. Wir müssen sie von den Mythen unterscheiden, in denen sie zwar mitunter auftauchen und denen gleichfalls große Kraft innewohnt, die aber in erster Linie Erzählungen sind. Und wir müssen sie von den Märchen unterscheiden, in denen Archetypen auftauchen können, die als Erzählungen vor sozialen Hintergründen funktionieren und nicht im Sinn seelischer Energien allein gelesen werden können.

Archetypen sind etwas Gefundenes, das es gibt in der Welt; keine *Er*findungen, sondern Findungen. Einem guten Teil dieser Findungen bin ich in Träumen oder Trancen begegnet, wenn plötzlich etwas sich zeigte oder sprach. Was Archetypen sind, wie sie helfen und heilen, aber auch stören und krank machen können, habe ich neu bestimmt und untersucht.

Archetypen sind vieles zugleich. Urbilder, Energieströme, Wesenheiten. Man kann mit ihnen kommunizieren, aber sie können einen auch überfallen. Mitunter prägen sie eine Persönlichkeit so sehr, dass diese dann wie ein Urbild des Archetypus selbst erscheint. Dann wieder springen sie plötzlich einen Menschen an und sorgen für befremdliche Veränderungen, die umso stärker irritieren, als sie sich nicht vorhersehen ließen.

1.4 Die Welt der großen Bilder

Märchen, Mythen und Archetypen können also verwechselt werden, aber man kann sie doch unterscheiden. Märchen sind Erzählungen, in denen Themen des Unbewussten mit sozialen Hintergründen und altem Naturwissen eine Melange eingehen. Mythen sind Träume der Völker, Träume der Vielen, nicht die der Einzelnen (Rank 1922). Sie sind große Erzählungen, in denen sich ein tiefes Wissen um das Menschsein und seine Probleme, seine Herausforderungen und seine schicksalhaften Wege bündelt.

Archetypen dagegen sind seelische Strömungen, die Verhalten prägen. Archetypen drängen zum Handeln, verführen oder verlocken, fordern und treiben an, stellen Fallen auf und große Möglichkeiten bereit. Man kann sie als »autonome Bedeutungsmuster« bezeichnen (Grof 2008), die sowohl die seelische als auch die materielle Welt betreffen können.

Gemeinsam ist Mythen und Archetypen, dass sie in Form großer Bilder ihre Wirkung entfalten. Diese Bilder unterscheiden sich aber. Denn den Mythen liegt immer eine Erzählung zugrunde, etwas, was fortlaufend geschieht und weitergegeben werden kann.

Das archetypische Bild ist dagegen ein Urbild, in dem nicht zwangsläufig Handlungen vorkommen müssen. Der Archetyp des alten Weisen oder der wilden, heilkundigen Frau benötigt keine Geschichte, sondern vermag als Erscheinung seelisch präsent zu werden. Wohl geht das archetypische Urbild in Erzählungen ein und wird so populärer. Als seelische Präsenz ist es jedoch weniger bildlich zu spüren als vielmehr als eine Kraft.

Wenn wir den Unterschied von Archetypen und Mythen prägnant bestimmen wollten, so könnten wir sagen: In Mythen können wir uns wiederfinden, während wir von Archetypen erfasst werden. Mythen zeigen, woher wir kommen, und erklären auf ihre Weise die Welt. Archetypen wirken in uns als lebendige Ströme, und zwar desto mehr, je weniger wir uns dessen bewusst sind. Mythen sind erzählte und immer wieder neu erzählte Geschichten über das menschliche Schicksal und seine Bezüge zur Welt der Götter und der Energien, die in der Welt wirken.

Archetypen dagegen sind eine solche Energie. Sie bringen zugleich Bilder hervor und Handlungsbereitschaften und sind seelische Gestaltungsmuster (von Franz 1994). Ob es Archetypen in einem naturwissenschaftlichen Sinn tatsächlich »gibt«, ist schwer zu sagen. Messen kann man ihre Präsenz nicht, hirnorganisch zuordnen kann man sie auch nicht. Sie sind ein Faktor des Seelischen, der nicht der »messbaren Seite der Welt« angehört (Seel 2015, S. 6).

Das Wissen um die therapeutische Relevanz der Archetypen droht aus diesem Grund immer wieder zu verschwinden. Wurden Jungs erste Erkenntnisse zur Bedeutung der Archetypen noch von den Wahnbildern Schizophrener angeregt, so ist es heute schwer, psychiatrisch arbeitende Ärztinnen und Psychologen zu finden, die sich für die Erkenntnis offen zeigen, dass dies von therapeutischer Relevanz sein könnte.

Stattdessen werden Archetypen in Seminaren zur Selbstoptimierung und zum Selbstmanagement umso mehr bemüht. Hier geschieht dies freilich eher im Sinn von beliebig aktivierbaren Rollenmustern, was nicht nur eine Verflachung bedeutet, sondern auch in die Irre führen kann. Umso bedeutsamer ist es, diesen Schatz unseres Unbewussten erneut zu heben und ihn dem therapeutischen Arbeiten einzuspeisen.

1.5 Vorwürfe gegen die Archetypen-Lehre

Jungs Archetypentheorie ist immer wieder vorgeworfen worden, dass sie mit unscharfen Begriffen arbeite (Balmer 1972). Das stimmt insofern, als manche Phänomene sich den scharfen Definitionen widersetzen. Unbewusstes psychisches Geschehen zu definieren ist deswegen schwer, weil es zwar in uns wirkt, wir es aber nicht aus distanzierter Perspektive wie ein Verhalten betrachten können. Wir können Gehirne sezieren und Verhaltensanalysen betreiben; als einstigem Verhaltensbiologen sind mir beide Zugänge vertraut. Aber in seelische Strömungsfelder und in die Wirkmächte des Unbewussten einzutauchen ist eben etwas ganz anderes.

Immer wieder ist auch der Vorwurf erhoben worden, Jungs Analytische Psychologie und insbesondere die Archetypen-Lehre weise eine Nähe zum Esoterischen und zum rechtsradikalen Denken auf. Diese Vorwürfe haben es einerseits leicht, denn an Jungs vorübergehender Nähe zum nationalsozialistischen Denken, wie sie sich insbesondere in seinem Aufsatz über den Germanengott »Wodan« zeigte, besteht kein Zweifel (Milzner 2011).

Die Vorwürfe gegenüber der Archetypenlehre reichen jedoch über Jung als Person hinaus. Überdies ähneln sie einander, ob sie von den marxistischen Philosophen Theodor W. Adorno und Ernst Bloch stammen oder von Psychoananlytikern wie Erich Fromm und Mario Erdheim. Sie alle kritisieren vor allem eine sich überlegen dünkende esoterische Haltung, die Möglichkeit der Verdrängung eigener Verantwortlichkeit ins Mythische sowie die Verwechslung von Archetypen und Mythen.

Für alles dies lassen sich Hinweise finden. Für das jeweilige Gegenteil aber auch, was nahelegt, dass die rein politische Bewertung archetypischen Materials kaum wirklich möglich ist. So ließe sich etwa einwenden, dass Archetypen mehrdeutig und daher politisch eher harmlos seien (Kott 1990). Und gewiss auch gibt es in esoterischen Krisen mitunter so etwas wie einen überheblichen Bescheidwisser-Gestus (Erdheim 1982). Doch könnte es ja gerade darum gehen, Erfahrungen mit Archetypen eben nicht allein den Jungianern und Jungianerinnen sowie den esoterischen Gruppen zu überlassen, sondern ihr Wirken zugänglicher und damit selbstverständlicher zu machen.

Es würde dann deutlicher werden: Archetypen bilden so etwas wie Urstromtäler der Psyche. Man kann sie erforschen, aber man kann sie nur unzureichend im Labor erforschen. Eine Trance zum Beispiel, in der innere Heiler oder weise Frauen wirken, ließe sich als Zustand hirnorganisch abbilden. Aber eben nicht inhaltlich.

Vor allem aber sind diese Urstromtäler der Psyche mit heutigen politischen Begriffen überhaupt nicht zu fassen. Wer sie daher als reaktionär und gestrig brandmarken möchte, hat es leicht (Gess 1994). Aber er oder sie sagt damit nicht viel aus. Klüger erscheinen mir Versuche, das alte Wissen des Unbewussten mit modernem visionärem Wollen in Verbindung zu bringen, wie etwa Tilman Evers es versucht hat (Evers 1987).

Noch einen Schritt weiter geht der Bioenergetiker John P. Conger, der das archaische Wissen des Unbewussten dem Körperwissen, wie Wilhelm Reich es entdeckte, an die Seite stellt (Conger 2005). Diese integrative Sichtweise führt weiter, als die ausschließlich politischen Vorwürfe es tun. Dass altes Wissen und tiefes Körperwissen wirken, gerade wenn sie in unserem Sinn nicht modern sind, lässt sich kaum wegdiskutieren. Es bleibt nur, es zu nutzen.

2 Hypnotherapie und das kollektive Unbewusste

2.1 Vom individuellen zum kollektiven Unbewussten

Die Hypnotherapie ist möglicherweise die Therapieform, die die Heilkräfte des individuellen Unbewussten am meisten ins Bewusstsein gerufen hat. Durch die Weiterentwicklung der Hypnoanalyse und der Ego-State-Therapie hat sie darüber hinaus Wege gefunden, individuelle Verstrickungen durch neue Formen der Arbeit mit inneren Anteilen aufzulösen, zu moderieren oder zu mildern.

Insbesondere die Hypnotherapie nach Milton Erickson arbeitet mit unbewussten Ressourcen, die oftmals der Kindheit von Klientinnen und Klienten entstammen. Wie lernten wir, Buchstaben voneinander zu unterscheiden, wie entwickelten sich unsere Bewegungsmuster? Und warum verstanden wir plötzlich komplexe Sprachmuster, wo vorher nur die Wörter und einige kurze Sätze gewesen waren? Aus jedem dieser zumeist unbewusst gespeicherten Entwicklungsschritte kann in einer Therapie eine Ressource werden. Nämlich dann, wenn neue Verarbeitungsmuster erlernt, neue Kompetenzen erworben werden sollen, die mit Rückgriff auf frühe Lernerfahrungen leichter zu erschließen sind.

Archetypen aber gehören dem *kollektiven* Unbewussten an und können daher nicht individuell hergeleitet werden. Ihre Kräfte entstammen der Menschheitsgeschichte, ihr Auftauchen im psychischen Erleben hat Jung in dem Aufsatz »Theoretische Überlegungen zum Wesen des Psychischen« einmal als »numinos« bezeichnet (Jung 1954). Dieser Begriff geht auf den Religionswissenschaftler Rudolf Otto zurück, der das Numinose als etwas göttlich Wirkendes ansah, das aber nicht als Gestalt in Erscheinung tritt. Es ist »faszinosum et tremendum«, anziehend und beängstigend zugleich (Otto 2014).

Mit dem kollektiven Unbewussten zu arbeiten ist erheblich schwieriger als die Arbeit mit dem individuellen Unbewussten. Wir haben es da gleichsam immer mit der ganzen Menschheit zu tun, die die Ansichten aufgeklärter Individuen des 21. Jahrhunderts nicht unbedingt teilt. Auch handelt es sich, wie zum Beispiel am Archetypus des Drachen ersichtlich, nicht immer um weitergegebene Erfahrungen, sondern ebenso gut um wiederkehrende Imaginationen und Träume, die über die Jahrtausende hinweg in uns Raum fanden.

2.2 Wie können wir uns das kollektive Unbewusste vorstellen?

Das kollektive Unbewusste ist im Unterschied zum persönlichen Unbewussten, das persönliche Erfahrungen und Verdrängungen, Wünsche ebenso wie Komplexe enthält, eine ältere, der ganzen Menschheit zugehörige Struktur. Jung entwickelte die Idee, indem ihm Bilder auffielen, die über die Kulturen hinweg in auffallend ähnlicher Weise existieren – und die in Träumen, mythischen Erzählungen und auch in Pathologien wie der Psychose immer wieder auftauchen.

Das kollektive Unbewusste, wie Jung es annahm, kann man sich vorstellen wie eine seelische Wirbelsäule. Auch diese ist, ganz gleich, welcher menschlichen Rasse man angehört und wie man sozialisiert ist, überall da und in gleicher Weise ausgebildet. Und gleich ihr ist sie auch so selbstverständlich da, dass wir nicht unbedingt viel darüber nachdenken. Wir nehmen zur Kenntnis, dass es mythische Erzählungen und Märchenmotive gibt – aber erwägen wir, dass sie mehr sein könnten als eben erzählter Stoff?

Jung zufolge sind im kollektiven Unbewussten jene Inhalte abgelagert, die für die Menschheit immer wieder von Bedeutung waren – eben das, was er »Archetypen« nennt. Motive wie die Bewährung eines jungen Helden oder der Kampf um Erkenntnis sind so universell, dass sie in Heldenlieder und Erzählungen Eingang fanden. Namen wie Siegfried oder Theseus sind kulturell abhängig, das Urmotiv der Erzählung ist es nicht. Auch das Motiv des alten Weisen, der ein böser Zauberer sein kann oder ein segensreicher Heilkundiger (oder manchmal auch beides), ist universell und in modernen mythischen Erzählungen wie »Der Herr der Ringe« in der Gestalt des Gandalf (weißer Zauberer) und des Saruman (erst weißer, dann schwarzer Magier) wiederzufinden.

Kann das universelle Vorkommen von Archetypen bis in Sprachmuster hinein immer mehr nachgewiesen werden (Sotirova-Kohli et. al. 2011), so muss doch die Annahme, es handle sich um vererbte Inhalte, vor dem Hintergrund heutiger Forschung modifiziert werden (Roesler & Sotirova-Kohli 2014). Ob dies möglich ist und irgendwann nachweisbar sein wird, können wir schlicht nicht sagen. Doch ist die Summe der Befunde, die die weltweite Existenz archetypischer Muster belegen, inzwischen so groß (Haule 2010a), dass das Fehlen einer hieb- und stichfesten biologischen Begründung ihrer Existenz kein ernstzunehmendes Problem darstellt.

2.3 Warum Archetypen keine Ich-Zustände sind

Archetypen sind ihrer Natur nach nicht nur gut – sondern haben mindestens zwei Seiten, wenn nicht mehr. Sie können daher nicht nur hilfreich und unterstützend sein, sondern ebenso gut verführerisch und aufbrausend, machtbewusst und ab-

2.3 Warum Archetypen keine Ich-Zustände sind

hängig machen. Archetypen sind, so der Psychoanalytiker Klaus-Uwe Adam, »Wirkelemente im kollektiven Unbewussten«. Als »Wirkfelder der Psyche« können sie auf unser Erleben Einfluss nehmen, Verhaltensneigungen fördern, Vorstellungen prägen und unseren Erfahrungen Struktur geben (Adam 2003, S. 37).

Anders als in der Hypnotherapie gebräuchliche Instanzen wie der »innere Helfer« bzw. die »innere Helferin« sind Archetypen auch keine Anteile von uns selbst, da sie ja dem kollektiven Unbewussten angehören. Anders ist es mit der Gestalt des »inneren Heilers« oder der »inneren Heilerin«, die eine archetypische Struktur darstellt, für die man zugleich eine neurowissenschaftliche Entsprechung finden könnte. Gestalten wie ein innerer Helfer oder eine innere Freundin stehen dagegen für Persönlichkeitsanteile und im Wachsen begriffene Elemente des persönlichen Unbewussten. Teile, die zu uns gehören, auch wenn wir sie eben erst kennen lernen.

Ein Ego-State ist im Unterschied hierzu eine Teilpersönlichkeit, die sich infolge von Erfahrungen in einem bestimmten Lebensalter gebildet hat. Ein kindlicher Ich-Zustand zum Beispiel denkt konkret, wie ein Kind. Das bedeutet, man muss ihm mit der konkreten Art des Denkens begegnen, die Erwachsenen oft schwerfällt (Watkins & Watkins 2003).

Wie kann man Archetypen von Ego-States oder einfachen hilfreichen Konstruktionen unterscheiden? Wenn wir eine Altersregression machen und ein Klient tritt in ein frühes Trauma hinein, zum Beispiel eine wiederkehrende Misshandlung durch den Vater, dann reichern wir die Trance vielleicht mit einer hilfreichen Instanz an. Wir stellen dem Klienten einen Retter an die Seite, lassen ein wildes Tier erscheinen, das den Vater in Schach hält, oder aber wir lassen den Klienten größer und stärker werden, so dass er dem Vater gebieten kann, von ihm abzulassen.

Alles dies ist hilfreich. Denn es ruft Anteile des Klienten auf, die eine noch wenig integrierte Wut und Wehrhaftigkeit repräsentieren. Archetypisch ist jedoch nichts davon, weil es eben verborgene Persönlichkeitsanteile sind, die wir hier aufrufen. Und diese entstammen natürlich dem persönlichen, nicht aber dem kollektiven Unbewussten.

Archetypen haben wesenhaften Charakter; sie kommen oder sie kommen nicht, man muss mit ihnen kommunizieren, um ihre Hilfe zu bekommen – und prinzipiell kann diese Hilfe auch verweigert werden. Archetypen sind also keine Teile meiner, deiner oder Ihrer Persönlichkeit, sondern entstammen einer seelischen Urschicht unseres Seelenlebens, die prinzipiell in jedem Menschen angelegt ist und in Interaktion mit dessen Persönlichkeit tritt. Archetypen sind auch *keine* Ich-Zustände, sie können uns aber in solche *versetzen*. Eine stark wirkende Anima-Projektion kann aus einem gestandenen Mittfünfziger einen verwirrten Sechzehnjährigen machen, indem sie durch die Verführungsenergie dessen jugendlichen Ego-State mit all seiner Vitalität, aber eben auch all seiner Unerfahrenheit wieder aufruft.

»Die Archetypen«, so hat Stanislav Grof es gesagt, »sind Ereignissen in der materiellen Welt deutlich übergeordnet und bestimmen, gestalten und durchdringen, was in unserer alltäglichen Wirklichkeit geschieht« (Grof 2007, S. 106). Hierin ist zweierlei enthalten: Zunächst einmal sind Archetypen bestimmende und schöpferische Einheiten. Und dann scheinen sie durch Autonomie von der materiellen Welt ausgezeichnet zu sein, was im Sinne Grofs, der Bewusstsein nicht als materiell begreift, wohl bedeutet: Archetypisches Wirken entzieht sich unseren vertrauten Ursache-Wirkungs-Schemata.

Man spürt hier eine Gefahr, das Archetypische ein bisschen zu jenseitig, ja zu verblasen zu sehen. Auch bei Jung gibt es eine philosophische Komponente, die dies nahelegt. So erwog er, inwieweit auch Zahlen archetypischen Charakter haben könnten (Miller 2011). Zudem erkundete er gemeinsam mit dem Physiker Wolfgang Pauli den Einfluss archetypischer Faktoren auf die Wissenschaft (Abt 1995). Hiermit kam er dem, was ein Archetyp bei Platon und bei Plotin ist, wieder recht nahe.

Jung scheint mit den Herausforderungen, vor die archetypische Energien einen Menschen stellen können, jedoch selbst Probleme gehabt zu haben. Brigitte Spillmann und Robert Strubel, beide als Lehranalytikerin und Lehranalytiker dem C. G. Jung-Institut Zürich verbunden, attestieren ihm eine Borderlinepersönlichkeit, die unter dem Ansturm unbewusster Ströme mehrfach am Rand einer Psychose gewesen sei (Spillmann & Strubel 2010).

Heute haben sich unsere Erfahrungsräume mit archetypischem Geschehen durch die Arbeit mit psychedelischen und holotropen Zuständen beträchtlich erweitert. Wir wissen, dass wir archetypischen Elementen in Ausnahmezuständen begegnen können. Mal treten sie uns dabei als Instanzen gegenüber, mal erleben wir an uns selbst die archetypische Energie. Überdies gehen Archetypen über Erfahrungen hinaus, sie wirken Imagination und symbolische Muster ins seelische Gewebe mit ein.

2.4 Was können wir über Archetypen wissen?

Einiges können wir nun zusammenfassend über Archetypen sagen:

- Archetypen sind transkulturell.
- Archetypen sind universell.
- Archetypen sind dynamisch.
- Archetypen haben eigene Gesetzmäßigkeiten.
- Archetypen sind nicht modern, sondern archaisch.
- Archetypen sind kraftvoll.
- Archetypen können nicht nur nützen, sondern auch schaden.
- Archetypen sind keine Hirngespinste, sondern werden real erlebt.

Der letzte Punkt ist vielleicht etwas erklärungsbedürftig. Wir bringen Archetypen ja gewöhnlich mit Bildern oder Vorstellungen in Verbindung. In der Jung'schen Psychologie wird der Archetyp mitunter eher zu einem Verhaltensmuster als zu einem Bild. Mit Bildern und Vorstellungen verbinden wir überdies nicht unbedingt eine Realität, ja, wir stellen Vorstellungen und Realität sogar meist einander gegenüber.

Wenn es aber so wäre, dass unsere Vorstellungskraft so etwas wäre wie das Gegenstück zu unserem Realitätssinn? Und sie sich wie Yin und Yang ergänzen würden? Dann stünden sie für zwei Aspekte der Welt, die beide als gültig und echt angesehen werden könnten. Nur dass wir die einen fassen und messen können (die so genannte »Realität«) und die andere fühlen und imaginieren (das so genannte »Vorstellungsvermögen«).

Archetypen sind immer ein Sowohl-als-auch. Sie sind Urbilder und Triebkräfte, Heilungs- und Reifungspotenziale ebenso wie Motive des Absturzes und der Verirrung. Alles hängt davon ab, sie in einer Weise zu nutzen, die diese Möglichkeiten mit einschließt.

Archetypische Energien sind Elementargewalten. Aber sie sind auch das, was diese Gewalt hält und transportiert. Sie sind seelisches Urstromtal und das hindurchschießende Geröll gleichermaßen. Wie die Elemente haben sie überdies Kraft und eine Art von Unschuld zugleich. Es ist die Natur des Wassers, die macht, dass ich mich an ihm satt trinken oder in ihm jämmerlich an Luftnot sterben kann.

Wie das Licht zugleich Teilchen und Welle ist, so sind Archetypen Bilder und seelische Muster zugleich, Verhaltenstendenzen einerseits, unbewusste Sphären und schlummernde Ressourcen andererseits. Wobei je nach Situation die Ressource auch etwas Gefährliches bekommen kann, was bedeutet, dass die therapeutische Nutzung von Archetypen wie beim Verwenden einer starken Medizin viel Aufmerksamkeit und Einsicht in den Prozess erfordert.

2.5 Archetypus und Imagination

Für gewöhnlich erleben wir Archetypen bildhaft. Dies hat auch damit zu tun, dass archetypisches Geschehen in den großen Bild- und Kunstwerken der Menschheit so oft dargestellt worden ist.

So liegt es nahe, mit Archetypen zunächst in Form innerer Bilder zu arbeiten. Hierfür hat Jung selbst die Methode der Aktiven Imagination gefunden, die sich auch als eine Form der Meditation auffassen lässt (Hannah 1991). Zu Jungs Zeit bedeutete die Arbeit mit Imagination noch etwas durchaus Fragwürdiges, galt es doch als dem Halluzinieren verwandt.

Imagination ist heute das gemeinsame Merkmal ganz unterschiedlicher psychotherapeutischer Arbeitsweisen. Aus der Tiefenpsychologie kennen wir die Katathym-imaginative Psychotherapie (früher »Katathymes Bilderleben« von Hanscarl Leuner [Leuner 2011]) sowie die psychodynamisch imaginative Traumatherapie (Reddemann & Krüger 2009). In der Verhaltenstherapie führte die »Imaginative Wende« die bewusste Arbeit mit Vorstellungen und Fantasien als Werkzeuge in die kognitive Therapie ein (Kirn, Echelmeyer & Engberding 2015).

Man könnte dies als eine reine Erfolgsgeschichte lesen. Der Siegeszug der imaginativen Verfahren hat jedoch eine Kehrseite, und diese besteht vor dem Hintergrund einer durch und durch bebilderten Welt in einem Verlust an Tiefensubstanz.

So hat der Wissenschaftsforscher Michael Hagner in Hinsicht auf die »bildgebenden« Verfahren in der Hirnforschung von einem »Regime der Optik« (Hagner 2006) gesprochen. Und für Giorgio Agamben besteht in der allgegenwärtigen Bebilderung der entscheidende Sieg des Kapitalismus (Agamben 2003).

Wir können also nicht naiv annehmen, dass in uns aufsteigende Bilder aus dem reinen Unbewussten kommen, sondern müssen sehr bewusste kalkulierte Einflüsse der Medienindustrie in die therapeutische Arbeit mit einrechnen.

2.6 Imagination bei Jung und Paracelsus

Jung hat sich, je weiter und tiefgreifender er das Konzept der Archetypen entwickelte, auch mit der hermetischen Lehre beschäftigt. Ein besonderes Interesse galt dabei Paracelsus, den Jung als Arzt wie auch als »geistige Erscheinung« betrachtete (Jung 1942).

Für unseren Zugang zu Archetypen ist hieran nur eines bedeutsam, die ungewöhnlich hohe Wertschätzung nämlich, die Paracelsus der Imagination zollte (Schott 2003). Eine kleine Schrift, als seltenes Faksimile erhältlich, gibt hier hinein Einblicke (Paracelsus 2010).

Paracelsus nannte die Imagination das »innere Firmament« im Unterschied zu jenem äußeren Firmament, das wir in klaren Nächten bestaunen können (Betschart 1941). Dies ist ein schöner Vergleich, der auch eine Information enthält. Firmamente sind nämlich nicht beliebig, sie sind nichts, was man sich einfach so ausdenkt. Vielmehr haben sie in all ihrer Pracht eine klare Struktur.

Anders als Jung, der keinen klaren Trennstrich zwischen Fantasien und Imaginationen zog (Vogel 2014, S. 19), hatte Paracelsus streng unterschieden zwischen der Imagination einerseits, die in der Lage war, auch das anscheinend Unsichtbare zu sehen (Schott 2021), und dem Tagtraum oder der Fantasie andererseits. Die beiden letzteren enthielten für ihn wenig oder kaum Potenzial, so dass es wichtig ist zu erläutern, wo Paracelsus denn den Trennstrich zog. Er hat dies nicht so genau getan, wie man es sich wünschen würde, so dass ein kleiner Kunstgriff vonnöten ist, um hier ein Begreifen möglich zu machen. Versetzen wir uns probehalber also einmal in die Betrachtungsweise des großen Arztes und nicht minder großen Theoretikers hinein und versuchen zu entschlüsseln, wo er seine Trennstriche zog zwischen Phänomenen, die heute doch gern als so ziemlich das Gleiche oder doch immerhin artverwandt erscheinen.

Allmählich wird so etwas klarer. Man könnte mit modernen Worten wohl sagen, dass die Imagination für Paracelsus die kraftvolle, an der Persönlichkeit selbst orientierte Variante der inneren Bilder darstellte, während die Fantasie und der Tagtraum die schwächere und wohl auch beliebigere Variante bedeuten. Die letztere ist gewiss nicht schlecht, nur taugt sie nicht als Methode zu einem selbstbestimmteren Leben. Tatsächlich ist es ja so, dass ein leichter, vom lauen Sommerwetter begünstigter Tagtraum den Träumer mitunter in ein warmes Land entführt, in dem dieser schon einmal gewesen ist, und unversehens ist der Träumende abwesend und seiner Erinnerung zugeneigt. Was hier geschieht, wäre nach Paracelsus indessen recht schwach, auch wenn es eine ziemliche Dichte haben mag. Aber das schwärmerische Weggleiten ist ohne schöpferische Potenz und insofern wenig geeignet für Neuschöpfungen. Allerdings eignet sich der dissoziative Tagtraum durchaus, um von unangenehmen Situationen innerlich Abstand zu nehmen. Ein Phänomen, das jeder Schüler kennt, der im langweiligen Unterricht von der Schülerin aus der Nachbarklasse träumt, mit der er gern »gehen« würde.

Fantasie ist Paracelsus im Unterschied zum Tagtraum und zur Imagination zu beliebig. Der Tagtraum ist schwach und die Fantasie ungerichtet: So etwa lässt sich das Dilemma benennen. Imagination, mit Paracelsus verstanden, ist dagegen eine bedeutsame Größe bei allen spirituellen und religiösen Erfahrungen (Faivre 2000). Wir sehen das, was wir dabei wahrnehmen, nicht mit unseren äußeren Augen, sondern schauen mit dem »inneren Auge«. Imagination, so verstanden, ist also in keiner Weise beliebig. Sie ist ein Erkenntnisinstrument.

2.7 Hypnotherapie und Imagination

Jung arbeitete mit dem kollektiven Unbewussten auf eine Weise, die er Aktive Imagination nannte. Im Gegensatz zur passiven Imagination, bei der Vorstellungen und Fantasien quasi nebenbei in uns ablaufen, geht die Aktive Imagination bewusst auf die Bildwelten des kollektiven Unbewussten zu.

Als Jung mit seinen Patientinnen und Patienten mittels der Aktiven Imagination zu arbeiten begann, hatte er selbst bereits umfassende Erfahrung damit. Bilder und psychische Instanzen, die ihm begegneten, hat er gemalt und notiert; mit einigen Instanzen war er in intensiven Kontakt getreten. Vor allem Philemon, ein alter, mysteriöser Weiser, war zu Jungs Begleiter aus dem kollektiven Unbewussten geworden.

Aus diesen Erfahrungen entwickelte er eine Methode (Ammann 1986). In der Aktiven Imagination leitete Jung seine Patientinnen und Patienten an, ihren aus dem Unbewussten kommenden Bildern zu begegnen, sich ihnen zu öffnen und zu stellen. Er deutete dann mit ihnen das Erlebte aus. Niemals jedoch geleitete er wie ein Hypnotherapeut seine Hypnotisanden in Trance in ein archetypisches Geschehen hinein. Auch rief er selbst keine Bilder auf, sondern forderte seine Patienten vielmehr auf, dem zu folgen, was sich in ihnen einstellte.

Neben diesem bedeutsamen Unterschied zur Hypnotherapie gibt es einige weitere. So erfolgt bei der Aktiven Imagination keinerlei Lenkung durch die Therapeutin. Auch werden die sich einstellenden Bilder als Symbole betrachtet (von Franz 2009), die zumeist einer Deutung bedürfen. In den von ihm selbst wiedergegebenen Fällen erweist sich Jung als sehr deutungsfreudig.

Endlich erscheint das Unbewusste in der Aktiven Imagination weniger als die mit umfassenderem Wissen ausgestattete Ressource, die sie in der Hypnotherapie ist.

Vielmehr kommt es durch den fortschreitenden Dialog zwischen Bewusstem und Unbewusstem zu »gegenseitiger Transformation« (Roth 2012, S. 128), bei der auch das Unbewusste verändert wird.

3 Die therapeutische Arbeit mit Archetypen

3.1 Wenn archetypisches Geschehen ins Leben eindringt

Ich beginne dieses Kapitel mit einer persönlichen Erfahrung, die mit der Entstehung des vorliegenden Buchs eng verknüpft ist. Denn dieses Buch verdankt sich selbst einem Erlebnis, in dem archetypische Kräfte wirksam waren. Der Ausgangspunkt war eine kurze, aber sehr schmerzhafte Erfahrung, nämlich ein auf mysteriöse Weise offenbar verletztes Gelenk.

Für eine Bänderdehnung, nach der es erst aussah, fehlte das auslösende Ereignis. Die Symptome einer Gicht passten nicht. Und für eine Arthrose, die ich infolge eines früheren Unfalls zweifellos hatte, begannen die Symptome zu plötzlich.

Ein Phänomen wie ein verletzter Knöchel lässt sich auf verschiedene Weisen erfassen. Die einfachste und vertrauteste ist die materielle. Es liegt ein stumpfes Trauma vor, ein oder mehrere Bänder sind überdehnt oder gerissen, es gibt eine Einblutung, Schwellung, Hitze womöglich. Es folgt das Empfinden: Schmerz, Instabilität, etwas ist anders und stimmt nicht mehr. Nun folgen die emotionale Ebene und die der Kognition. Was fühlen wir, indem wir eingeschränkt sind, wie denken wir darüber? Sodann die symbolische Ebene: Auf dem eigenen Weg behindert werden, etwas oder jemand hat uns ein Bein gestellt, oder wir sind über Unvorhergesehenes, Übersehenes gestolpert.

Und endlich die archetypische Ebene: Hier steht nicht der Knöchel im Zentrum, sondern das, was den Menschen mit seiner Versehrtheit ausmacht. Das Bild hierzu ist der/die Hinkende (Sas 1964). Ein Bild, mit dem sich viel verbindet. Der griechische Gott Hephaistos, Herr des Feuers und zuständig für die Metallverarbeitung, hinkt. Desgleichen Wieland der Schmied, dessen Gestalt in der deutschen Sage möglicherweise von Hephaistos beeinflusst ist. Er muss hinken, weil ihm der böse König Nidung, dem er dienen muss, die Sehnen durchschneiden ließ. Am Ende der Sage wird er mit selbst gefertigten Flügeln das Reich Nidungs verlassen, nachdem er dessen Söhne umgebracht und mit seiner Tochter geschlafen hat.

Auch der alttestamentarische Jakob hinkt, nachdem er mit einem Engel, der ihm des Nachts begegnet, gerungen hat. Am Ende des Kampfes weiß sich Jakob gesegnet, doch infolge der verletzten Hüfte bleibt er ein hinkender Mensch.

Zu hinken meint im archetypischen Sinn, mit einer anderen Welt in Berührung gekommen zu sein. Hexen hinken oft. Auch Dionysos hinkt. So deutet die Asymmetrie beim Gehen darauf hin, dass der oder die Hinkende die Grenzzonen zwischen dem Geisterhaften und dem Vertrauten überschritten hat und in eine neue Phase der Selbstfindung eingetreten ist (Ginzburg 1990).

Einschränkungen und Handicaps bedeuten archetypisch offenbar keineswegs nur Behinderungen. Vielmehr sind sie mit anderen Inhalten verwoben. So ist die archetypische Sicht auf Blindheit zum Beispiel die eines anderen Sehens. Wir nähern uns diesem Archetypus immer da, wo wir bei etwas die Augen schließen. In sinnlicher Hinsicht ist dies etwa beim Anhören berührender Musik, beim Küssen, beim Sex oder beim Nachschmecken einer köstlichen Speise der Fall. Wenn wir dagegen unsere Imagination fördern wollen, schließen wir gleichfalls die Augen. Und öffnen unsere inneren Augen, indem wir die nach außen blickenden schließen.

Ich entsann mich, dass ich auch auf einer spirituellen Reise, in der ich dem Bild eines Traums gefolgt war, anfangs gehinkt hatte. Dieses Symptom hatte sich im Lauf der Reise verloren, doch hatten latente Krankheitssymptome die Reise begleitet. Diese für meine spirituelle Entwicklung unverzichtbare Reise, die zugleich meine Vorstellung von Träumen ins Spirituelle hin erweitert hatte, mochte erfordert haben, dass ich eben nicht mit festen Schritten *meinen* Weg ging, sondern sinnbildlich wie physisch ein vorsichtiger Tritt erforderlich war.

Ich lernte dies mühsam, denn die Schwachstelle des leicht verletzlichen Knöchels blieb ebenso wie die wiederkehrende Versuchung, von den schwierigen, allzu schwierigen Themen weg- und zu anderen Themen hinzugehen, für die ich in manchen Kreisen eine gewisse Popularität bekommen hatte. Diesen Themen mit festen Schritten nachzugehen hatte Vorteile, auch mischte sich eine lustvolle Kampfbereitschaft mit hinein, die jedoch die Gefahr barg, auf Nebenschauplätzen zu streiten.

Ein Traum ließ dies später noch einmal bildhaft werden. Ich ging einen Weg, den ich aus meiner Kindheit kannte und fühlte eine trotzige Entschlossenheit, *meinen* Weg zu gehen. Da brach vor mir eine Kastanie, oder besser: Ihre Krone hüpfte gleichsam zur Seite, so dass sie meinen Weg versperrte. Ich betrachtete die rosafarbenen Blütenkerzen und erwog, wem ich sie mitbringen sollte.

Am Tag danach begannen die Symptome. Schmerzen, Schwellungen. Erst Tage später wurde mir klar, was ich übersehen hatte: dass ich im Traum nämlich einen Weg ging, der mich zu meiner Grundschule führte. Also zu etwas, wovon ich gekommen war und wo ich keinesfalls wieder hinwollte. Der falsche Weg also, aber mit festen Schritten getan im ausgesprochen problematischen Bewusstsein, hier trotzig meinen Weg zu gehen. Der Baum dagegen war zweierlei: Zum einen war die rosa blühende Kastanie gleichsam das physische Geschehen, nur in einem poetischen Bild, das Rosa entsprach ziemlich genau der Färbung des entzündeten Gelenks, und das In-den-Weg-Hüpfen entsprach der Plötzlichkeit des Erkrankens.

Zugleich aber ist die eingreifende Natur ein großes archetypisches Bild. In ihm kommt die Vorstellung zum Tragen, dass die Natur nicht aus lebendigen Dingen besteht, sondern selbst wesenhaft ist und mit uns interagiert. Wir kennen dies aus Märchen, in denen ein verhexter Wald böse Absichten hat und die Wandernden immer wieder in die Irre lockt. Wir kennen es aber auch in der anderen Variante, in der Menschen, die mit den Bäumen und den sie bewohnenden Wesen in Eintracht leben, von diesen Hilfe erfahren. Nicht immer muss diese Hilfe angenehm erscheinen. Immer aber hat sie eine wohlwollende Zielsetzung.

An den Traum schloss sich eine mehrwöchige Phase des Rückzugs an, die von Schmerzen, Schwellungen und Entzündungen in beiden Sprunggelenken geprägt war. Ich lasse die medizinische Perspektive weg, weil es hier nur um die archetypische Essenz des Erlebten geht. Diese ist: Wann immer ich dem inneren Auftrag folgte, das vorliegende Buch weiterzuschreiben, ging die Heilung langsam, doch stetig voran. Fühlte ich mich von anderen Projekten angezogen und schenkte diesen ein Zuviel an Aufmerksamkeit, stagnierte der Heilungsprozess.

Der Historiker und Schamanismus-Experte Tom Cowan stellt der alltäglichen Welt eine nichtalltägliche gegenüber. In der alltäglichen Welt wirken banale Kräfte, eine Prellung ist eine Prellung und eine Depression eine Depression. In der nichtalltäglichen dagegen sind die Bedeutungen verschoben (Cowan 2000). Das trifft auch auf die Arbeit mit Archetypen zu. Die banale Ebene stellte sich als Gelenkschädigung infolge eines unfallähnlichen Geschehens dar. Die archetypische hatte mit dem Geschädigten etwas vor.

Marie-Luise Sjoestadt meint, dass in der Wildnis immer noch die Bedingungen der sagenhaften Welt herrschen (Sjoestedt 1982). Die Wissenschaft vermag in sie einzudringen, aber sie zerstört sie auch. Wo die Wildnis ihre Grundbedingungen selbst bestimmt, ist sie nicht vorwissenschaftlich und auch nicht unwissenschaftlich, sondern a-wissenschaftlich, d. h., ihre Bedingungen herrschen in seelischer Hinsicht *neben* den Bedingungen, die der wissenschaftlichen Forschung offenstehen. Wer sich in der Wildnis für eine Weile aufhält, merkt, wie mythisches Denken und Empfinden mit einem Mal wieder leichter zugänglich werden. Das Licht nicht der Vernunft, sondern der künstlichen Laborbeleuchtung wird Erinnerung. Und aus dem Schatten tritt das Mythische hervor.

3.2 Das eigene Leben als archetypisch geprägt begreifen

Wenn ich dies heute erzähle und reflektiere, empfinde ich ein eigentümliches Gefühl von Geführt-Sein. Dass dieses Buch entstehen konnte, verdankt sich einem archetypischen Geschehen, wie es in der »Heldenreise« erzählt wird. Die Heldenreise als Weg der Selbstentdeckung (Gilligan & Dilts 2013) lässt sich als der individuelle Weg eines Menschen beschreiben, der seinem inneren Ruf folgt. Dieser Ruf kann verführerisch sein, aber auch erschrecken, wenn er Aspekte von Überforderung zu bergen scheint oder wegen des steinigen Wegs, der zu gehen ist, Angst erzeugt.

Man kann dies mitunter aus Geschichten herauslesen, die vielleicht gerade deshalb so viele erreichen, weil sie eine tiefe Wahrheit aufzeigen. So hat die Grazer Diplom-Soziologin und Shiatsu-Therapeutin Melanie Lanner Tolkiens Arbeit in die Schrittfolge einer Heldenreise übersetzt (Lanner 2018).

Frage ich heute Patientinnen oder Klienten, ob sie schon einmal so etwas wie einen Ruf verspürt haben, zeigen sich die meisten erstaunt. Was sollte denn da rufen und wie? Der Mythenforscher Joseph Campbell hat darauf hingewiesen, dass Heldengeschichten oftmals damit beginnen, dass uns etwas *genommen* wird (Campbell 2007). Das ist ganz das Gegenteil jener narzisstischen Ströme, in denen wir vor allem fragen, was wir am meisten wollen und wo wir uns am liebsten sähen. Es mag sein, dass das eine mit dem anderen einmal verschmilzt, aber zunächst mal ist der Ruf der Heldenreise einer, der uns zu etwas führt, wohin wir nicht unbedingt gewollt haben.

Sodann ist die Heldenreise von einer Suche geprägt, die sich als Einkehr ebenso wie als innere Unruhe zeigen kann. Oftmals dienen Träume in dieser Phase als Helfer, aber auch scheinbar zufällig gefundene Bücher oder Artikel, auf die wir emotional stark reagieren, lassen eine Ahnung von dem entstehen, wohin die Reise geht.

Oftmals taucht hier die Frage auf, warum denn archetypische Kräfte so heftig wirken, also wie in meinem Fall zum Beispiel heftige Schmerzen hervorbringen. Die Antwort ist: weil diese Kräfte aus dem Unbewussten stammen, und das Unbewusste ist eine archaische Instanz, die sich um unsere Wellness-Wünsche wenig schert.

3.3 Archetypen und Trance

Bei der therapeutischen Arbeit mit Archetypen folgen wir der Grundannahme, dass es uns möglich ist, über das Strömungsfeld des Unbewussten mit Archetypen in Verbindung zu treten. Das ist umso leichter möglich, je tieferen Bezug wir zu einem bestimmten Archetypus haben.

Archetypen können in Trance auf zweierlei Weise aufgerufen werden. Einmal als helfende Instanz des Unbewussten, die dann in der Regel als Stimme oder bildliche Begegnung erfahren wird. Oder auch, indem die archetypische Energie dem Patienten fühlbar wird.

Eine vernachlässigte, aber umso wichtigere Dimension ist die, dass Archetypen auch Trancen auslösen können. Sie führen dann ungemein dichte innere Wahrnehmungsfelder herbei und entfalten dabei eine gegenüber Kritik weitgehend resistente Überzeugungskraft. Das macht sie nicht nur attraktiv, sondern auch gefährlich.

Zunächst sollten wir also klären, ob im aktuellen Geschehen nicht bereits eine archetypische Strömung wirksam ist. Das ist nämlich in nicht wenigen therapeutischen Situationen der Fall, wie die folgenden Beispiele zeigen.

> Ich beginne mit einem jungen Mann, der mich vor fast zwanzig Jahren aufsuchte. Er fiel durch seine Zurückhaltung auf und erzählte nur langsam von dem, was ihn quälte. Auf der höheren Schule, die er besuchte, kam er sich wie ein Versager vor, oder vielmehr: Er hatte den Eindruck, dass andere ihn so sahen. Seiner Zurückhaltung wegen hatte er keine Freundin und auch männliche Mitschüler empfanden ihn anscheinend nicht als attraktiv.

Ich nahm nun an, der Wunsch des jungen Mannes bestünde darin, selbstbewusster zu werden, sozial sicherer aufzutreten und womöglich die zu konfrontieren, die ihn links liegen lassen. Doch ich hatte mich geirrt, der junge Mann sprach von etwas ganz anderem. In seinen Träumen und Fantasien nämlich sah er sich als rächende Instanz, die es den anderen heimzahlte. Bewaffnet durchstreifte er das Schulgebäude und schoss alle nieder, die ihm begegneten.

Ein fragendes Lächeln, als er dies erzählte:
»Strange, nicht?«
Ja, so klingt es. Aber wie ernst ist das gemeint, was der junge Mann hier träumt und fantasiert?
»Ich weiß es nicht. Ganz ehrlich.«
Ich bitte den Patienten, mit mir seine Vorstellung vom School Shooting näher anzuschauen. Schießt er wirklich alle nieder, die ihm begegnen?
Nein, natürlich nicht. Die Kleinen, die Kinder, die nicht. Und die paar Freundlichen, die auch nicht. Die hätten es nicht verdient.
Dies ist ungewöhnlich für Amokläufer, die zumeist gerade Schwächere ins Visier nehmen und damit ihre Feigheit unter Beweis stellen. Wie aber sieht das Ende aus?
»Nicht drüber nachgedacht ... warten Sie mal ...«
Er schließt von selbst die Augen, bleibt einen Moment still und sagt dann: »Klar, ich werde erschossen.«
Was hier geschieht, entspricht jenen Fantasien, die moderne Amokläufer oftmals haben. Was die Fantasie von denen realer Täter unterscheidet ist zweierlei. Erstens: Der Patient wird nicht von der Polizei erschossen und tötet sich auch nicht selbst. Vielmehr ist es in seiner Fantasie ein ihm überheblich erscheinender Mitschüler, der ihn niederstreckt. Zweitens: Er erlebt sich im Augenblick des Erschossen-Werdens als den, der die Schlacht verloren hat. Von Triumph keine Spur.
Was zusätzlich gegen einen möglichen Amokläufer spricht: Der Patient verfügt über keinen Zugang zu Waffen und hat auch nicht versucht, an welche heranzukommen. Überdies spricht er so offen mit mir, dass von einem »Leaking« – dem gelegentlichen Fallenlassen von Hinweisen auf ein geplantes Massaker – keine Rede sein kann. Dies hier ist von bemerkenswerter Offenheit, und sollte der junge Mann wirklich eine Gewalttat planen, hätte er nichts Dümmeres tun können, als mir davon zu erzählen.
Ich spreche von Rachefantasien und erzähle von Menschen, die sich tatsächlich rächen. Kennt er solche Leute?
»Nein.«
Ich erzähle von Filmen, in denen Rache eine Rolle spielt. Von Menschen, die real Rache verübten und nun im Gefängnis sitzen. Von trauernden Hinterbliebenen.
Er unterbricht mich:
»Aber so etwas will ich doch gar nicht!«
An dieser Stelle möchte ich wissen, was eigentlich seine Wünsche für ein besseres, gelingendes Leben wären. Um das Finden dieser Wünsche zu unter-

stützen, könnte mein Patient die Augen schließen, den Kopf zurücklehnen, sich zu spinnen erlauben …

Was sich auftut, ist erstaunlich. Eine tief bürgerliche Sehnsucht nach einem Häuschen mit Garten, einer Liebesbeziehung, womöglich Kindern, einem Hund. Als ich anbiete, wir könnten miteinander beginnen, diesem Ziel zuzuarbeiten, schaut der junge Mann erstaunt. Wie ich denn darauf komme, dass dies möglich wäre?

»Aus Erfahrung«, sage ich. »Und aus der Überzeugung, dass unbewusste Kräfte da unterstützend mitwirken, wo wir unsere Wünsche wirklich geklärt haben.«

Als ich anbiete, ein Training für mehr Selbstsicherheit könnte vielleicht hilfreich sein und auf eine Kollegin verweise, die diese anbietet, schüttelt der junge Mann den Kopf. Er weiß, dass das möglich ist, aber er möchte es nicht. Möchte der bleiben, der er ist.

»Friedlich kämpfen«, sage ich.

Er schweigt. Dann nickt er, deutlich.

3.4 Die zwei Seiten eines Archetypus

Es ist immer wieder versucht worden, einzelne Archetypen zu bestimmen, die für das menschliche Dasein von besonderem Gewicht sind. Tatsächlich finden sich hier einige, die besonders hervorstechen und insbesondere dadurch beeindrucken, dass sich ihr Widerschein in jedem gelebten Leben zumindest in leichter Form findet.

Im Jahr 1990 erschien eine Arbeit, die vier Archetypen herausschälte, deren Wirken insbesondere im gereiften Mann spürbar sein sollte. Diese Archetypen waren der Krieger, der König, der Magier und der Liebende (Moore & Gillette 1990). Stephen Gilligan hat diese Unterscheidung in seiner Selbstbeziehungs-Psychotherapie übernommen und auf beide Geschlechter bezogen (Gilligan 2011). Gilligan legt Wert auf den Befund, dass man sich mit Archetypen nicht identifizieren soll, denn eine Person sei stets zu reich für das Wirken nur eines Archetyps. Und so könnte im Leben eines Menschen jede dieser archetypischen Seiten eine Rolle spielen.

In dem geschilderten Fallbeispiel haben wir es zunächst mit dem Archetypus des Kriegers zu tun, und zwar in einer Sonderform, der des Rächers. Zu einem Krieger aber passen die Fantasien nicht, die der junge Mann mit einem gelingenden Leben verbindet. Ein Krieger wider Willen also?

Das nicht, aber einer, der die falsche Art zu kämpfen gewählt hat. Dies weniger, weil ihm die Mittel nicht zu Gebote stehen, als vielmehr, weil der sanfte Krieger, der nicht tötet und nicht zerstört, kulturell unterrepräsentiert ist. Ich erzähle ihm die Geschichte von Gandhi, der einem ihn verhöhnenden Soldaten entgegnete, wer denn wohl der Feigling sei – der *vor* der Kanone (der erschossen werden kann) oder der *hinter* der Kanone (der töten kann, ohne dass ihm etwas passiert).

Der Patient nickt.

»Cool!«

Im Verlauf der folgenden Sitzungen erkunde ich mit dem jungen Mann die Substanz, die in seiner Fantasie vom gelingenden Leben enthalten ist. Es erweist sich, dass er sich immer als einen sorgenden Menschen gesehen hat, einen, der geliebt wird und wieder liebt. Nichts von einem Krieger, schon gar nicht von einem Rächer. Wie mag die archetypische Energie dieses Feldes in ihn eingegangen sein? Ist es allein die starke kulturelle Verankerung von Rächer-Fantasien, wie sie in so vielen Filmen eine Rolle spielt?

Ich entscheide mich, in Trance mit dem jungen Mann dorthin zurückzugehen, wo die Bilder von School Shootings in ihm aufkamen. Widerstand malt sich in seinem Gesicht, als wir den Punkt gefunden haben, an dem dies geschah. Dann ein Seufzer, als sich die Augen wieder öffnen.

»Oh Mann!«

Es ist ein Film, der das Bild des Rächers in ihn eingepflanzt hat. Er heißt »The basketball diaries« (deutsch: »Jim Carroll – In den Straßen von New York«), und in ihm sieht man Leonardo DiCaprio seine unsolidarischen Schulkameraden sowie den verhassten sadistischen Priester niederschießen. Der junge Mann, den DiCaprio verkörpert, ist dabei keineswegs ein Killer, sondern eine positive Identifikationsfigur, die aber leidet und gleich zu Beginn des Films vom Priester geprügelt wird.

Entscheidend ist überdies: Niemand wird im Film wirklich erschossen. Die fragliche Szene, in Zeitlupe mit einem hübschen blonden DiCaprio im langen Mantel gedreht, wird als *Traum*sequenz kenntlich. Ganz in analoger Weise erschienen dem Patienten vor allem innere Bilder, also traumähnliche Sequenzen, die gleichwohl keine Tendenz hatten, gelebt werden zu wollen.

Archetypen können dominantes Gewicht bekommen und, mehr als das, auch in eine lichte oder schwarze Zone hineindriften. Der Krieger zum Beispiel kann für etwas einstehen und sein Leben etwa der Freiheit eines Volkes widmen. Aber er kann auch, wenn er sich als ziel- und wertlos erfährt, zum marodierenden Schrecknis werden, das, anstatt alle Wehrhaftigkeit für größere Ziele einzusetzen, seine Kraft benutzt, um Schwächere zu knechten, zu vergewaltigen und auszuplündern.

Auch die magische Seite kann wechseln. Wir kennen die böse Hexe aus dem Märchen ebenso wie die gute Fee: Beide verkörpern sie denselben Archetypus, einmal in seiner Erhöhung, das andere Mal in seiner Entartung. Grausame Könige gibt es ebenso wie gute und gerechte, und wieder entstammt ihr Wirken derselben archetypischen Struktur.

Ein wenig komplizierter scheint es sich mit dem bzw. der Liebenden zu verhalten. Das liegt daran, dass wir hier nicht gleich Rollenmuster vor Augen haben, wie sie sich etwa zum Bild des guten, heldischen Soldaten und des grausamen Marodeurs leicht einstellen. Doch sind die zwei Seiten des oder der Liebenden nicht weniger wichtig. Gilligan benennt als die weiße, die lichte Seite dieses Archetypus die Akzeptanz und die Gemeinsamkeit. Auf der anderen Seite steht dagegen die Abhängigkeit im Sinn eines »Ich brauche«, das im schlimmsten Fall der Sucht nahekommt.

Im zweiten Beispiel steht eine Frau im Zentrum, die über esoterische Gruppen zu magischen Praktiken fand und heute als Beraterin und in magischen Ritualen Kundige ihre Dienste anbietet. Ihr primärer Raum für die Darstellung ihrer Möglichkeiten sind die Sozialen Medien, wo sie eine wachsende Gefolgschaft hat.

Sie sucht die Therapeutin nach eigenem Verständnis nicht als Klientin auf, sondern als Kollegin. Dass sie die Sitzung gleichwohl bezahlen muss, weiß und akzeptiert sie, doch legt sie Wert darauf, als zumindest ebenbürtig angesehen zu werden.

Als die Therapeutin meint, Heilkundige gebe es über viele Wege und nicht alle seien akademisch, scheint sie zufrieden. Zunächst bleibt dabei unklar, was eigentlich ihr Motiv ist, zu einer Psychologin zu gehen. Im Gespräch aber zeigt sich dann, dass es doch ein Problem gibt, das die Klientin beschäftigt.

»Es ist so, dass ich ... also, ich merke, dass mich die dunkle Seite der Magie anzuziehen beginnt. Nichts Bösartiges, das nicht, keine Grausamkeiten. Aber zum Beispiel Liebeszauber ... habe ich kürzlich gemacht, für mich selbst. Mit einem Typen, den ich gut fand.«

»Erfolgreich?«

Die Therapeutin lächelt.

»Ja. Aber nicht so, dass es mich zufrieden stellt. Liebt er mich, oder ist er einfach scharf auf mich?«

Die Art, wie sich die Klientin online darstellt, hat ausgeprägte erotische Züge und ist zugleich von Gesten der Macht begleitet, die wie Abstandhalter wirken.

»Was wäre Ihr Wunsch? Was Ihre Sehnsucht?«

»Vermutlich beides.«

Die Klientin lacht.

Langsam wird deutlich, dass sich hinter dem erotisch-magischen Spiel eine Angst verbirgt, nicht wirklich liebenswert zu sein. Die Identifikation mit dem Archetypus der Magierin erlaubt der Klientin, in diese Angst nicht zu tief einzutauchen. Immer scheint ja der magische Ritus einen Ausweg zu bieten.

Dieser aber führt auf ein schlüpfriges Gelände, auch wenn die Klientin ursprünglich nur »guten« Zauber einzusetzen wünschte. Denn Archetypen haben stets mehr als nur eine Dimension, und je ausgeprägter der insgeheim erlebte Mangel, desto größer die Gefahr, dass der Archetyp übermächtig wird. Hierbei kann dann die ursprünglich zurückgewiesene dunkle Seite des Archetypus machtvoller und verlockender werden, ohne dass dies bemerkt wird. Mit einem Mal steht dann der guten Fee die Verlockung einer selbstsüchtigen Hexe gegenüber.

3.5 Erste Schritte der hypnotherapeutischen Arbeit mit Archetypen

Wir können nun versuchen, so etwas wie eine Schrittfolge dafür zu bestimmen, wie die hypnotherapeutische Arbeit in der Praxis aussehen kann. Die Schrittfolge umfasst drei Punkte:

- Ist bereits eine archetypische Kraft wirksam?
- Welchem archetypischen Bild entspricht die Klientin?
- Welche archetypischen Ströme haben das Leben des Patienten bereits geprägt?

Zum ersten Schritt: Wenn Klientinnen und Analysanden sich in einem emotional ungewöhnlich aufgeladenen Zustand befinden, der überdies überdauert (also keiner Laune entspringt), dann kann vermutet werden, dass hier eine archetypische Kraft wirkt. Je nach dem Archetypus kann dies eine ungewöhnlich starke Wut sein, die mit Rachefantasien einhergeht und auch möglicherweise schon zu Waffenkäufen animiert. Oder aber eine erotische Verfallenheit an einen Menschen, die vor einem Jahrhundert »Hörigkeit« genannt worden wäre und die entweder mit den an Anima und Animus geknüpften Liebes-Fantasien einhergeht oder aber mit dem suchtähnlichen Begehren, das die Schattenseite des Archetypus der oder des Liebenden ist.

Liegt in Klienten und Analysandinnen eine archetypische Besetzung vor, so erzeugt die starke emotionale Aufladung einen dauernden oder intermittierend rasch wiederkehrenden Trance-Zustand. Die emotionale Spannweite erscheint eingeschränkt und die inhaltliche Fixierung ist auffallend.

Zum zweiten Schritt: Es ist möglich, dass Klientin oder Klient einem archetypischen Bild in auffallender Weise entsprechen. Hier liegt dann nicht das momentane Wirken einer archetypischen Energie vor, sondern der Mensch selbst ist mit einem Archetypus bereits in auffallender Weise verknüpft.

Ich selbst bin nicht ganz der Meinung Stephen Gilligans und auch Jungs, wenn es um das Zusammenwirken von Identität, Archetypus und sozialer Rolle geht. Wohl glaube ich auch, dass in jedem Menschen die Potenziale des Herrschens, Segnens und Ordnens (König bzw. Königin), des Setzens von Grenzen und des Kampfes um Freiheit (Krieger bzw. Kriegerin), der Transformation, Manipulation und Heilung (Magierin bzw. Magier) und des Begehrens einerseits und des gewährenden Annehmens andererseits (Liebender und Liebende) ruhen und einander in ihrer Wirkung ablösen können. Allerdings glaube ich auch, dass diese Kräfte in Menschen niemals gleich verteilt sind und dass daher die ausgeformte Identität auch etwas mit dem stärkeren Gewicht des einen oder des anderen archetypischen Gehalts zu tun hat.

Um ein Beispiel zu geben, das direkt aus der Sage stammt: Der Zauberer Merlin und König Artus wären niemals gegeneinander austausch- oder ersetzbar. Beide entsprechen sie dem, wofür ihr Archetypus steht, in hervorragender Weise. Auch sind beide als Individuen denkbar, lösen sich also nicht nur in Ämtern auf.

Überdies ist die Reduktion auf nur vier Archetypen der Vielfalt des menschlichen Lebens nicht gewachsen. Zu viele andere Aspekte bleiben hier unberührt und damit unerschlossen, so dass es sich lohnt, das Feld zu erweitern um etwa festzustellen, dass in jeder und jedem von uns auch Aspekte des Närrischen und womöglich Verrückten zu finden sind, archetypische Schattenelemente wirken, das göttliche Kind in uns zu sprechen vermag oder aber wir auf dem Weg sind, uns mit der Weisheit des Alters auseinanderzusetzen.

Zum dritten Schritt: War der Mensch, der uns gegenüber sitzt, immer schon so wie jetzt? Falls sich da eine klare Linie ziehen lässt, so könnten wir annehmen, dass eine archetypische Strömung für diesen Menschen womöglich besonders bedeutsam gewesen ist. Oder aber, dass sich so etwas wie eine Starre eingestellt hat, die anderen seelischen Urströmen nun keinen Raum mehr gibt.

Mit der Frage nach archetypischen Strömen, die das Leben unserer Klientinnen und Analysanden bereits geprägt haben, erfragen wir zugleich auch die innere Wandelbarkeit dieser Menschen. Ebenso aber finden wir heraus, ob zum Beispiel die dunkle Seite eines Archetyps bereits seelische Spuren hinterlassen hat.

Anders als Ich-Zustände vermögen archetypische Muster in uns mitunter umzuspringen. Aus einem Narren spricht dann plötzlich ein weiser Alter, eine wehrhafte Frau fühlt sich vom Archetypus der Heilerin durchflossen. Archetypen sind keine seelischen Fächer mit klaren Umrissen, sondern sie haben unscharfe Grenzen wie Meereswellen, die zwar mit etwas Abstand klar zu unterscheiden sind, in ihrer Dynamik jedoch ineinander übergehen.

4 Innere Heilerinnen und Ärzte: Archetypen der Heilung

4.1 Von der Magie zur Heilkunst

Archetypen vereinen viele Aspekte; manche sind so umfassend, dass sie andere in sich bergen. Andere sind miteinander verwandt und nur durch fließende Grenzen getrennt. Ein Beispiel für Letzteres sind die Archetypen von Drache und Schlange, die immer wieder gleichgesetzt werden (der Drache als Sonderform des Schlangen-Archetyps) und die doch in vielerlei Hinsicht so verschieden sind.

Ein anderes Beispiel ist der Archetyp des Magiers bzw. der Magierin. Er schließt vieles in sich ein, von dämonischer Verführungskraft und Demagogie bis hin zu edelsten Wegen der Transformation. In der heutigen Zeit hat sich dieser Archetypus noch einmal weiter als andere aufgefächert, um nicht zu sagen, aufgespalten. Denn wenn wir in Polizistinnen und Soldaten, Öko-Aktivistinnen und Bürgerrechtlern immer noch dieselbe Energie von Krieger und Kriegerin erkennen können, so wird dies dort erheblich schwerer, wo wir nach der gemeinsamen archetypischen Wurzel von, sagen wir, Künstlerinnen und Ärzten auf die Suche gingen.

Doch es gibt diese gemeinsame Wurzel. Sie besteht in der Verwandlung. Das grundsätzlich Wirksame im Archetypus von Magier und Magierin ist der gewollte Wandel, die Überführung eines Zustands in einen anderen. Dieser Archetyp wirkt in den Heilkundigen (Ärztinnen, Psychologen, Apothekerinnen etc.) ebenso wie in den Kunstschaffenden (bildenden Künstlerinnen und Schriftstellern, Töpferinnen und Musikern, Tänzerinnen etc.).

Um diesen Wandel gelingen zu lassen, braucht es neben Wissen und Fachkunde auch eine außergewöhnliche Begabung. In schamanischen Kulturen erkennt man den werdenden Schamanen zunächst an der seine Berufung anzeigenden tiefen Krise und sodann aber auch an körperlichen Merkmalen (dem »Schamanenmal«) oder daran, dass eine andere Schamanin das schamanische Tier bei dem Berufenen sieht. Hierauf kann man nicht hinstreben, man ist berufen, oder aber, je nach Lesart, es ist dem Betreffenden auferlegt.

Dass der magische Archetypus immer auch an Begabung geknüpft war, lässt sich heute noch daran erkennen, dass für Kunstschaffende und Angehörige der Heilberufe andere Hürden aufgerichtet werden als für diejenigen, die zum Beispiel im Rechtswesen oder in der Autoindustrie arbeiten möchten. Ich habe selbst zweimal diese Hürden überspringen müssen, erst fürs Psychologie-Studium (Numerus Clausus) und dann fürs Kunst-Studium (Mappe zur Feststellung der Begabung). Beides erscheint mir heute noch rational wenig nachvollziehbar; doch der Bezug zum archetypischen Hintergrund ist eine hilfreiche Erklärung.

Dass ich in diesem Kapitel den Schwerpunkt nicht auf den magischen Archetypus lege, sondern auf die innere Ärztin und den inneren Heiler, hat einen einfachen Grund: Es geht mir um den therapeutischen Nutzen und die Möglichkeiten der Hilfe und Selbsthilfe. Hierfür ist der Magier-Archetyp zu weit angelegt. Die ihn heute repräsentierenden Berufe haben praktisch nichts miteinander zu tun.

Das hat Vorteile wie die Professionalisierung. Und es hat Nachteile, indem die Anteile des magischen Archetyps gesellschaftlichen Zonen zugeordnet werden, die einander professionell kaum begegnen und nur in Ausnahmefällen miteinander kooperieren. Ärztinnen haben einen bürgerlichen Beruf und stehen in der Mitte der Gesellschaft. Künstler üben keinen bürgerlichen Beruf aus und stehen eher am Rand der Gesellschaft. Sie stehen, wie Otto Rank einmal meinte, zwischen gelingender bürgerlicher Angepasstheit und seelischer Erkrankung, indem sie ihre Triebwünsche nicht aufzugeben bereit sind und versuchen, mit sich selbst im Reinen zu leben (Rank 1907). Indem wir in diesem Kapitel von den Ärzten zu den Heilerinnen übergehen, können wir subtil mit der Breite des magischen Archetyps in Kontakt kommen und doch ganz bei dem Aspekt des Heilenden zu bleiben.

4.2 Eine innere Begegnung

Ich liege auf einem Lager aus Blättern. Es ist jemand bei mir, er spricht mit mir, er spricht mit einer Stimme, die mir vertraut ist. Keine Stimme, die ich von wirklichen Menschen kenne, sondern eine, die aus einer Serie stammt, die ich als Kind und als Jugendlicher gern gehabt habe.

Ich kann die Blätter unter mir spüren. Mir ist warm und mir ist angenehm. Ich fühle mich aufgehoben und sicher. Irgendwo brennt ein Feuer. Ich kann seine Präsenz spüren wie die eines lebendigen Wesens.

Wo ist dies? In einer Hütte. Wo steht die Hütte? In einem Wald. Und wo ist der Wald? In mir, in meinem Unbewussten. In meiner inneren Welt.

»Du bist lange nicht hier gewesen.«

Stimmt. Ich war lange nicht hier. Fast war es, als hätte ich vergessen, dass es diesen Ort gibt, dass er immer da ist. Aber nicht immer fand ich zu ihm, öffnete mich seinen Möglichkeiten und vertraute dem Heilungswissen, das in mir liegt und das sich hier entfaltet.

»Sei ruhig, denn alles ist gut. Und was dir als schlimm erscheint, wird gut werden.«

Worte und Sätze, wie sie mich tief erreichen. Warm und doch von einer beruhigenden Distanz. Dies ist keine Eltern-Instanz, die mich umarmen würde. Eher liege ich als verwundeter Held auf dem Lager eines Heilkundigen, dessen Weisheit sich in Freundlichkeit zeigt und dessen Wissen zugleich so umfassend ist, dass ihm mit Respekt, ja mit Ehrfurcht zu begegnen ist.

Merkwürdig, wie vertraut mir diese Stimme ist. Dabei ist es vierzig Jahre her, dass ich sie zuletzt bewusst vernahm. Ich könnte sie auch nicht nachahmen, selbst wenn ich wollte. Aber meine tiefe Psyche kennt sie, und die Instanz, die mir hier begegnet, hat sie angenommen.

Sind dies also Fantasien, Vorstellungen? Spinne ich, um es bissig zu sagen, hier gerade ein bisschen herum? Ja und nein. Vorstellungen sind es ganz sicher, die hier wirken, Fantasien sind es nicht. Und was das Spinnen angeht – Gedanken, Geschichten und Vorstellungen zu weben ist eine große seelische Kompetenz. An ihrem einen Ende steht so etwas wie das »Seemannsgarn«, dem nur ein geringer Anteil an Wirklichkeit innewohnt, der aber aufgesponnen wird wie Zuckerwatte. An ihrem anderen Ende aber steht das »Zaubergarn« (Francia 2000), das zum Gewebe der Träume und der Trancen wird. Mit Paracelsus gesprochen liegt hier, am anderen Ende, die Imaginationsfähigkeit mit ihrer großen Potenz, während das Seemannsgarn bloße Fantasterei ist.

Selbstverständlich haben Archetypen also etwas mit der Imagination, mit unserer Vorstellungskraft zu tun. Nur diese vermag ihnen Gestalt zu geben, denn auch seelische Urbilder müssen Gestalten werden, als die sie uns erreichen können. Betrachten wir Archetypen als eine Form von gesammeltem Wissen, so sind sie mehr als Symbole (Jacobi 1957). Die Vorstellungskraft, die in der Begegnung mit Archetypen liegt, ist daher kein zielloses Herum-Fantasieren, sondern das notwendige Gegenstück zu unserem nach außen gerichteten Wirklichkeitssinn. Fehlt die Vorstellungskraft nach innen, so bleibt das, was wir die Realitätswahrnehmung nennen, lediglich ein Ausschnitt aus der Welt um uns herum, dem die Teile der tieferen Seele fehlen.

4.3 Unterschätztes Selbstwissen

Von Albert Schweitzer ist der Satz überliefert, dass wenn der innere Arzt nicht arbeite, der äußere Arzt machtlos sei. Schweitzer waren solche Fälle bekannt – sie könnten ungefähr so ausgesehen haben: Ein gut geschienter Bruch wollte nicht richtig zusammenwachsen, ein nach allen Regeln der Kunst versorgtes Geschwür schloss sich nicht, ein an und für sich harmloser Infekt wuchs sich zu einem umfassenden Krankheitsgeschehen aus.

Phänomene, die wir heute noch kennen. Nur sagen wir für gewöhnlich hier nicht, der innere Arzt wolle nicht arbeiten, sondern suchen die Ursache für das Problem im Immunsystem, vermuten übermäßigen Stress oder spekulieren über die Möglichkeit eines Krankheitsgewinns. Das Konzept eines inneren Arztes oder einer inneren Ärztin könnte uns darauf verweisen, dass der Organismus selbst am besten weiß, was mit ihm los ist.

»Was glauben Sie«, fragt der Therapeut eine ältere Frau, die an wiederkehrenden neurologischen Beschwerden leidet, »wissen nur Ihre Hausärztin, der Neurologe und die Labormedizin, was es mit Ihrem Leiden auf sich hat? Oder weiß etwas in Ihrem Körper das selbst?«

»Na, also die Ärzte und die Laborleute wissen es schon einmal nicht«, lacht die Patientin. Die sind bloß ratlos und halten mich für psychosomatisch krank. Und was meinen Sie?«

»Ich glaube schon, dass Ihr Körper weiß, was in ihm geschieht. Er ist ja ein unglaublich vernetztes System.«

Der Therapeut spricht vom Gehirn, von den Milliarden Nervenzellen, die dort wirken, und davon, dass diese Nervenzellen alle über maximal sieben Zwischenstellen miteinander vernetzt sind. Dann spricht er vom Selbstwissen des Organismus und davon, dass dies Selbstwissen sich manchmal in Träumen zeigt, schon bei Kindern (Milzner 2019). Die Träume signalisieren dann, dass beispielsweise eine akute Infektion vorliegt, indem sie Bilder der kommenden Symptome hervorbringen.

»Das klingt ja alles sehr schön. Aber solche Träume kenne ich nicht. Und ich habe keine Ahnung, wie man an das Wissen herankommen kann …«

Leicht nachvollziehbar. Denn so geht es den Allermeisten. Um mit den Signalen des Unbewussten vertrauter zu werden, braucht es eine starke Innenwendung und eine ausgeprägte Bereitschaft, Traumgeschehen und spontane Trancen wahrzunehmen und zu würdigen.

»Vielleicht ist dieses Wissen auch gar nicht das, was wir als Erstes brauchen. Vielleicht brauchen wir gar nicht so viel Diagnose, sondern ein Wissen um das, was heilt.«

Die nickende Zustimmung wird von einem ironischen Lächeln begleitet.

»Noch mehr Diagnostik brauche ich wirklich nicht. Und wenn Sie verlässliche Wege kennen, um an das Heilungswissen heranzukommen …«

»Nun ja, wenn Sie einmal annehmen, es gibt da so etwas wie einen inneren Arzt, vielleicht einen Heiler oder Medizinmann – vielleicht auch eine Heiler*in*, eine Ärzt*in* …«

Der innere Arzt spielt als Vorstellung in verschiedenen Zusammenhängen eine Rolle. Er taucht in spirituellen Kontexten (Schmidt 1996) ebenso auf wie in der Naturheilkunde (Keller 2021). Als Symbol der Selbstheilungskräfte des Organismus hat er seine wohl größte Bedeutung (Likar, Janig, Pinter & Kolland 2022).

»Ja, das klingt wirklich schön …«

»… Und diese heilende Gestalt könnte in Ihnen sichtbar oder fühlbar werden. Wenn ich Sie bitte, die Augen zu schließen und ein Bild, eine Vorstellung von ihm oder ihr erscheinen zu lassen, dann achten Sie einfach nur auf das, was kommt. Egal, was es ist.«

Die Patientin nickt. Dann schüttelt sie den Kopf. Und es kommt wieder ein Lächeln.

»Sieht aber lustig aus.«

»Wie denn?«

Es erweist sich, dass der innere Heiler die Gestalt des Druiden Miraculix aus den »Asterix«-Bänden angenommen hat. Nicht unbedingt eine eindrucksvolle Gestalt. Um den hier möglichen inhaltlichen Substanzverlust abzufedern, erläutert der Therapeut, warum dies so sein kann. Der innere Heiler stellt so etwas wie die Summe des biologisch verankerten Gesundungswissens dar. Da die Vernetzung unseres neuronalen Apparats immens ist, so kann man folgern, dass ein Organismus weiß, was in ihm los ist. Und zwar sowohl in Hinsicht auf das, was ihn hat erkranken lassen (nicht selten eine Summe von Faktoren), als auch in Hinsicht auf die mögliche Gesundung.

»Nun muss dieses Selbstwissen irgendeine Gestalt annehmen, um kommunizierbar zu sein. Und hierfür wählt die unbewusste Psyche eine Oberfläche aus, die das möglichst gut kann. In Ihrem Fall eine Gestalt, die Sie wahrscheinlich seit der Kindheit kennen. Und die in den Comics bei aller Witzigkeit ja eine Person mit beträchtlichem Wissen ist.«

»Aber könnte es nicht etwas – na sagen wir mal – Größeres sein? Etwas, was mehr Vertrauen erweckt als dieser komische Druide?«

»Ich verstehe Ihren Einwand. Aber etwas so Altes und durch Jahrtausende Bewährtes wie unser gemeinsames Unbewusstes wird sich keinen Deut darum scheren, was wir Modernen für angemessen halten. Kennen Sie übrigens Meister Yoda?«

Die Patientin versteht. Meister Yoda stellt in der »Star Wars«-Saga einen großen Meister der Jedi-Ritter dar. Luke Skywalker, der junge Held, schätzt ihn zunächst völlig falsch ein. Eine kleine, puschelige Gestalt, die zudem noch seltsam spricht, kann doch unmöglich ein Meister der Jedi-Ritter sein, oder? In ganz ähnlicher Weise ist das Erscheinen archetypischen Wissens in uns oftmals befremdlich und könnte fast komisch wirken, wäre es nicht so immens ernsthaft. Jung verwies überdies darauf, dass archetypische Gestalten sich oft einer alten, manchmal antiquierten Sprache bedienen.

Dass archetypische Strukturen sich in ihrer Erscheinung eines Bildmaterials bedienen, das uns zum Beispiel aus Filmen oder Comics bekannt ist, heißt nicht, dass sie sich ganz und gar wie diese verhalten. Vielmehr bedient sich das Unbewusste leicht zugänglicher mentaler Gefäße, in die es sein Wissen gießen kann. Dass dabei auch schon einmal Comicfiguren oder Gestalten aus Animationsfilmen vorkommen, könnte damit zu tun haben, dass diese weniger Angst erzeugen als machtvolle Bilder.

4.4 Geheilt werden oder verarztet werden?

»Was könnte Ihnen wohl eher helfen, ein innerer Arzt oder ein innerer Heiler?«
»Heiler ist gut … Klingt umfassender.«

Der Patient lächelt.
»Und mit Ärzten habe ich es auch nicht mehr so ... Hatte einfach zu viele.«

Ich erlebe so gut wie nie, dass Klienten und Patientinnen sich bei der Wahl zwischen innerem Arzt oder innerem Heiler für die ärztliche Instanz entscheiden. Das hat wohl zwei Gründe. Der eine ist der, dass die meisten meiner Patientinnen bereits eine Odyssee hinter sich haben. Sie kennen Ärztinnen und Ärzte gut, allzu gut – und sie haben sie in teils recht unerfreulicher Weise kennen gelernt. Überdies ist »Arzt« ja gerade bei denen, die lange Zeit in Behandlung sind, meist kein Synonym für »Heilkundiger« mehr, weil diese spezielle Gruppe von Leidenden nach eigenem Erleben eben nie wirklich von ärztlichen Behandlungen profitiert hat. Das gilt für meine eigene Berufsgruppe übrigens auch – wenn man an die Stelle des Wortes »innerer Arzt« zum Beispiel »innerer Therapeut« setzen würde, wäre das um kein Haar besser.

Überdies unterscheiden sich moderne Ärztinnen und Ärzte manchmal sehr von den archetypischen Bildern Heilkundiger. Der Wissenschaft verpflichtet, können sie an die mythische Aura dieser Bilder nur schwer anknüpfen. Überdies haben sie gelernt, sich selbst als Vorbild an Gesundheit zu begreifen, sind sportlich und achten auf ihre Ernährung. Und so richtig dies einerseits ist, so sehr entfremdet es doch von dem großen Bild des »verwundeten Heilers«, der eben nicht »unheilbar gesund« ist (Milzner 2001), sondern am eigenen Leib zeigt, dass er mit der Welt der Leiden in Beziehung steht.

4.5 Der verwundete Heiler

Der verwundete Heiler ist eines der häufigsten Bilder in der Psychotherapie mit Mythen (Hofmann & Roesler 2010). Sein Bild geht auf den Kentauren Chiron zurück. Der Sage zufolge traf ihn ein vergifteter Pfeil des Herakles, dem Chiron zuvor schon geholfen hatte. Das Gift ließ ihn unendlich leiden, denn als Kind eines Gottes und einer Nymphe, die beide nichts von ihm wissen wollten, war er unsterblich. Und sich selbst heilen konnte er nicht.

Innere Heilerinnen und Heiler haben offenbar auch eine spirituelle Dimension. Sie entsprechen dem Jungianer und Homöopathen Edward Whitmont zufolge wie Äskulap und Christus dem »Göttlichen Heiler« (Whitmont 1987). Dieser vermag nur zu heilen, was er selbst zuvor erlitten hat.

Zugleich wird hier etwas erfasst, was auch für alle helfenden Berufe gilt. Dass sie nämlich an Punkte gelangen können, an denen sie ihre eigene Wunde annehmen und sich mit ihr auseinandersetzen müssen. Die Kulturanthropologin Ina Rösing hat zum Beispiel darauf hingewiesen, dass verwundete Heiler durchaus schaden können (Rösing 2007). Aus diesem Grund ist entscheidend, dass die Wunde des Heilers und der Heilerin keine beständig schmerzende, blutende Wunde mehr sein darf. In solchen Zuständen, die bei ungenügender *Selbsterfahrung* auch nach Jahrzehnten noch bestehen können, ist die Heilkompetenz nicht nur gering, sondern Therapeutin oder Therapeut neigen dazu, in allen Patientinnen und Patienten das eigene Leiden wiederzufinden und sie folglich falsch zu behandeln.

Heilerin oder Heiler zu sein ist offenbar etwas Umfassenderes als Ärztin oder Arzt. Geheilt zu werden ist anders, als verarztet zu werden. Heilertum ist nicht unbedingt wissenschaftlich, aber umso tiefgründiger. Innere Heilerinnen und Heiler stehen daher auch für ein Wissen, das die moderne Medizin nicht (mehr) hat. Hierzu gehört auch der Umstand, dass heiltätig zu sein nicht unbedingt bedeuten muss, auch ein Vorbild zu sein. Paracelsus, um hierfür ein Beispiel zu geben, wurde aus mehreren Städten ausgewiesen und es eilte ihm der Ruf voraus, nicht nur ein ausgezeichneter Arzt, sondern auch ein ausgemachter Säufer zu sein.

4.6 Die Arbeitsweise innerer Heilerinnen und Heiler

Innere Heilerinnen und Heiler können uns über innere Stimmen sagen, was zu tun ist, was wir ändern sollten oder worauf achtzugeben ist. Manchmal bleiben sie aber auch stimmlos und zeigen eher auf Dinge, die sie in unseren Aufmerksamkeitsbereich bringen. So bekam einer meiner Klienten, der mich wegen Burnout aufsuchte, immer wieder das Spielzimmer seines Sohnes gezeigt, in dem dieser saß und für sich spielte.

Zeichen dieser Art können leicht fehlgedeutet werden. Unsere moderne Gewohnheit, in etwas Konkretem etwas Symbolisiertes zu vermuten, erweist sich bei den Botschaften innerer Heilerinnen und Heiler als problematisch. Diese geben ihre Hinweise nämlich in klarer Form – aber genau diese Klarheit wird leicht missdeutet.

»Ich denke«, meinte der Klient, »ich soll mich an meinem Sohn orientieren. Mich einfach hinsetzen und spielen. Das probiere ich auch.«

Was er denn spielen würde, wollte ich wissen? »World of Tanks«, ein Panzerschlachten-Spiel, das online mit jeweils per Zufallsgenerator zusammengestellten Teams gespielt wird.

Obschon der Klient also spielte, blieben die Symptome – depressive Verstimmung, Zynismus, Gedankenschleifen über Sinnlosigkeit – bestehen. Wir zogen den inneren Heiler noch mehrfach zu Rate, und immer wieder kam das Bild des spielenden Kindes in seinem Zimmer.

Ob er in den letzten Wochen einmal mit seinem Sohn gespielt hätte, fragte ich. Und nahm erstaunt zur Kenntnis, dass mein Klient das niemals tat, einmal, weil der Junge in der Kita ja genug Spielkameraden hatte, und dann auch, weil er, der Vater, zum Spielen mit Playmobil-Rittern nicht die geringste Lust hatte.

Indem wir das Bild, das der innere Heiler ihm gab, noch einmal genau betrachteten, sagte ich, dass es meiner Einschätzung nach nicht um das Spielen für sich allein ging. Sondern möglicherweise eher darum, sich zu dem Kind zu setzen und an seinem Spiel Anteil zu nehmen.

Der Widerstand, den dieser Hinweis auslöste, war erstaunlich. Er würde seinen Sohn ja lieben, meinte der Klient, aber auf dem Boden sitzen und mit Rittern spielen?

Offenbar meinte der innere Heiler genau das. Denn nachdem sich der Klient mehrere Tage nacheinander für ein Weilchen zu seinem Sohn gesetzt und mit ihm gespielt hatte, beklagte er sich zwar, wie anstrengend es doch wäre, mit Kindern zu spielen. Aber der Zynismus und das Sinnlosigkeitsgegrübel hatten nachgelassen.

In einem anderen Beispiel sind es keine Gesten, die missdeutet werden, sondern das, was die heilkundige innere Instanz sagt.

»Warte ab und trink den Tee.«

Das war die Weisung, die eine Klientin von mir immer wieder bekam. Sie fand diese Weisung erst stimmig, da Pausen ihr wohltaten. Dann aber wurde sie ungeduldig mit ihrer inneren Heil-Instanz und meinte, da müsste doch vielleicht nun mal mehr kommen. Aber nein. Immer nur: »Warte ab und trink den Tee.«

Ich erkundigte mich, was sie mit der Weisung denn verband.

»Na herumsitzen, abwarten und Tee trinken, nichts Produktives eben.«

Als ich wissen wollte, ob sie dies denn täte, fiel die Antwort zweigeteilt aus. Manchmal ja, manchmal nicht. Man konnte schließlich nicht immerfort nichts tun.

Nur um sicherzugehen, wollte ich wissen, was denn mit dem Tee eigentlich sei.

»Ich bin Kaffeetrinkerin. Nicht so meins.«

Es erwies sich, dass die Patientin die Weisung sprichwörtlich genommen hatte im Sinne von: Tue nichts und warte ab. Das hatte sie einerseits überzeugt, weil sie mit dem Online-Handel, den sie betrieb, rund um die Uhr beschäftigt war. Andererseits empfand sie es aber nicht gerade als große Botschaft, denn Empfehlungen wie »Chill mal!« oder »Gönn dir doch mal eine Auszeit!« waren ihr wohl bekannt.

Aber was war mit dem Tee? Hatte der Satz, den die innere Instanz sprach, wirklich nur eine sprichwörtliche Bedeutung? Ich erkundigte mich, ob es denn einen Tee gäbe, einen ganz konkreten möglicherweise, den die Patientin vielleicht schon besaß.

»Komische Frage. Ich habe tatsächlich einen, von meiner Heilpraktikerin. Riecht furchtbar. Hab einmal eine Tasse davon getrunken, aber ohne Erfolg.«

Indem wir den Zusammenhang zwischen der Weisung und dem ganz realen Tee weiter erkundeten, erwies sich Folgendes: Offenbar meinte die innere Heilerin tatsächlich diesen konkreten Tee, der immer wieder getrunken werden sollte. Und dann eben abwarten.

Auch in diesem Fall zeigte sich: Die Symptome wurden besser, nachdem die Patientin der Weisung folgte und nun täglich, mitunter mehrfach am Tag den ihr ekelhaften Tee trank.

Es ist in der Arbeit mit dem inneren Heiler oder der inneren Heilerin offenbar notwendig, die Hinweise der inneren Heil-Instanzen genau anzuhören. Die oft vordergründige Art des Zuhörens, die für moderne Kommunikationsweisen typisch ist, bei denen wir immer schon interpretieren und im Zuhören schon meinen, wir hätten die Nachricht begriffen, funktioniert bei inneren Instanzen überhaupt nicht. Sie meinen, was sie sagen – und umso genauer muss unsere Aufmerksamkeit für das sein, was das im Wortsinn denn ist.

4.7 Ruppige Heilmethoden

In einer Lebensphase, in der ich zu Grübeleien neigte, die hätten in eine depressive Entwicklung münden können, erschien mir vor meinem inneren Auge immer wieder ein Autorenkollege. Ich sah ihn für einige kurze Momente, und dann schlug er mir mit der Faust aufs Kinn, knurrte: »Lassen Sie das!« und machte sich davon.

Der Eindruck der spontan eintretenden Minitrancen war jedes Mal so stark, dass ich mich regelrecht durchgeschüttelt fühlte. Auch sah ich nicht nur die ausholende Faust, sondern spürte sie im Schlag auf meinem Kinn.

Was sollte dies? Ich spürte unmittelbar, dass die Schläge nicht böse gemeint waren, sondern ein Mittel darstellten, mich aus nutzlosem Gedankenkreisen herauszuholen. Die Methode allerdings erschien mir wenig ärztlich. Eher erinnerte sie mich an manche spirituelle Meisterinnen und Meister, die ihre Schüler und Schülerinnen mit Stockschlägen anleiten, sich nicht den falschen Verrichtungen hinzugeben.

Mit etwas Abstand wurde mir klar, dass der Autorenkollege – wie ich ein Psychologe, den ich aber aus der literarischen Welt kannte – mir als eine Ausformung des inneren Heilers erschienen war. Nur waren seine Methoden in seelischer Ausformung denen ähnlich, mit denen etwa der Pfarrer Kneipp leidenden Patientinnen und Patienten kalte Wassergüsse verordnet hatte.

Es ist diese mögliche Rauheit, die an inneren Heilerinnen und Heilern etwas Verstörendes haben kann. Unbarmherzig bringen sie Dinge auf den Punkt und sind auch in der Lage, bittere Medizin zu verabreichen. Nicht alles, was die Heil-Instanzen des Unbewussten uns nahelegen, wird vom an Lust und Gewohnheit orientierten Alltagsbewusstsein gern akzeptiert.

Ein Patient, den ich wegen chronischer Schmerzen in Behandlung hatte, wollte nach der Besserung seiner Beschwerden von mir wissen, warum ihm sein Unbewusstes die Erkenntnis, dass er mit der falschen Frau zusammen war, durch so grausame Schmerzen habe zeigen müssen.

Ich antwortete, dass andere Reize möglicherweise hätten übersehen werden können. Und dass nur dies offenbar stark genug war, um ihn in die Auseinandersetzung mit seinen Gefühlen zu zwingen. Aber wäre das nicht auch anders möglich gewesen? Er hätte sich doch zum Beispiel einfach in eine andere verlieben können.

Ich rief dem Patienten in Erinnerung, dass er in seiner Beziehung eigenbrötlerisch und mürrisch geworden war und so bestimmt nicht den Eindruck von Esprit und Sexyness hervorrief. Sich erotisch und und romantisch anders zu orientieren mochte *jetzt* für ihn eine Option darstellen. Damals war es keine gewesen.

4.8 Innere Heilung und innere Warnung

Eine spezielle Erscheinungsform dessen, was wir als innere Heilinstanzen kennen, sind warnende Stimmen. Woher sie kommen, wissen wir nicht – ob es die Stimmen uns begleitender Geistwesen oder von Schutzengeln sind, muss offenbleiben. Sicher aber ist, dass sie von eindrucksvoller Wahrhaftigkeit sein können, was manchen Patientinnen und Analysanden erst im Nachhinein aufgeht.

»Mir war immer so«, sagt zum Beispiel einer Patientin mit einer Immunerkrankung, »als ginge von einigen Speisen eine Warnung an mich aus. Also, nicht von den Speisen selbst, das wäre ja Quatsch, es ist wirklich schwer zu erklären …«

Was die Patientin hier schildert, lässt sich keinesfalls als »Quatsch« ansehen, sondern als eine der subtileren Formen des Wirkens innerer Heilerinnen und Heiler. Sie empfängt im weitesten Sinn so etwas wie Hinweise, dass bestimmte Speisen unbedingt zu meiden sind. Das können durchaus Speisen sein, auf die sie Appetit hat – und so hat die Patientin die seltsamen Hinweise leichthin abgetan.

Aber etwas blieb dennoch, was leicht daran zu erkennen ist, wie spontan die Erinnerung wieder da ist. Eine kleine Beunruhigung, die von der gefühlten oder mit inneren Ohren gehörten Botschaft »Iss das lieber nicht« zurückblieb.

Ganz offenbar ist dies nicht die Form von Kommunikation, die in schamanischen Kulturen bekannt sind, bei der die Pflanze ihr Potenzial den Kundigen biochemisch mitteilt. Zwar mehren sich die Belege dafür, dass dies tatsächlich geschieht (Gagliano 2018), aber hier scheint es um etwas Anderes zu gehen. Vor allem geht es nicht um isolierte Pflanzen, ein Zwiebelgewächs etwa. Nein, die Patientin spricht vielmehr von vorbereitetem Essen, Kantinenessen, Essen in Restaurants, manchmal auch Tiefkühlpizzen oder Fischgerichten zum Wärmen im Ofen. Hierbei, sagt sie, seien spürbare Signale im Raum gewesen, die nicht vom Essen selbst ausgingen, aber das Essen betrafen.

»Kam das womöglich aus Ihrem Körperinnern, so dass man sagen könnte, Ihr Instinkt sprach eine Warnung aus?«

»Ob ich es nun Instinkt nennen würde ... Nein, eigentlich nicht, Dass mein Instinkt mir von etwas abrät, das kenne ich. Dann spüre ich einen Widerwillen, manchmal richtigen Ekel. Nein, hier war es eher so, als wäre da etwas anwesend – kein Geist oder so, aber wie eine Stimme in mir.«

Ich weiß, was sie meint. Denn ich habe das selbst auch erlebt, wenn auch in einem vollkommen anderen Kontext. Zweimal ist mir eine Stimme begegnet, die mich unterwies, für jeweils zehn Jahre nicht mehr in meine alte Teil-Existenz als Lyriker zurückzukehren. Dies war höchst unangenehm, ja hart für mich gewesen, da ich mich mit einem wesentlichen Teil meines Identitätsgefühls immer als Dichter begriffen hatte. Und doch war die Weisung mit so großem Ernst erfolgt, dass ich sie befolgte. Ich hatte gespürt, dass es im Wortsinn um mein Leben ging.

Heute, da ich zurückblicken kann auf die ersten zehn Jahre als Nicht-mehr-Künstler, ist mir deutlich, was ich alles womöglich nicht getan hätte, wäre ich vom Selbstverständnis her Dichter geblieben. Und ich weiß, dass ein Aufbegehren gegen die Weisung Gefahr für mich bedeutet hätte.

Heute als Therapeut ermuntere ich meine Klientinnen und Patienten, gelegentlich in sich hineinzuhorchen, ob es da womöglich warnende Stimmen oder warnende Bilder gibt. Aus Märchen und Sagen kennen wir viele Beispiele, in denen die Warnung vor einer Bedrohung lange vor ihrem Eintreten bereits im Raum steht. Tiere sprechen, Zeichen säumen den Weg. Allein – oftmals passt der Held einfach nicht auf, die Heldin schätzt die Gefahr zu gering ein, und eine heikle Entwicklung nimmt ihren Lauf ... Die Einbeziehung warnender Botschaften in die Arbeit mit archetypischen Heil-Instanzen könnte uns helfen, dieses alte Wissen um das, was uns gesund erhält, neu zu beleben.

4.9 Selbstwissen und universelles Heilwissen

Der Archetypus des Heilens kann mitunter etwas schwer Durchschaubares haben. Er vermag auf etwas hinzuweisen, was uns anscheinend krank macht, aber er verfügt auch über ein Heilwissen, das nicht unbedingt etwas mit dem Diagnostizierten zu tun haben muss. Welches Wissen wir bekommen, hängt eng zusammen mit den Fragen, die wir stellen. Gehen wir mit der Frage »Warum bin ich krank geworden?« in Trance, so kann die Art der Antwort verwirren, weil das Unbewusste unser Krank-Sein anders auffassen kann als unser Bewusstsein. Im weiter oben genannten Beispiel sah der Patient seine Schmerzen als die eigentliche Erkrankung an, während das Unbewusste das Krankheitsgeschehen bereits in der problematischen Beziehung und den seelischen Verstimmungen erkannte.

Alles Wesentlich, was ich über den inneren Heiler sagen kann, habe ich zunächst am eigenen Leib erlebt, bevor ich es zum Behandlungsinstrument machte. Ich vermochte mit der Hilfe dieses Archetypus eine psychosomatische Hauterkrankung auszuheilen, die auf nichts sonst angesprochen hatte. Meine diagnostischen Überlegungen hatten verschiedene Richtungen genommen, aber keine hatte gestimmt.

Der Archetypus entfaltet genau hier seine wichtigste therapeutische Wirkung. Nämlich dort, wo bewusstes Wissen und vernünftige Spekulation ein Thema nach dem anderen durchdeklinieren und dabei kein Ansatz einer Gesundung entsteht. Ja, mir schien damals, ich drehe mich mit meinem diagnostischen Fragen im Kreis. Und so war es wohl auch.

Innere Heilerinnen und Ärzte vermögen ein Wissen zu erreichen, was nicht nur dem persönlichen unbewussten Wissen entspringt. Das persönliche Unbewusste kann uns dorthin führen, wo wir erkrankten, und aufzeigen, was uns guttut und gesünder macht. Das archetypische Wissen aber kann durch die Verwurzelung im kollektiven Unbewussten in Teilen auch Kulturen entstammen, in denen wir selbst nicht aufwuchsen. Wie Archetypen auch zum Beispiel in der Traditionellen Chinesischen Medizin wirken, so kann umgekehrt das uralte Wissen hieraus in Heiltrancen zugänglich werden (Steinert 2022). Dies ist einer der Gründe dafür, warum die Heilungswege der inneren Instanzen gleichzeitig so prägnant und zugleich irritierend sein können. Dass eine Gesundung darin bestehen kann, sich auch widerwillig mit den Ritterfiguren eines Kindes zu beschäftigen, ist wohl kaum ein ärztlicher Rat. Aber in ihrer Einfachheit ist diese Weisung von etwas getragen, was man als universelles Heilwissen ansehen kann.

5 Der Archetyp der Großen Mutter

5.1 Mutter-Archetyp und Vater-Archetyp

Wenn Klientinnen oder Supervisandinnen schwanger werden, erlebe ich an ihnen oft eine wundersame Verwandlung. Aus den manchmal noch unsicheren, Hilfe suchenden Kolleginnen und Klientinnen werden in sich ruhende, starke Frauen, die zugleich Lebensfreude und Sicherheit ausstrahlen.

Man kann diese Veränderung hormonal erklären, aber damit wird nur ein Teil des Geschehens erfasst. Denn in jenen Frauen, die mit ihrer Mutterschaft hadern, vollziehen sich ja in hormonaler Hinsicht ganz dieselben Prozesse. Aber die Aura jener in sich ruhenden, wundersamen Kraft vermögen sie nicht auszustrahlen. Diese wird nur denen zuteil, die ihre Mutterschaft bejahen und Freude an ihr haben.

Beides, Zurückweisung wie glückliches Bejahen, ist jedoch in den Mutter-Archetypus eingegangen. Denn dieser Archetypus bündelt wie alle Archetypen das Gute und Wunderbare ebenso wie das Leidvolle, Grausame. Der Mutter-Archetypus umfasst die Gottesmutter Maria ebenso wie die Kinderfeindin Lilith, die hingebungsvolle Agape ebenso wie Medea, die Kindsmörderin aus Verzweiflung. Und heute könnten sich hingebungsvolle »Mütter der neuen Zeit« (Mänken 2020) im Mutter-Archetyp ebenso wiederfinden wie jene Frauen, die ihre Mutterschaft bereuen (Donath 2016).

Und dann gibt es einige Frauen, die nicht nur die beschriebene Wandlung durchlaufen, sondern die eine Kraft auszustrahlen beginnen, die ungewöhnlich ist. Wie weltliche Göttinnen bewegen sie sich, ihr Lachen ist tief und warm und die Lebensfreude, die sie ausstrahlen, lässt keine analytische Kälte mehr zu. In ihnen wirkt nicht der Archetyp der Mutter allein, sondern der Archetyp der *Großen* Mutter.

Einen Archetyp der Großen Mutter gibt es. Einen Archetyp des Großen Vaters aber nicht. Wohl gibt es natürlich den Archetyp des Vaters in seiner Vielfalt, aber es fehlt doch etwas, um einen Archetyp des Großen Vaters zu erkennen, der Männern in seinem Wirken jene von Gottheiten berührte Aura verliehe, wie das bei jenen Müttern der Fall ist, in denen der Archetypus der Großen Mutter wirkt.

Dass dem Archetypus der Großen Mutter kein gleichwertiger Archetypus der großen Väterlichkeit gegenübersteht, ist nur im ersten Augenblick erstaunlich. Das Erstaunen lässt rasch nach, wenn wir uns vergegenwärtigen, dass Väterlichkeit in der Evolution eine weniger verlässliche Größe darstellt, als dies für die Mutterschaft gilt.

Ein Beispiel hierfür gibt eine brutale Naturpraxis, der so genannte Infantizid. Ein Gorillamännchen, das sich mit einem Weibchen neu zusammentut, bringt dessen Kinder unversehens um. Dasselbe geschieht, wo ein Löwe sich einem Rudel neu vorsetzt. Er tötet die vorgefundenen Junglöwen, die er alsbald durch seine eigenen Nachkommen ersetzt.

Man könnte einwenden, hiermit würden doch die eigenen Nachkommen geschützt und so müsste sich hierauf doch ein Archetyp der Väterlichkeit gründen lassen. Und natürlich gibt es so etwas wie ein archetypisches Bild des Vaters. Dies jedoch wird eben nur selten »groß« und ist auch weniger kraftvoll ausgeprägt, weil die Erfahrung intensiver Vaterschaft evolutionär eine schwächere Größe darstellt. Denn der Archetyp der Großen Mutter umfasst eben nicht nur die genetische Abstammung, sondern ist ein Bild des Nährens, Hütens, Begleitens und Verteidigens von einer übergreifenden Tragweite, wie sie männliche seelische Kräfte nur in Ausnahmefällen zu entwickeln vermochten.

5.2 Die Große Mutter und die Macht der Natur

Ich zeige in diesem Kapitel, wie mit dem Archetyp der Großen Mutter therapeutische Erfolge erzielt werden können , die anders nur schwer möglich wären. Dies hat zum einen damit zu tun, dass das zurückweisende Element gegenüber Kindern, das im Mutter-Archetyp vorkommt, im Archetyp der *Großen* Mutter nicht enthalten ist. Auch dieser Archetypus hat seine Schattenseiten, aber das Hadern mit der Mutterschaft zählt nicht dazu.

Zum anderen hat der Archetyp der Großen Mutter eine starke Beziehung zur Macht. Ja, es ist kaum eine andere Instanz im kollektiven Unbewussten denkbar, die ein solches Ausmaß an nährender Kraft mit sich trägt. Das macht den Archetyp der Großen Mutter zu einer unbewussten Ressource für alle die, die als Kind schlimme Entbehrungen durchmachen mussten.

So genannte Frühstörungen oder Bindungsstörungen zum Beispiel sind eine große Herausforderung für alle Analytiker und Therapeutinnen. Immer wieder gibt es Zweifel daran, ob sie überhaupt wirksam behandelt werden können. Denn ihre Entstehung in den ersten Lebensjahren bewirkt seelische Leerstellen, die nicht wie ein Konflikt angegangen werden können. Ihre Dynamik ist die einer Deprivation, vergleichbar einer Nahrungsdeprivation, die auch im Nachhinein nicht behoben werden kann, wenn sie früh zu mangelhaften körperlichen Ausbildungen geführt hat.

Stimmt dieser Vergleich aber? Es hat immer wieder Versuche gegeben, das frühe Entbehren im Nachhinein zu korrigieren. Diese beginnen bei dem Freudschüler Sándor Ferenczi und setzen sich in der Mentorenarbeit von Stephen Gilligan und Robert Dilts fort. Ich selbst entwickelte hierfür das Konzept der »Wahleltern«, bei dem in Trance neue Eltern gefunden werden, die den Patienten wieder und wieder in therapeutischen Sitzungen begleiten, halten und unterstützen (Milzner 1997). Diese Wahleltern können wirkliche Menschen ebenso wie Fantasiegestalten oder auch Filmfiguren sein; entscheidend ist allein die emotionale Aufladung der Beziehung zu ihnen (Milzner 2005).

5.2 Die Große Mutter und die Macht der Natur

In den letzten Jahren habe ich Bindungsstörungen und frühe Entbehrungen vermehrt mit dem Archetypus der Großen Mutter behandelt. Auch sie hat freilich helle und dunkle Seiten, und beide haben damit zu tun, dass der Archetyp der Großen Mutter ein sehr machtvoller Archetyp ist. Das legt nahe, dass bei der Arbeit mit ihm einiges schiefgehen kann. Insbesondere dann, wenn negative Erlebnisse der frühen Kindheit mit den dunklen Anteilen des Archetypus verschmelzen würden, könnte die Therapie abgleiten. Und so braucht es einige Vorbereitung, um in ein sicheres, ganz und gar konstruktives therapeutisches Fahrwasser zu kommen.

So arbeitete ich mit Menschen, die von sich angaben, niemals das Erlebnis mütterlichen oder großmütterlichen Gehalten-Seins kennengelernt zu haben. Kindern von Müttern, die im Zusammenhang mit der Geburt verstarben, Kindern von vergewaltigten Frauen, die sich außerstande sahen, das Baby bei sich zu behalten. Aber auch mit Kindern von Müttern, die der Drogenszene angehörten, süchtigen Frauen, die bemüht waren, ein Selbstbild von guter Mutterschaft aufrechtzuerhalten, während ihr Kind zu verwahrlosen drohte und die Ämter einschritten.

Das Mutterbild aller dieser Menschen war zumeist ein negatives, zumindest distanziertes, und sie begegneten allem, was »mütterlich« klang, mit außerordentlicher Skepsis. Manche erbaten sich alternative Begriffe und fragten beispielsweise, ob nicht auch eine »große Freundin« in Frage käme (Kaiser-Rekkas 2021)

Konzepte wie das einer inneren Freundin oder eines inneren Freundes thematisieren jedoch etwas ganz anderes und führen eher Anteile der Persönlichkeit zusammen, als dass sie an archetypische Themen herangingen. Innere Freundinnen und Freunde beeinflussen die Selbstbeziehung und holen Anteile von uns herbei, von denen wir uns angenommen fühlen und die uns gernhaben. Das kann Menschen mit einem Defizit an Mütterlichkeitserfahrung guttun, befriedigt aber ihr tieferes Bedürfnis meist nicht.

Um dies doch möglich zu machen, arbeite ich hier damit, das Bild der Großen Mutter von der menschlichen Mutterschaft zu unterscheiden. Oder anders gesagt: Den Unterschied von Mutter-Archetyp und Archetyp der Großen Mutter herauszuarbeiten. Dies ist eine suggestive Arbeit, für die nur eine leichte Trance nötig ist, zu der ich im folgenden Beispiel eine junge Modedesignerin eingeladen habe, die als kleines Kind der Mutter von der Polizei weggenommen worden war. Die Mutter hatte das Kind tagelang in einem kleinen Zimmer allein gelassen, ohne Nahrung und Kontakt. Nachbarn hatten das Jugendamt alarmiert, als sie die Mutter wiederholt nachts fortgehen und erst am späten Nachmittag wiederkehren sahen, offensichtlich betrunken. Das Kind wuchs in einer Pflegefamilie auf, die leibliche Mutter jedoch versuchte wiederholt, »ihr« Kind auf juristischem Weg wiederzubekommen. Versuche, die in der Klientin tiefe Verachtung hervorgerufen haben.

»Mütter können schwach sein ... so wie Väter schwach sein können ... beide sind sie menschlich ... und Menschliches kann elend sein ... schwach ... dumm und feige ...«

Bei allen diesen Adjektiven nickt die Klientin heftig.

»Manche von ihnen tragen selbst eine Verletzung mit sich … oder einen Mangel … andere sind einfach schlechte Mütter, und wir wissen nicht, warum …«

Während die Klientin bei den ersten Worten Skepsis erkennen lässt, kommt am Ende wieder das Nicken.

»Und man kann dazu kommen, dass man von Müttern einfach nichts mehr hören will … einfach Schluss machen will mit diesem Thema … und man wäre froh, wenn das gelänge … aber es bleibt eine Sehnsucht … es bleiben die Bilder … und das, was man sieht und wovon man träumt … manchmal …«

Die Ambivalenz in der Klientin ist fast körperlich zu spüren. In der Nachbereitung dieses Arbeitsgangs erweist sich, dass sie die Sehnsucht in sich kennt und zugleich voller Angst ist. Wie diese Angst überwinden? Und muss das überhaupt sein?

Ich spreche davon, dass es Mutterschaft nicht nur bei Menschen gibt. Ja, wer sagt eigentlich, dass Menschenmütter die besten sind? Es gibt viele Geschichten über Kinder, die von Wölfen aufgezogen werden – Mowgli aus dem »Dschungelbuch« zum Beispiel –, oder von Affen – »Tarzan« wurde von einer Affenmutter sehr geliebt. Die Klientin hört aufmerksam zu und nickt bestätigend.

Wir werden in der Folge mit einer Bärin arbeiten, die das Bild der Großen Mutter in seiner tierhaften Natürlichkeit transportiert. Die Bärin eröffnet eine wärmende, behütende Zone, die ganz frei ist von dem, was die Klientin erlebt hat. Niemals würde sie ihre Jungen hungern lassen, noch drogenabhängig werden, noch mit dem eigenen Kind konkurrieren. Sie verkörpert die Mutterschaft im animalischen Sinn, die von Instinkt geleitet ist und durch falsche Wünsche und menschliche Abwege nicht korrumpiert werden kann. Oder, wie die Klientin es mit einem Unterton von Verwunderung ausdrückt: »Sie hat so gar nichts Abgefucktes.«

5.3 Die lichte Seite des Archetyps der Großen Mutter

Jeder Archetypus enthält eine Viezahl von Möglichkeiten, die in ihm zur Legierung verschmolzen sind. Das gilt auch für die Bilder, die sich mit der Großen Mutter verbinden. So ist zum Beispiel die germanische Göttin Frigga oder Frigg wie die griechische Hera eine Hüterin von Haus, Ehe und Familie. Das vereint die beiden Göttinnen bei allen Unterschieden im Urbild der Großen Mutter.

Später aber tritt Frigg als huldvolle Göttin (»Hulda«) in die Märchenwelt ein, aus der wir sie als Frau Holle kennen (Wagner 2016). Hierbei bekommt sie dann zusätzliche Aspekte. Das Märchen »Frau Holle« kann nämlich als eine Geschichte aus matriarchalen Kulturen gelesen werden, in der es um die Kraft und das ordnende Wirken der Urgöttin geht (Göttner-Abendroth 2005). *Zugleich* aber lässt das Märchen sich als die Geschichte der Selbstwerdung einer jungen Frau lesen, die sich allmählich aus der mütterlichen Umklammerung löst (Riedel 2005). Beide Aspekte der Großen Mutter sind in das Märchen mit eingeflossen.

Die lichte Seite des Archetyps der Großen Mutter umfasst neben dem Austragen und Versorgen der eigenen Kinder zusätzlich die Welt, in der diese Kinder aufwachsen. In ihrer reicheren Variante vermag sie auch Kinder mit aufzunehmen, die nicht die eigenen sind. Und in ihrer reichsten Variante alles, was lebt. In dieser entspricht ihr zum Beispiel das Bild der präpatriarchalen schwarzen Göttin, die Milch zum Fließen bringt, den Geburtsschmerz lindern kann und den Kranken Genesung verschafft (Metzner 2000).

5.4 Gaia wird dich halten

Man könnte endlos fallen. Einfach immer weiter, ein Abgrund ohne Boden, die vollkommene Leere.

Die Angst, von der die Patientin berichtet, ist nicht einfach Todesangst und sie ist auch auf nichts Konkretes gerichtet. Plötzlich tritt sie ein, und dann ist das Gefühl da und lässt nichts anderes mehr zu, als existenzielle Angst. Nirgends ist Halt. Alles leer. Endloses Fallen, immer tiefer, immer weiter in die Leere hinein.

Die Patientin hat mehrere Therapien hinter sich, die die Angststörung aber, wie sie sagt, »nicht in den Griff bekommen« haben. Sogar neue Diagnosen sind dazugekommen, darunter ein Psychose-Verdacht. Aber wahnhaft gestört wirkt die Patientin nicht, eher so, als wären die Worte nicht da, um ihre Not zu beschreiben.

Frühe Bindungsstörungen zu behandeln ist eine Herausforderung für Analytiker und Therapeutinnen. Nicht nur, dass die Symptome oft so diffus erscheinen, aber umso quälender sind. Hinzu tritt, dass hier ja die sprachliche Repräsentation des Erlittenen oft fehlt. Denn Menschen, die kein Urvertrauen zu entwickeln vermochten, konnten in der Zeit, in der ihnen der liebevolle Halt vorenthalten wurde, ja noch gar nicht sprechen. Und folglich fehlt eine sprachliche Kodierung des erlittenen Mangels.

Stattdessen heften sich die kindlichen Ängste mitunter an Inhalte, die eher dem größeren Kind oder dem Erwachsenen zugänglich sind. In ein Weltall stürzen, das sich unendlich ausdehnt, auf der Erde keinen Halt finden, leere Himmel vorfinden und nirgends ist ein Ankommen möglich.

Man kann diese Themen mit dem eigentlichen Inhalt – nicht gehalten worden zu sein – verwechseln. Das wird aber fehlgehen. Den Einwand einer früheren, kognitiv orientierten Therapeutin, die Gravitation halte uns fest auf dem Boden, ließ die Patientin denn auch nicht gelten. Das habe mit ihrer Angst nichts zu tun.

Als die Patientin zu mir kommt, steht eine mögliche Psychose noch im Raum. Stimmt es, dass die Patientin sich selbst für so leicht hält, dass sie weggeweht werden könnte? Und ist das wahnhaft? Nein, ist es nicht – die Angst ist auch nicht wirklich die, allzu leicht zu sein. Sondern, dass es nirgendwo Halt gibt. Ganz so, wie sie es in den frühen Lebensjahren erfahren hat.

Als ich im Erstgespräch kurz nach irgendeiner spirituellen Überzeugung oder Orientierung frage, lacht die Patientin auf.

»Gott? Nee, echt nicht. In den Kirchen habe ich nichts mehr verloren.«

An Kirchen dachte ich eher nicht. Spiritualität kann sich ja auf vieles richten. Die Natur zum Beispiel ...

Sie habe schon einmal Bäume umarmt, sagt die Patientin. Das sei wirklich schön und tue ihr gut. Aber ob das mit Spiritualität zu tun hat?

Ich bitte die Patientin, den Boden, auf dem sie ruht, aufmerksam wahrzunehmen. Sich schwer werden zu lassen, so schwer es eben geht. Und dabei die Augen zu schließen.

Die nun folgende Suggestion ist aus einem streng physikalischen Blickwinkel unwissenschaftlich. Als Möglichkeit eines anderen, archetypisch gespeisten Erlebens aber nicht nur zulässig, sondern hilfreich.

»Und nun stellen Sie sich vor, dass das, was Sie trägt – was uns alle trägt – dieser Boden hier, die Mauern, das Haus –, wiederum getragen wird. Die Erde trägt uns ... »Mutter Erde«, wie manche Völker sagten und wie es auch in unserer Sprache einmal hieß ... Manche Wissenschaftler sagen, dass die Erde selbst lebendig sei ... Gaia nennt man sie ... und sie trägt uns, ganz verlässlich ... Vielleicht merken Sie, dass es sich ganz anders anfühlt, wenn Sie sich von einer lebendigen Erde getragen fühlen ...«

Die hypnotherapeutische Intervention dauert ungefähr eine Viertelstunde. Ich wiederhole die Inhalte, variiere sie. Als die Patientin die Augen wieder öffnet, beginnt sie zu lächeln.

»Wow ...«

Ich lasse ihr Zeit, und als sie dann spricht, merke ich, die Tonlage ist anders. Weicher, tiefer.

»So würde ich mich gern öfter fühlen.«

In späteren Sitzungen wird die Patientin davon sprechen, dass sie sich seltsam »angekommen« fühle, wenn wir Trancen dieser Art machen.

Archetypische Bilder für das, was uns hält, gibt es einige. Im christlichen Raum ist das Ruhen in Gottes Hand oder in Abrahams Schoß eine Variante davon. Arbeite ich mit Menschen, die sich dem Christentum verbunden fühlen, so sind diese Bilder, die in Trancen zu fühlbaren Erlebnissen werden, gut zu verwenden. Im Fall der eben vorgestellten Patientin schied dies aufgrund der im Erstgespräch gewonnenen Information aus. Die Verwendung des Bildes von der »Erdmutter Gaia« war ein Versuch, der auch hätte korrigiert werden können. Dass er die Patientin im ersten Anlauf tief erreichte, war ein Glücksfall. Dies wohl auch, weil die Suggestion von »Mutter Erde« die Naturbezogenheit der Patientin als Ressource nutzte.

Tatsächlich existiert die »Gaia«-Hypothese als wissenschaftlicher Entwurf von dem Chemiker James Lovelock (Lovelock 1992) und der Biologin Lynn Margulis (Margulis 2017). Die Erde ist demnach selbst ein lebendiges System, dessen Teile wir sind. Das Aufrufen der Vorstellung von Gaia als lebendiger »Mutter Erde« knüpft sowohl hieran an als auch an mythische Vorstellungswelten. Im archetypischen Erlebnisstrom kommt dann beides zusammen, moderne Wissenschaft verschmilzt mit mythischer Spiritualität.

5.5 Der dunkle Aspekt der Großen Mutter

Gaia als Große Mutter ist, zumindest in vorpatriarchalen Zeiten, zwar Leben spendend, wird aber selbst nicht von einer anderen Mutter geboren und nicht von einem Vater gezeugt (Stone 1976, Highwater 1992). Sie bringt sich also selbst hervor, Das ist von Bedeutung und kann Teil heilsamer Imaginationen werden, weil so gewährleistet ist, dass Gaia als Urmutter selbst keine familiären Belastungen mitbringt.

Denn wie jeder Archetyp, so hat auch die Große Mutter einen lichten und einen dunklen Anteil. In dem lichten Anteil finden wir alle unsere Sehnsüchte nach Halt, Fürsorge, umfassender Liebe und tiefem Angenommen-Sein wieder. Wir kehren von unseren Weltwanderungen wieder wie ein bedürftiges Kind, und die Urgestalt der Großen Mutter nimmt uns auf, drückt uns an sich, nährt uns und lässt uns schwer werden, ganz passiv, so müde, endlich loslassend, tief und weich, angekommen ...

Der dunkle Aspekt der Großen Mutter ist dagegen nicht ganz so eindeutig und erscheint seltsam aufgefächert (Neumann 1956). Er besteht zum einen in der überfürsorglichen Nähe, die einen erstickenden Charakter bekommen kann. Die Große Mutter erscheint dann als das vergrößerte, machtvolle Kuschelkind, das vor allem eigene Bedürfnisse befriedigt und uns, sobald wir uns erheben und gehen möchten, wieder in die weiche Umdrängung zurückzieht, aus der wir nicht hinauskommen.

Zum anderen besteht der dunkle Aspekt der Großen Mutter in der kontrollierenden, Unterwerfung fordernden Herrschaftsmutter, die Gehorsam einfordert und willens ist, ihre Macht nach Gutdünken zu missbrauchen. Ein Beispiel hierfür gab ausgerechnet eine bekannte Psychotherapeutin. Die Transaktionsanalytikerin Jacqui Lee Schiff entwickelte in den 60er Jahren zusammen mit Morris Schiff die Methode der Neubeelterung. Ein Verfahren, bei dem Menschen mit frühen Beziehungsdefiziten, insbesondere schizophrene Patienten und Patientinnen, ihre Kindheit neu durchleben und in Therapeut und Therapeutin eine Form neuer Eltern finden sollten (Schiff 1970).

Neben unbestreitbaren Erfolgen zeigte Schiffs Arbeit einen zunehmenden Drang hin zu Praktiken der Unterwerfung und körperlicher Misshandlung (Müller 2006). Der Vorwurf der Gehirnwäsche stand im Raum (Jacobs 1994), und die Neigung zur

Brutalität wurde offenkundig, als Jacqui Lee Schiff bekundete, eine bei ihr aufgefundene Pferdepeitsche zur Erziehung ihrer eigenen Kinder benutzt zu haben (Haykin 1998). Eine Therapeutin, die mit der Neubeelterung einen bedeutenden Weg zur möglichen Heilung entdeckt hatte, wurde von der dunklen Seite des Archetypus eingeholt.

5.6 Das Universelle der Großen Mutter

»Ich spürte, wie mir etwas näher kam ... um mich war es dunkel ... nur ab und an ein Stern ... ich fühlte mich aufgehoben im Himmel, der wirklich wie ein Zelt war ... und dort oben sah ich sie ... die Herrscherin des Himmels, dachte ich ... aber eine Herrscherin voller Liebe ... und als sie den Mantel um mich tat, den sie trug ... da war ich ganz geborgen ... nicht in einem Schoß, verstehen Sie, ... auch nicht auf den Arm genommen ... sondern in einen Mantel gehüllt, der zugleich schwer und wohltuend war und wunderbar leicht ... wie Seide, aber eine Seide, wie es sie hier nicht gibt ... und um mich herum alle Sterne ...«

Immer wieder erlebe ich, wie Menschen eigentümlich irritiert sind, wenn in ihren Trancen anstatt einer erdnahen, schwer-warmen Urmutter das Bild einer mild schauenden, hübschen Frau mit langem Haar erscheint, die einen weiten Mantel ausbreitet.

Ist dies nicht ganz etwas anderes als Gaia, unser aller Ursprung? Ist dies nicht vielmehr die Gottesmutter Maria, die im Christentum sowohl eine ganz junge Frau ist als auch die Königin der Himmel? Eine Gottesmutter, die ihrerseits mit der ägyptischen Gottesmutter Isis in Verbindung steht (Stadler 2002)?

Sie ist es, oder besser: Sie kann es sein. Denn natürlich ist auch die Mutter Maria, die den Sternenmantel ausbreitet, eine große, eine umfassende, behütende und bergende Mutter, zu der alle kommen mögen, die einsam sind, leidend, versehrt und voller Schmerzen.

Es ist ein großer Verlust, dass mit der Talfahrt der christlichen Amtskirchen auch die Bilder und die Erfahrungswelten des Christentums verloren zu gehen drohen. Trancen wie die geschilderten weisen darauf hin, dass unser Unbewusstes diesen Verlust nicht akzeptiert. Und dass die ungeheure Größe, Wärme und Schönheit der gütigen Mutter Maria in uns weiterwirkt, ganz gleich, was mit den Kirchen als Orten der organisierten Religion geschieht.

Maria entspricht einem anderen Urbild der göttlichen Mutter, und es ist weniger eines der Herkunft von der Erde als vielmehr des Aufstiegs der Seele zum Übergeordneten, Himmlischen. Maria vereint die Bilder einer ganz jungen Frau, einer Schmerzensmutter, deren Leid am Martertod ihres Sohnes in Gestalt von Dolchen abgebildet wird, und einer Herrscherin der höheren Welten. In ihnen, den höheren Welten, wird sie als göttlich und machtvoll erkennbar, in ihrer Jugend und ihrem Schmerz ist sie eine junge Frau, in der Frauen sich weltweit wiedererkennen können.

Ich habe die Erfahrung gemacht, dass manche Patienten und Analysandinnen auch von diesem Aspekt der Großen Göttin zu profitieren vermögen. Wenn sie nie wirklich Mitleid erfuhren, dann können die Tränen einer Göttin das sein, wonach sich ihre unbewusste Psyche gesehnt hat.

»Und nun lassen Sie es geschehen … während Sie ganz sicher sind … dass die Große Mutter aus Ihrem Unbewussten Ihr Leiden spürt … Ihren Schmerz … und Tränen vergießt … Tränen des Mitgefühls … und es ist wunderbar, wenn Göttinnen selbst Tränen vergießen … weil sie menschlicher sind als manche Menschen … und es tut Ihnen gut, so gut … und Sie sind geborgen, so sicher geborgen …«

Dass im Archetyp der Großen Mutter auch der Schmerz eine Rolle spielt, mag verstören. Aber es ist ein Schmerz, der große Kraft besitzt und zur Heilung beitragen kann. Aus dem Beweinen entsteht ja etwas – eine Kraft der Fürsorge, die zugleich eine Kampfkraft ist. Ingrid Riedel verweist hierzu auf die mythische *Erzählung* von der Fruchtbarkeits- und Getreidegöttin Demeter, der die Tochter Persephone genommen und in die Unterwelt verschleppt wurde. Zeus hatte dies gebilligt, damit der Gott der Unterwelt, Hades, die Frau bekam, die er sich wünschte (Riedel 2013).

Demeters Schmerz war so groß, dass kein Halm mehr wuchs, keine Früchte gediehen und auch die Tiere sich nicht mehr vermehrten. Die Möglichkeit vor Augen, dass die Erde unfruchtbar würde und die Menschen auf ihr stürben, gebot Zeus, dass Persephone zu ihrer Mutter zurückkehren und hinfort immer einen Teil des Jahres mit ihr verbringen solle.

Eine Geschichte der Ablösung vom Elternhaus? Sicher, aber noch viel mehr. Nämlich auch eine Geschichte der Jahreszeiten, emotionaler Konflikte und eben auch eine Geschichte von der wandelnden Kraft großen Schmerzes. Dass die mythische Geschichte das individuelle Leid so erweitert und einspinnt in die Welt der Götter und der Natur, macht ihre große Kraft aus.

5.7 Die Große Mutter und die weibliche Autonomie

Frigg, die uns im Zusammenhang mit den lichten Seiten des Archetyps der Großen Mutter schon begegnete, ist die Schutzgöttin der Liebe und der Ehe, der Familie und des Hauses. Sie hat Katzen als begleitende Tiere bei sich. Freie, wilde Tiere. Katzen sind aber, mit Ausnahme von Löwen, keine Rudeltiere.

Dass Frigg von Katzen begleitet wird, lässt sich als Hinweis auf ihre Freiheit und Selbstbestimmtheit deuten. Wenn Demeters Schmerz das Reifen und Blühen in der Natur verhinderte, so zeigte dies, wie stark jede Regung der Großen Mutter zu sein vermag und was ihr Schmerz noch an Kampfkraft birgt.

Frigg zeigt die Große Mutter als wilde, freie Göttin, die die Frau des wilden, freien Wotan ist. Frigg ist als »Holle« zugleich eine »Schamanengöttin« (Höffgen 2023,

S. 71). Ihr ist gegeben, die Kräfte der Natur blühen zu lassen und ebenso das erblühen zu lassen, worum sie sich mütterlich kümmert.

So hebt sie als archetypische Instanz den Gegensatz von Mutterschaft und Freiheit auf, der für die feministischen Diskussionen so bedeutsam wurde. Keine Große Mutter ist jemals in das gefallen, was seit Simone de Beauvoir als »die Mutterfalle« bekannt wurde. Die archetypische »Große Mutterschaft« hat nichts Unterwürfiges, Angepasstes, Kleingehaltenes. Vielmehr ist sie von dem Wissen getragen, dass ohne sie nichts ist – gar nichts.

6 Archetypen des Kampfes 1: Vom Krieger zum Helden

6.1 Archetypisches Wirken zwischen Zerstörung und Heilung

Archetypen können in Patientinnen und Klienten *destruktiv* wirken, ohne dass die Betreffenden sich darüber im Klaren sind. Dies ist beim Archetypus des Kriegers (die weibliche Variante der Archetypen des Kampfes ist das Thema des nächsten Kapitels, ▶ Kap. 7) besonders eindrucksvoll zu erleben. Denn so energisch dieser Archetyp in uns auf eine positive Veränderung hin wirken kann, so leicht ist er auch in der Lage, therapeutische Prozesse zu unterminieren oder seine kämpferische Energie gegen die eigenen Interessen zu richten.

So erlebte ich einen jungen Mann nach einer Knochenkrebs-Diagnose in heftiger Aufwühlung. Er träumte davon, als Berserker Dörfer niederzubrennen, schlug unvermittelt gegen Türen und Wände und kaufte endlich auf einem Mittelaltermarkt, auf dem er mit einer Band spielte, für viel Geld eine scharfe Streitaxt, über deren Klinge er, wie er mir erzählte, immer wieder prüfend strich, um sich ihrer Schärfe zu versichern. Kleine verkrustete Risse an seinen Fingerkuppen gaben hiervon Zeugnis.

Abwehrverhalten? Verzweiflung angesichts des drohenden Todes? Aufbegehrende Vitalität? Latente Suizidalität aus Angst vor dem Verfall? Alles dies wäre möglich, mein Eindruck war jedoch ein anderer.

Der junge Mann hatte mir von seiner Onkologin erzählt, einer offenbar hochmütigen Frau, die ihm devotes Verhalten abverlange und ihn lange warten ließ. Sie bestand nachdrücklich auf der Nennung ihres Doktortitels bei der Anrede und gab, als der junge Mann sich wegen der langen Wartezeit beschwerte, zur Antwort, für was er sich eigentlich halte und ob er wisse, wer sie sei.

Narzisstisches Verhalten, ohne Frage. Aber wie ihm die Onkologin im Traum erschien, offenbarte noch mehr. Sie kam ihm darin hexenhaft vor, tierhaft mitunter, dann wieder wie eine grausame Richterin, die ihn zum Tod verurteilte. Dies alle legte nahe, dass sie aus dem dunklen Aspekt des Archetyps der Magierin heraus handelte, jenes Aspekts, der nicht heilt, sondern zerstört.

Dagegen ließ sich das, was in dem jungen Mann geschah, als Ausformung des Krieger-Archetyps deuten. Dies jedoch ebenfalls in der dunklen Variante, die sich in zunehmendem Maß ebenfalls aufs Zerstören hin ausrichtet.

6 Archetypen des Kampfes 1: Vom Krieger zum Helden

In Trance ließ ich den jungen Mann den Krieger-Archetyp in seiner reinen, wilden, aber konstruktiven Form erleben.

»In Ihnen ist der Krieger erschienen ... eine wilde Kraft, eine Urkraft ... kann zerstören, aber kann auch das besiegen, was zerstört ... ganz auf Ihrer Seite ist diese Kraft ... und sie sieht, was sie tun kann ... findet die Gefahr ... findet, was bekämpft werden muss, was erreicht werden soll ... sieht sich um, sammelt sich ... wird kämpfen, wenn es so weit ist ... für das Richtige, für das Gute ... für Ihr Leben ...«

Der junge Mann entspannte sich. Nach seiner Rückkehr in den Raum des Gesprächs erläuterte ich ihm, dass die Ärztin möglicherweise den Verführungen der Macht erlegen sei, die in ihrem Beruf groß sein könnten. Empfand er sie als seine Helferin, eine heilende kluge Frau?
  Heftiges Kopfschütteln.
  Wie empfand er sie dann?
  »Sie bringt mich ins Grab. Jeden Tag ein bisschen mehr.«
  Grausam, dieser Satz. Ich bitte den Patienten, zu erspüren, ob er die Ärztin hat, die er haben möchte.
  »Nein, nein!«
  Aber warum ist er bei ihr?
  »Irgendwie komme ich nicht weg von ihr. Zu wem soll ich denn sonst?«
  Ich entscheide, dass die Muster des Kriegers womöglich nicht genügen werden, um diese Frage zu beantworten. In Trance bitte ich den Patienten, zu erkunden, wer ihm helfen könnte:

»Sie erinnern sich, dass Helden und Krieger sich manchmal selbst nicht helfen können ... Siegfried, Lancelot, Achill ... sie sind großartige Kämpfer, stark und kaum zu besiegen ... aber sie können sich irren, sich auch selbst im Weg stehen ... weise Krieger sind selten, denn Wut und Weisheit, das findet man nicht gleichzeitig ... vielleicht ist es an der Zeit, eine weise, wissende Instanz zu fragen ... eine Hütte im Wald zu suchen ... oder die Bitte auszusprechen, dass ein wissender Helfer kommen möge ... eine wissende Helferin ...«

Die helfende Instanz erscheint, und sie ist – eine Hauskatze. So eine hat der Patient früher tatsächlich einmal gehabt. Sie reibt sich schnurrend am Bein des Patienten, dessen Gesicht sich löst und weicher wird. Auf meine Frage, ob die Katze den Patienten leiten kann, ihm Wege zu weisen vermag, führt sie ihn zu einer Ärztin, die er schon lange nicht mehr gesehen hat. Sie war lange Jahre als Hausärztin für den Patienten und seine Familie da, bis er wegzog und sich medizinisch neu orientierte. Nun also scheint es, als sollte sie erneut eine Rolle spielen.
  Der Patient ist erstaunt und auch ein bisschen besorgt. Wird die damalige Hausärztin überhaupt noch praktizieren? Und wird sie bereit sein, ihm zur Seite zu stehen, wo er doch längst nicht mehr bei ihr in Behandlung ist?

Ich schlage vor, kurz im Internet zu schauen, ob es die Praxis noch gibt. Sie existiert noch, hat sich aber vergrößert. Eine große Hausarzt-Praxis mit mehreren Ärzten und Ärztinnen. Was tun? Anrufen? Schreiben? Am besten beides.

Die Kontaktaufnahme gelingt. Der Patient hat zunächst einen telefonischen Termin bei seiner alten Ärztin, dann kommt es zum Brückenschlag zu einem Onkologen, der mit der ehemaligen Hausärztin bekannt ist und sich bereit erklärt, die Behandlung zu übernehmen.

Das wäre aus der Ursprungsdynamik heraus nicht zu erwarten gewesen. Die Energie des Krieger-Archetypus hätte angreifen, zerstören und wild um sich schlagen können. Doch hätte sie die Situation nicht in heilsamer Weise zu verändern vermocht. Ja, sie hätte sie kulminieren lassen und so den Patienten medizinisch isolieren können. Erst ein anderer Archetyp – das wissende Tier – brachte die Hilfe, zu der der Patient von sich aus kaum hätte finden können. Ob der Umstand, dass hier eine *Haus*katze zu einer *Haus*ärztin führt, allein der früheren Lebenssituation geschuldet ist oder ob darin auch archetypische Energie wirkt, darf dabei offenbleiben.

6.2 Die Verdrängung des Krieger-Archetypus

Die Arbeit mit dem Archetypus des Kriegers stellt eine besonders anspruchsvolle Aufgabe dar. Denn die westliche Moderne hat zu keinem anderen Archetypus eine so heikle Beziehung wie zu diesem. Der konsequente Versuch, kriegerische Energie schon im Kleinkindalter unter Kontrolle zu bringen – oder besser gesagt, sie früh zu unterdrücken –, macht diesen Archetypus nicht kleiner, sondern lässt ihn tiefer ins Unbewusste absinken, wo er eine verborgene Existenz führt. Von hier aus aber kann er jederzeit wieder hervorbrechen.

Wie das aussehen kann, zeigen die extremen gewaltsamen Auswüchse unserer Kultur. Moderner Amoklauf, anscheinend politisch motivierte Attentate, Angriffe auf Polizistinnen und Feuerwehrleute sowie Terror in jeglicher Form lassen sich als die Eruptionen einer Energie begreifen, die aus einer Tiefe heraus agiert und sich dem sozialen Shaping entzieht.

Aktuell sind wir dabei, die Hintergründe solcher Akte kleinen Gruppen und deren ideologischen Einflüssen zuzuschreiben. Das ist aus sozialpsychologischer Sicht verständlich, aus der Perspektive des Unbewussten aber keineswegs.

In einer Monographie über moderne Amokläufe habe ich zu zeigen versucht, dass in Massakern wie dem modernen Amoklauf eine archetypische Kraft wirkt, die zugleich nationale Charakteristika angenommen hat (Milzner 2010). Archetypen sind zwar grundsätzlich universell und transnational gültig. Aber sie können gleichwohl eine kulturelle Einfärbung bekommen.

Der rechtsnationale und der islamistische Attentäter sind beide vom Archetypus des Kriegers gespeist. Und beide fühlen sich zur Grausamkeit im Dienst einer ihrer Ansicht nach höheren Sache berufen. Wer hier gehässig von den Jungfrauen im

Paradies spricht oder jedem Rechten eine niedere Gesinnung unterstellt, verkennt, dass in beiden Fällen eine Kraft wirkt, die eben keineswegs auf Belohnungen erpicht ist, sondern darauf, sich einer vermeintlich höheren Zielsetzung zu opfern.

Wie fremd dem modernen kapitalistischen Denken dies ist, kann man daran ermessen, dass dem Krieger das Selbstopfer und die Geringschätzung des eigenen Lebens durchaus geläufig sind. Die »Spannung eines Archetyps«, schrieb Marie-Luise von Franz, »kann die ganze bewusste Persönlichkeit zerstören« (von Franz 1987a). Dass dies so ist, wird nicht nur im Selbstopfer deutlich, in dem die bewusste Persönlichkeit ja der Zerstörung preisgegeben wird, sondern auch darin, wie sehr sich vor allem westliche Kulturen dagegen stemmen, den Krieger-Archetypus als wesentlichen Anteil des Mensch-Seins zu akzeptieren.

Archetypen haben aber eine unangenehme Eigenschaft: Wo ihr positiver Aspekt zu wenig gewürdigt wird, da tritt der negative umso drastischer hervor. Die heimliche Hoffnung, dass der Archetypus infolge mangelnder Beachtung oder kultureller Ächtung sich einfach legen würde, erfüllt sich also nicht. Vielmehr wird das, was überwunden werden soll, sogar extremer, während die Abwehrmöglichkeiten zugleich kleiner werden. Im Fall des Krieger-Archetypus ist dies von ganz besonderer Bedeutung, denn man braucht die positive Kraft dieses Archetyps, um seine schwarze Seite bekämpfen zu können. Ist nun der Archetypus insgesamt als Feind gebrandmarkt worden, so fehlt die Kraft auf der hellen, lichten Seite, während die dunkle, die sich um Tabus nicht schert, erstarkt.

6.3 Wie der Krieger-Archetyp auch im Verborgenen wirkt

Ich habe die unbewusste Wirkung des Krieger-Archetypus selbst erlebt. Und zwar als junger Mann, der zu Zeiten der Wehrpflicht aufwuchs, und überdies zu einer Zeit, in der es noch keine Wahl zwischen Wehr- und Zivildienst gab. Vielmehr musste man, um glaubhaft zu klären, dass man aus ethischen Gründen den Wehrdienst ablehne, eine absurde »Gewissensprüfung« über sich ergehen lassen. Darin konnten Fragen vorkommen wie diese: »Ein Terrorist mit einem Flammenwerfer bedroht eine Schulklasse, Sie haben eine Pistole und können verhindern, dass die Kinder alle sterben müssen. Was tun Sie?« Die Antwort eines Wehrdienstverweigerers, dessen Gewissen ihm nicht erlaubte, zu töten, musste nun lauten: »Auch in dieser Situation würde ich nicht schießen, sondern versuchen, den Terroristen von seinem Vorhaben abzubringen.«

Dass dies absurde Simulationen waren, war jedem klar. Ich hatte mich schon darauf eingestellt, hier an einem unwürdigen Rollenspiel teilzunehmen, bei dem die Prüfenden eine überaus peinliche Rolle spielen würden. Doch es kam anders. Als Jugendlicher von emotionalen Schwankungen stark geprägt, wurde ich zunächst zurückgestellt, um dann, inzwischen zu einer deutlich rebellischeren

Haltung gelangt, erneut gemustert zu werden. Diesmal mit psychiatrischer Begutachtung. Der alte Vertrauenspsychiater hörte sich in Ruhe an, was ich zur Wehrpflicht zu sagen hatte, und nahm wohlwollend zur Kenntnis, dass mir jeglicher Zivildienst willkommen wäre, denn ein Drückeberger wollte ich nicht sein. Niemals aber würde ich auf Befehl andere Menschen umbringen.

Das würde ich womöglich aber müssen, meinte der alte Arzt, denn es könne ja sein, dass ich bei der Gewissensprüfung nicht durchkäme. Und dann, was wollte ich machen ... ?

Im Zweifelsfall lieber den Feldwebel erschießen, als jemanden, der mir nichts getan hatte, antwortete ich. Der Psychiater schwieg, man sah ihm ein leichtes Erschrecken an. Lange fixierte er mich, und dann sagte er nicht unfreundlich, das glaube er mir tatsächlich. Und er fügte hinzu, an jemandem wie mir könnte das Militär kein Interesse haben. Aber meine Überlegung, womöglich Psychotherapeut zu werden, schiene ihm doch eine gute Idee.

Was mir damals nie in den Sinn gekommen wäre: In mir wirkte, was ich selbst zutiefst ablehnte, der Krieger. Was mich antrieb, war keineswegs ein grundsätzlicher Pazifismus, sondern der Archetypus des kampfbereiten Mannes in reinster Form. Der Kampf, den ich führte, war alles andere als friedlich und galt weit mehr der Selbstbestimmung, als der völligen Gewaltlosigkeit.

6.4 Der Krieger in seinen Erscheinungsformen

Ein Krieger ist einer, der Krieg führt oder der zum Kriegführen zumindest bereit und in der Lage ist. Krieg zu führen kann dabei vieles bedeuten, entscheidend ist das Kämpferische, das auf ein Ziel hin ausgerichtet ist. In den Mythen mag der Drachentöter eine der bekannteren Erscheinungsformen des Kriegers sein, wobei deutlich wird, dass der Krieger hier für etwas Höheres kämpft, indem er andere rettet, eine Jungfrau oder gleich ein ganzes Land. Sein Gegenstück stellt der Krieger im Verband dar. Dieser kann nicht, wie jener, noch die Frage stellen, ob er den Drachenkampf denn wagen will. Ihm ist ein Befehl Grund genug, um zu kämpfen.

Es wäre aber ein Fehler, den Krieger nur mit dem Soldaten zu identifizieren. Das geschieht zwar leicht, führt aber in die Irre. Denn der Soldat ist nur eine Erscheinungsform dieses archetypischen Bildes, und vielleicht noch nicht einmal seine wichtigste. Soldaten sind Krieger im Verband, dem Befehl unterworfen. Soldaten führen nicht ihren eigenen Krieg, sondern den von jemand oder etwas anderem. Dies kann das eigene Land sein oder die eigene Kultur. Es kann aber ebenso gut die tyrannische Staatsform sein oder das Unrechtsregime. Der Soldat ist also Teil einer Struktur oder, wie es heute mitunter erscheinen kann, er ist Teil einer Maschinerie. In dieser funktioniert er und handelt dabei, ohne dass er sich nach dem Sinn und der Bedingtheit seines Tuns fragen muss. Man könnte daher vielleicht sagen, dass der Soldat die vergesellschaftete und in gewisser Weise einfachere Seite des Kriegers darstellt; den Krieger, der nicht fragt.

Um die Unterschiedlichkeit der Erscheinungsformen des Kriegers hier noch einmal pointiert herauszustreichen, bemühe ich ein uns inzwischen vertrautes Bild: Das Bild der deutschen Wehrmacht im letzten Weltkrieg. Krieger waren hier sowohl diejenigen, die an der Front kämpften, Länder besetzten und damit die nationalsozialistische Herrschaft stärkten und ausdehnten. Krieger waren aber auch die Widerständler. Der General von Stauffenberg, der mit der Bombe in der Aktentasche auszog, um Hitler zu töten, entsprach als moderne Variante ganz und gar jenem Drachenkämpfer, der sich unter Einsatz seines Lebens daran macht, das Land und die Jungfrau zu retten. Dass heute er es ist, der trotz seines Scheiterns den Ruhm des Kriegers trägt, hat damit zu tun, dass sich die persönliche Entschlossenheit hier mit einem Mut paarte, der in einer kriegerischen Gemeinschaft nicht unbedingt vorkommt.

Wenn der Krieger mit dem Soldaten nun nicht ganz zur Deckung zu bringen ist, was sind dann aber die anderen Erscheinungsformen dieses archetypischen Bildes? Um dies zu beantworten, müssen wir den Krieger von der Gruppenidee lösen. Zwar betonen Gesellschaften mitunter, dass es eine ganze Gruppierung gebe, die eben aus den Kriegern bestehe. Jedoch gilt dies nur in festen bestehenden Verbänden. Wo diese nicht bestehen oder sich ein Mensch aus guten Gründen von diesen Verbänden verabschiedet hat, da wird dieser natürlich auch das Kriegerische anders repräsentieren.

Der Krieger kann dann gerade so gut derjenige sein, der das tyrannische System bekämpft und den Tyrannen tötet – allein. Er kann sich an die Spitze einer Räuberbande stellen und auf ungesetzlichem Weg versuchen, wieder Gerechtigkeit zu begründen. Eine Organisation wie »Greenpeace«, die heute vielleicht schon eher als Teil des Systems zu bewerten ist, trat ursprünglich als kriegerische Vereinigung an, wie der Begriff »Rainbow Warriors« ja unmissverständlich klarmacht. Und es wäre denkbar, dass sich neue Formationen bilden, die ohne gesetzliche Handhabe doch für das stehen, was als gerecht empfunden wird, während andere, die das Gesetz schützen, ohne dass ihr Wirken gerecht wäre, dann die natürlichen Feinde solcher Kämpfer wären.

6.5 Selbstopferungen und Helden

Eine Klientin erzählt mir von einem Mann, der sich auf offener Straße selbst verbrannte, um auf das Schicksal seines Volkes aufmerksam zu machen. Er war ein Freund von ihr, sein Schicksal hat sie sehr mitgenommen. Immer wieder hatte er geredet, sagt sie, hatte geschrieben, gepostet, Flugblätter verteilt. Nichts hatte das alles genützt. So war er endlich dahin gekommen, dass nur sein Selbstopfer noch etwas bringen könnte.

Obschon sie nicht dabei war, steht ihr das Bild der menschlichen Fackel grausam vor Augen. Als ich sage, dieser Mann wäre ganz offenbar ein großer und mutiger Kämpfer gewesen, nickt sie heftig. Und ich spüre, wie gut ihr diese

> Einschätzung tut. Mehrfach schon hat sie Unverständnis und schockierte Ablehnung erfahren, wenn andere ihr zu verstehen gaben, dass es doch einfach nichts bringt, wenn man sich selbst auf schreckliche Weise tötet. War er nicht vielleicht schon länger suizidal?
> Nein, das war er nicht. Und es entsetzt die Klientin, solche Vermutungen hören zu müssen.
> »Ein Held«, stößt sie nach einer Weile hervor, »er war ein Held.«
> Nickend bekräftige ich dies.
> »Ja«, sage ich, »Ihr Freund war offenbar nicht nur ein Krieger; bereit, für seine Sache mit seinen Mitteln zu kämpfen. Nein, er war tatsächlich ein Held.«

Der Held, so schreibt Joseph Campbell, ist nicht für das da, was es schon gibt, sondern er ist der Vorkämpfer dessen, was werden soll (Campbell 1999). Das bedeutet, der mythische Held steht nicht für eine überkommene Gegenwart, er kämpft vielmehr für das, was entstehen muss, für die bessere Zukunft. Daher ist er der natürliche Feind der bestehenden Macht, wie auch immer diese aussieht. Gegen sie zieht er zu Felde, damit es einmal besser werden kann.

Es gibt in unserem heutigen Sprachgebrauch manche Beispiele für Helden, denen durchaus nichts Kriegerisches anhaftet. Menschen, die andere aus brennenden Häusern retten. Oder die sich in einen Fluss werfen, um ein ertrinkendes Kind aus dem Wasser zu bergen. Doch im archetypischen Sinn ist der Held ursprünglich an den Krieger geknüpft. Die genannten Rettungsaktionen würden mit Tapferkeit und Opfermut in Verbindung gebracht werden. Aber sie würden nicht unbedingt dazu führen, jemanden als Helden zu bezeichnen.

Ein Held ist daher ein Krieger in seiner edlen Variante. Einer, der ein persönliches Risiko eingeht, womöglich opferbereit ist. Er tut, was getan werden muss. Auch wenn es unpopulär ist. Später wird man ihm dankbar sein. Denn seiner vorausschauenden Gewalt wird es dann gelungen sein, das Schlimmste zu verhindern – was immer dies auch sein mag.

6.6 Von der dunklen zur lichten Seite des Kriegers

> Der junge Mann ist einmal ein gefürchteter Schläger gewesen. In der Arbeit mit mir ist er von den Straßenkämpfen weg und mit Anteilen in sich in Kontakt gekommen, die ihm selbst unerklärlich sind. Er hat von Hinrichtungen geträumt, aber auch von Szenen, in denen er ein krummes Schwert in den Himmel hält. Und er hat ein Gefühl kennen gelernt, das er noch niemals gehabt hat: Angst.

Wer mit gewalttätigen Menschen arbeitet, weiß, dass die Arbeit da, wo unsere Klienten auf Gewalt verzichten, oft erst richtig losgeht. Denn jetzt kommt die Unsicherheit nach vorn, die durch die gewalttätige Dominanz im Hintergrund gehalten werden konnte. Jetzt, da sie andere nicht mehr einschüchtern, sind diese Klienten selbst schüchtern und zumeist sozial wenig sicher.

Ich biete dem jungen Mann eine Geschichte an, in der ein Krieger aus einer Welt gewalttätiger Konflikte in ein friedliches Land zurückkehrt. Alles, was er gelernt hat, kann er nicht mehr anwenden. Und das, was hier zählt, hat er nicht drauf. Wie kann er sich bewegen, wie kommunizieren, wie – in jedweder Hinsicht – das Richtige tun?

Es gibt filmische Vorbilder für Menschen in so einer Situation. Travis Bickle etwa, den »Taxi Driver« im gleichnamigen Film von Martin Scorcese, gespielt von Robert de Niro. Er kommt aus Vietnam, alles, was er gelernt hat, ist das Handwerk des Kriegers. In der normalen Wirklichkeit scheitert er und kehrt in seine alte Rolle zurück, indem er an einem Zuhälter und dessen Leuten ein Massaker verübt.

Ich kann dem jungen Mann ansehen, dass er sich in der Rolle wiederfindet. Was er nicht weiß ist, dass es ein archetypischer Strom ist, der in ihm wirksam ist. Denn der Krieger, in seiner besten Form, kämpft stets *für* etwas und erfährt hierfür auch Ehre und Ruhm. Wer jedoch der dunklen Seite des Kriegers verfällt, erlebt Angst, Hass und Verachtung. Eine Rehabilitation ist ihm in archetypischer Hinsicht nur möglich, wenn er sich entschließt, sich zu läutern, und das, was er gelernt hat, einem guten Ziel zuzuführen.

An dieser Stelle meiner Erzählung schaut der junge Mann auf. Das wolle er auf keinen Fall, er habe doch mit der Gewalt Schluss gemacht. Soll sie jetzt etwa zur Hintertür wieder hereinkommen, damit es ihm besser geht?

Das wäre eine Möglichkeit, aber sie ist natürlich nicht verpflichtend. Ich fächere einige Möglichkeiten auf. Soziale Arbeit zum Beispiel. Ich habe mehrere Leute dort kennen gelernt, deren Berufung mit der Kenntnis einschlägiger Milieus zu tun hatte. Kein Fehler, wenn ein Sozialarbeiter auch die dunklen Aspekte des Lebens kennt. Auch bei der Security habe ich Leute kennen gelernt, die so deeskalierend wirkten, dass sie unter ihren Kollegen auffielen. Und als Kampfsportlehrer kann ich mir den jungen Mann auch vorstellen; dass er ein Ass im Kickboxen ist, weiß ich ja.

Nichts davon behagt dem Klienten. Ich fantasiere weiter und spreche von den Greenpeace-Aktivistinnen und Aktivisten, die sich als »Rainbow Warriors« ansehen. Fände er super, sagt der junge Mann, aber nichts für ihn. Erstmal gar nicht kämpfen. Und dann sehen. Woanders hin, was ganz anderes tun.

Ich lasse das Thema erst einmal auf sich beruhen. Da es noch genug gibt, was aufzuarbeiten ist, fällt das nicht schwer. Wenige Monate später überrascht mich mein Klient mit der Frage, ob ich mir vorstellen könnte, dass er Heilpraktiker wird.

6.7 Wenn Krieger Heilern begegnen

Die Frage des jungen Mannes machte mich sehr nachdenklich. Ich spürte, dass es nicht angemessen war, auf diese Frage relativierend zu antworten. So ging ich selbst in eine Trance und erkundete, was mir von den inneren Bewegungen des Klienten spürbar und zugänglich war.

Das Bild, das entstand, war erstaunlich. Ich sah meinen Klienten als einige Jahre älteren Mann, der einen weißen Kittel trug und mit tiefem Ernst von der inneren Wandlung sprach, die sich in ihm vollzogen hatte. Ganz offen erwähnte er seine früheren Verfehlungen und auch, dass ihm dies im Nachhinein wie Besessenheit erschien.

Ich wusste, dass er sich mit dem Buddhismus beschäftigt hatte. Dort gibt es die Sichtweise, dass Aggressivität und Herrschaftsbegehren der Tätigkeit machtgieriger Dämonen zugeordnet werden (Metzner 2012). Ihnen zu widerstehen erfordert, sich einerseits bewusst von ihrem Einfluss loszusagen und ihnen andererseits durch Meditation und gutes Handeln seelisch den Boden zu entziehen.

Von diesen Überlegungen erzählte ich nichts, gab aber das Bild, das mir in Trance gekommen war, an den Klienten weiter und meinte, mein Unbewusstes sehe den Weg als Heilpraktiker für ihn anscheinend offen. Ich erinnere die helle Freude in seinem Gesicht, als er das vernahm.

In der Interpretation von Ralph Metzner ist der Heiler zugleich auch Friedensstifter (Metzner 2014). Heilkundige ebenso wie Frieden Stiftende überbrücken die Gegensätze und bringen so zuerst Koexistenzen hervor sowie dann, möglicherweise, gelingende Integrationen. Dass Menschen, die einst dem dunklen Aspekt des Kriegerischen erlagen, diese Position nach vorausgegangener Auseinandersetzung mit sich selbst glaubhaft ausfüllen können, scheint mir nachvollziehbar. Es entspricht auf energetischer Ebene etwa dem, was auch im verwundeten Heiler wirkt.

7 Archetypen des Kampfes 2: Die wehrhafte Frau

7.1 Nicht erobern, sondern verteidigen

Für gewöhnlich wird heute dem Archetyp des Kriegers automatisch die Kriegerin an die Seite gestellt. Der Hintergrund ist die Annahme, um der Gleichbehandlung der Geschlechter gänzlich zu entsprechen, müssten Krieger und Kriegerin als ein und derselbe Archetyp behandelt werden. Das hieße, im vorliegenden Buch müssten beide in einem Kapitel über Kriegerinnen und Krieger behandelt werden. Oder aber es müsste dem Kapitel über den Archetyp des Kriegers eines über die Krieger*in* gegenübergestellt werden.

Tatsächlich habe ich beides versucht, um dann festzustellen, dass es nicht funktionierte. Dem Archetyp des männlichen Kriegers steht keine vollkommen adäquate Variante der Kriegerin gegenüber, auch wenn dies immer wieder behauptet wird. Eine Kämpferin, ja, das selbstverständlich. Aber für einen Archetypus der Kriegerin fehlt die umfassende mythische Begründung, weil möglicherweise das kriegerische Element von jeher in Frauen anders ausgeprägt war.

Das meint nicht, dass es niemals Kriegerinnen gegeben hat. Diesen Schluss zu ziehen wäre fatal. Doch weist die kämpferische Energie von Frauen in *archetypischer* Hinsicht doch deutlich andere Züge auf als bei Männern. So ist etwa der Aspekt des Revier-Eroberns in mythischen Bildern von Frauen kaum bedeutsam, während er bei Männern, die als Feldherren oder Könige historisch gern mit dem Titel »Eroberer« geschmückt wurden, dominiert.

Umgekehrt wird das Verteidigen der eigenen Nachkommen schon in Sprachbildern mit weiblicher Kampfenergie in Verbindung gebracht, wenn es etwa heißt, eine Frau kämpfe für etwas wie eine Löwin für ihre Jungen.

Wo es dann um offensive Gewalt geht oder wo der Archetypus des Kriegers in seiner dunklen Variante von Menschen Besitz ergreift, da gibt es eine klare Verteilung. Terroristinnen gibt es natürlich, sie erleben sich als Kämpferinnen für eine richtige Sache. Beim modernen Amoklauf aber sieht es ganz anders aus. Hier finden wir nur einen verschwindend kleinen Anteil von zumeist potenziellen Täterinnen. Dass die dunkle Seite des Krieger-Archetyps sich in Männern zeigt, in Frauen aber nahezu nicht, lässt sich als Indiz dafür lesen, dass der Archetyp von Kampf und aggressiver Energie sich in den Geschlechtern unterschiedlich ausgeformt hat.

7.2 Suchprozesse einer Kriegerin

»Das kann man nicht zulassen«, sagt sie. Sie spricht von ertrinkenden Flüchtlingen im Mittelmeer und davon, dass es so etwas wie eine Pflicht zu helfen gebe.

Mit ihrem Moralismus geht meine junge Patientin manchen ihrer Mit-Studierenden auf die Nerven, selbst wenn sie inhaltlich voll auf ihrer Seite sind. Das frustriert sie, denn sie würde sich etwas ganz Anderes wünschen. Ein gemeinsames Aufstehen, gemeinsame Aktionen, kollektive Handlungsbereitschaft. Nichts davon tritt ein. Eher ein allgemeines »Man sollte wohl, man müsste mal«. Aber keine Konsequenzen.

Kürzlich ist eine solcher Diskussionen eskaliert, und die Studentin hat einem Kommilitonen ins Gesicht geschlagen. Genervt hatte er gemeint, irgendwann sei es ja auch mal gut und jede und jeder für sich selbst verantwortlich. Da hat es meiner Patientin gereicht. Und sie hat ihn, den sie eigentlich mag und schätzt, geohrfeigt.

Die Folgen reichen weiter als gedacht. Nicht allein, dass der Kommilitone sich fortan weigert, mit ihr zu demonstrieren und zu Aktionen zu gehen. Sie ist auch unglaubwürdig geworden. Gewalttätige Systeme bekämpfen, ja. Aber Leute, die zum Zuschlagen neigen, haben unter pazifistisch Gesinnten wenig Sympathien.

Dabei ist Gewalt kein wiederkehrendes Thema in ihrer Geschichte. Wohl aber Engagement, manchmal auch ein übertriebenes Engagement – zumindest in den Augen der anderen. Hierzu passt, dass sie meine Bitte, eine ruhende Position einzunehmen und zur Bauchatmung zu wechseln, mit einem Schnauben beantwortet. Dies wirkt nicht verächtlich, aber doch unwillig.

Ich bitte sie, sich die Szene, in der sie ihren Kommilitonen schlug, einmal von außen anzusehen. Was geschah da, wie sah das aus? Und welchen Eindruck machten die beiden?

»Also er hat da gestanden, ... und als er sagte, ›Du, jetzt kühl dich mal runter, kühl dich mal ab‹, da hatte er plötzlich so was Überlegens, Lehrerhaftes.«

»Und wie sahen Sie aus? Bitte achten Sie jetzt weniger auf Ihr Gefühl als auf Ihre Erscheinung. Ihre Körperhaltung, Ihre Gesten.«

»Irgendwie fassungslos. Wie erstarrt. Eine Statue. Und dann zuckt plötzlich diese Hand hoch und ... schlägt zu.«

Sie atmet tief ein und streckt sich. Als müsste sie die Spannung, die sich in der Szene aufgebaut hat, noch einmal loswerden, schüttelt sie Hände und Arme.

»Und wenn wir jetzt einmal in das hineinleuchten, was da in Ihnen vorging?«

»Ich sah Bilder ... von den Leuten, wie sie ertranken. Und dann dieses ›Kühl dich mal runter!‹ Anstatt zu helfen, mitzuhelfen ...«

Ich bitte die Klientin, sich die Szene mit dem Kommilitonen noch einmal vor Augen zu führen. Aber diesmal nicht in der heutigen Zeit und mit den konkreten Gesichtern von ihr und von ihm. Sondern so, als wäre es ein Kostümfilm, unter Piraten spielend oder im Wilden Westen oder vor irgend einem anderen historischen abenteuerlichen Hintergrund. Der Grund hierfür ist, dass wir den Archetypus in diesen Bemäntelungen mitunter leichter und pointierter entdecken.

Verblüfft sieht die Klientin mich nach der kurzen Trance an. Was sie zu sehen bekam, hat sie nicht erwartet. Da steht eine bewaffnete junge Frau, die etwas Rohes an sich hat, während ihr Kommilitone als ein idealistischer junger Mann in langschößigem Rock erscheint.

»So bin ich nicht!« sagt sie. Dann beginnt sie zu weinen.

»Sie haben etwas gesehen, was Ihnen gar nicht gefiel, nicht wahr ...«

»Die Frau, die ich sah, war total scheiße! Sie sah so aus wie ich, aber total scheiße!«

Ein Schwanken zwischen Traurigkeit und Zorn ist zu spüren, bei dem die Traurigkeit den Sieg davonträgt. Mit einer Miene der Fassungslosigkeit schüttelt die junge Frau den Kopf. Dann nach einer Weile beginnt sie leise zu sprechen.

»Ich wusste immer, ich muss Krieg führen. Gegen Ignoranz, Feigheit. Gegen die Kälte der Machthabenden. Gegen das satte Wohlbefinden!«

Da gäbe es vieles, wogegen sie sich aufgestellt hätte, sage ich. Bestimmt auch noch ein paar Dinge mehr. Aber ganz offen gestanden wüsste ich nicht, wie man gegen Ignoranz und Sattheit Krieg führen soll. Auch scheint mir, dass Krieg zu führen ja bedeuten wird, dass Menschen sich von ihr angegriffen fühlen.

Wir sprechen darüber, ob in der wunderbaren Absicht, für eine bessere Welt zu kämpfen, je die Vorstellung enthalten war, einen Kameraden zu schlagen. Natürlich war das nicht der Fall.

»Es ist komplett ekelhaft. Überhaupt diese Art, andere zu dominieren. Den Boss rauszukehren, der alles besser weiß. Für mich waren das immer männliche Formen der Aggression.«

»Vielleicht stimmt das«, antworte ich. »Allein das Wort ›herrisch‹ deutet ja darauf hin, dass man dominante Befehlshabergesten mit maskulinem Verhalten in Verbindung bringt.«

Sie grinst.

»Aber das Wort ›Krieg führen‹ beinhaltet auch etwas. Und ich frage mich, ob Sie wirklich Krieg meinen. Oder nicht eher, dass Sie für etwas zu kämpfen bereit sind?«

Tatsächlich kommt der Klientin das Wort »Kämpferin« angemessener vor als das Wort »Kriegerin«, mit dem sie sich bis zum gegenwärtigen Zeitpunkt beschrieb. Sie überlegt, ob Krieg zu führen nicht generell eher ein männliches Thema ist. Eine Revolution zu führen, ja. Einen Kampf für die gute Sache, ja. Aber Krieg? Sie ist sehr erstaunt, ja erschrocken darüber, wie sehr sie sich mit diesem Begriff identifizieren konnte.

Als ich wissen möchte, welche Formen des Kämpfens die Klientin kennt, entsteht Ratlosigkeit. Denn es erweist sich, dass Konfrontation und aggressives Drauflos die beiden Leitmotive ihres Kämpfens sind. Leitmotive, die sie selbst als »männlich« ansieht.

Ich frage, ob sie Julia Butterfly Hill kennt; eine Aktivistin, die auf viele Menschen Eindruck machte. Sie erkletterte Ende der 90er Jahre einen zum Fällen bestimmten Mammutbaum und blieb über zwei Jahre oben im Baum, um seine Fällung zu verhindern. Sie gab dem Baum einen Namen – »Luna« – und entwickelte eine persönliche Beziehung zu ihm. Ihre kämpferische Energie wurde auf brutale Proben gestellt, indem Holzfäller in gefährlicher Nähe Bäume fällten oder sich mit Hubschaubern näherten, um die junge Frau unter Druck zu setzen (Hill 2000). Ein anderer Aktivist kam durch solche Praktiken zu Tode.

Natürlich, sie kennt sie. Und sie bewundert sie auch. Sie fragt sich, welche Kraft in ihr steckte und sie dazu befähigte, so lange auszuhalten. Wir sprechen auch über die »Black Mambas«, junge Frauen, die im südafrikanischen Kruger-Nationalpark den Kampf gegen Wilderer aufgenommen haben. Dann sprechen wir über mythische Kriegerinnen, Walküren und Amazonen, die Hindugöttin Durga und die Bilder kriegerischer Heldinnen, wie sie die »Marvel«-Filme vermitteln. Über die Mythen lächelt die Klientin ironisch hinweg, die Erwähnung der »Marvel«-Filme entlockt ihr ein verächtliches Schnauben. Ich habe den Eindruck, dass explizites Kriegerinnentum ihr eher unsympathisch ist, und sage das auch. Kann es sein, dass sie von einer ganz anderen Art zu kämpfen träumt, aber von den archetypischen Strömen in eine gröbere Richtung gezogen wurde? In Trance erkundet die Klientin Wege des Kämpfens, wie sie ihren eigenen Vorstellungen entsprächen.

»Sie wissen, dass es viele Wege gibt zu kämpfen ... manche sehr grob, manche brutal ... manche fein und versponnen ... und an Ihrer Bewunderung, an Ihrer Begeisterung ... erkennen Sie, welche Wege die Ihren sein könnten ... Wege des Widerstands, Wege einer starken, positiven Energie ... Wege, die ruhig und unbeirrbar gegangen werden können ... ein Kampf für das Richtige, mit den richtigen Mitteln ...«

Kämpferin und Aktivistin sei sie, sagt mir die Klientin einige Wochen später. Ihrem Kommilitonen hat sie einen Kürbiskuchen gebacken, die beiden sind einander nähergekommen. Für jeden Kampf, sagt sie, müssten immer aufs Neue die richtigen Mittel gefunden werden. Ich empfinde das als eine tiefe Erkenntnis und sage das auch.

7.3 Mit Mary Poppins in den Kampf

»Sie spüren, dass es genug ist ... dass es reicht ... immer dasselbe, immer dieselbe Brutalität ... und immer dieselbe Kälte ... in Ihnen ist so viel Schmerz ... so viel Wünschen, dass es anders sein möge ... aber das Wünschen, es scheint nicht zu helfen ... nichts zu verändern ... schon so lange.«

Dies ist die Einleitung zu einer Trance, die ich mit einer Altenpflegerin durchführte, deren Arbeit stark vom Archetypus der Sorge geprägt war. Liebevolle Fürsorge war ihre große Stärke, dazu eine beeindruckende Geduld. Mit beiden Ressourcen versuchte sie auch, in ihrer Beziehung zurechtzukommen, die immer wieder von Entwertung und Entwürdigung geprägt war. Körperliche Gewalt habe es nicht gegeben – na gut, ein, zwei Mal diese Ausraster. Aber zumeist war die Brutalität, die vom Lebensgefährten ausging, verbaler Natur.

7 Archetypen des Kampfes 2: Die wehrhafte Frau

Irgendwann würde sie nur noch weinen, sagt die Klientin, wenn sie sich so tief in den Schmutz getreten fühlte, so schrecklich entwürdigt. Am Morgen dann versuche sie, so positiv zu sein, wie nur möglich. Jemandem etwas nachzutragen hülfe ja nichts.

Mich beeindruckt der unbedingte Wille zum Guten ebenso wie mich der Schmerz erreicht, der sich auch in der Mimik der Klientin abzeichnet. Ich frage, ob sie vielleicht die Fantasie hat, den brutalen Gefährten mit ihrer Liebe und Fürsorge von etwas zu erlösen.

Von der Frage sichtbar überrascht, nickt die Klientin. Sie sieht in ihm das kindliche Opfer elterlicher Übergriffe, das nichts dafür kann, wenn es ausrastet. Ob man denn einem Kind alles durchgehen ließe, möchte ich wissen?

»Alles vielleicht nicht, das stimmt schon. Aber dass Kinder schon einmal Wutanfälle bekommen, ist doch normal, oder?«

Das ist es, ja, Und es stimmt auch, dass das wütende Kind noch im Erwachsenen toben kann. Aber sollten wir ihn toben und neue Opfer erzeugen lassen? Um mit einem Skinhead therapeutisch arbeiten zu können, muss ja immer zuerst der Baseballschläger weg.

Die Klientin lächelt ein Lächeln, das auf mich sehr sanft wirkt.

»Sie meinen, ein bisschen Erziehung braucht er schon, nicht wahr?«

In der nächsten Sitzung sprechen wir über Mary Poppins. Man denkt wohl kaum als Erstes an diese Kinderbuch- und -film-Figur, wenn von weiblicher Kampfenergie die Rede ist. Und doch ist Mary Poppins, wie die Schriftstellerin Pamela Travers sie ersann, sowohl in Teilen vom Archetypus der Sorge als auch vom Archetypus des Kampfes und der Wehrhaftigkeit geprägt.

Das beginnt schon in den ersten Szenen, in denen sie in Erscheinung tritt. Nicht der Auftraggeber, sie selbst bestimmt ihre Arbeitsbedingungen. Ihre Entschiedenheit lässt durchblicken, dass sie kämpfen würde, aber nicht muss. Sie weiß, dass sie den Sieg ohnehin davontragen wird.

Als ich die Klientin frage, ob sie sich eine Trance mit Mary Poppins vorstellen kann, freut sie sich. Sie hat inzwischen den Film gesehen und ist angetan von der selbstbestimmten und fröhliche Figur, die so ganz klar die Rolle der Führerin für sich beansprucht und siegesgewiss ist in allem, was sie tut.

»Man lernt viel, wenn man einen Tag mit einer Kämpferin verbringt ... einer Kämpferin für das Richtige, für das Gute ... einer Kämpferin, wie Mary Poppins eine ist ... das Beste, was man vielleicht über großartige Kämpferinnen sagen kann, ist ... dass sie kaum je wirklich hart auf hart kämpfen müssen ... denn man spürt, dass sie es könnten ... so wie Mary Poppins es könnte ... und kaum je muss ...

Sie spüren in sich diese Kraft, die bisher in ihrem Unbewussten ruhte ... die Kraft einer Frau, die Ordnung schafft ... für klare Verhältnisse sorgt ... und den Ton angibt ... einen klaren Ton ... nichts zu diskutieren und nichts zu deuten ... hier und jetzt ist dies richtig und das falsch ... und was falsch ist, muss eben geändert werden ...

Man kann sich wohl fühlen mit so einer Frau ... in ihrer Nähe, in ihrer Begleitung ... aber man darf nicht spielen mit ihr ... schon gar nicht bösartig spielen ... die Kämpferin, die in ihr steckt ... die man in ihr spürt ... würde das niemals zulassen ... um des Guten

willen muss das Schlechte kleingehalten werden ... das Böse in die Schranken gewiesen werden ...
Und nun stellen Sie sich vor, wie Sie dafür sorgen, dass es besser wird um Sie ... klarer, geordneter ... die Grenzen da gezogen werden, wo sie notwendig sind ... notfalls laut, notfalls energisch ... Sie spüren die entschlossene Haltung ... die Eleganz der kämpferischen Klarheit ... schön und entschlossen ... und so, dass jedes Kind sie staunend und glücklich anschaut ... wenn Mary Poppins das Böse in die Schranken weist ... für Klarheit sorgt ... und macht, dass alles schöner werden kann.«

Als wir uns wiedersehen, erzählt die Klientin zunächst von ihrer Arbeit. Eine Sterbende hat sie sehr berührt, sie hat sich von ihr auf eine so freundliche Weise angeschaut gefühlt. Dann spricht sie von ihrer Beziehung und davon, dass sie zu Hause einen anderen Ton angeschlagen hat. Eine übergriffige Bemerkung ihres Gefährten quittierte sie mit »Benimm dich bitte!« und war selbst erstaunt über das gute Gefühl, das sie empfand. Noch erstaunter war natürlich der Gefährte selbst, der aber die Zurechtweisung ohne Aufbegehren ertrug.

»Ich glaube«, sagt die Klientin mit einem Lächeln, »er muss tatsächlich doch in der einen oder anderen Hinsicht noch erzogen werden.«

7.4 Die junge Frau im Harnisch

Ich habe für den Archetypus insbesondere der jungen wehrhaften Frau das suggestive Bild der »jungen Frau im Harnisch« entworfen. Es geht sowohl auf die griechische Göttin Pallas Athene zurück, die auf Bildern stets in Rüstung und behelmt zu sehen ist, als auch auf die »Schildmaid«, wie in der nordischen Sagenwelt eine Frau genannt wird, die sich für ein Leben als Kriegerin entschieden hat (Egeler 2011).

Das Bild der Frau im Harnisch ist das Bild einer Frau, die nicht nur kämpft, sondern gewappnet ist und mit jenem Panzer versehen, den die Urbilder sonst Männern vorbehalten. Die Frau im Harnisch aber nimmt nicht nur die Kampfenergie, sondern auch den Selbstschutz für sich in Anspruch. Das womöglich nachhaltigste Bild ist die Jungfrau von Orléans, Johanna, die, indem sie eine Rüstung trägt, in männliche Domänen eindringt und deren weltliche Machtstrukturen siegreich verändert.

Das Bild der Frau im Harnisch tritt in Erzählungen zwar selten, aber doch immer wieder in Erscheinung, meist im Kontext mythisch aufgeladener Erzählungen. Ein modernes Bild der Frau im Harnisch gibt etwa »Wonder Woman« ab, die Kämpferin aus der Comic-Welt, die in Blockbuster-Filme einging. Wie auch die anderen Bilder einer Frau in der Rüstung fällt sie in ihrer Umgebung durch etwas auf, was sonst anscheinend zur männlich dominierten Welt gehört.

Ein schönes Beispiel ist auch Éowyn in Tolkiens »Der Herr der Ringe«. Éowyn nennt sich eine »Schildmaid«, zieht als Mann verkleidet in die Schlacht. Hierbei gibt sie sich den Namen »Dernhelm«, was für einen Helm als Tarnung steht. Éowyn ist es, die als Einzige den Hexenkönig und Fürsten der Nazgûl töten kann. Er verhöhnt den vermeintlichen Krieger und erklärt, kein Mann könne ihn töten. Indem Éowyn ihm den Kopf abschlägt, erklärt sie, sie sei kein Mann, sondern eine Frau.

Ich benutze in Therapien bewusst das Wort »Frau im Harnisch«, auch wenn ich manchmal erklären muss, dass das in der Umgangssprache wenig gebräuchliche Wort »Harnisch« »Rüstung« oder »Panzer« bedeutet. Allein dies lässt die mythische Komponente fühlbar werden und korrespondiert so mit den alten Strukturen im Unbewussten, die uns lehren, dass Frauen zwar selten gerüstet in Kriege ziehen – dass sie es aber durchaus *können*.

Überdies ist das Wort »Harnisch« von einer Klangschärfe, die die kriegerische Energie fühlbar macht. Auch in der Metaphernsprache merkt man das, wenn etwa eine Ministerin eine »geharnischte Rede« hielt, was dann heißt, die Rede war scharf und konfrontativ.

7.5 Wenn die Furie erwacht

Wenn von einer »Furie« gesprochen wird, assoziieren wir das Bild einer rasenden, vor Wut schäumenden Frau. Der Begriff geht auf die Furien zurück, Rachegöttinnen der römischen Mythologie, die man in den griechischen Mythen als Erinnyen kennt.

Als Göttinnen der Rache ist ihr Zorn gewaltig, ihre Zerstörungskraft groß. Und doch sind sie nicht grausam aus Prinzip, sondern um eine Ordnung wiederherzustellen. Psychoanalytisch wurden sie als symbolischer Ausdruck der Aktivitäten des Über-Ichs aufgefasst.

Zur archetypischen Energie der Furie gehört es, notfalls bis zum Äußersten zu gehen. Dies jedoch nicht, um Rache zu üben, sondern ebenso um der Verteidigung willen. Der gemeinsame Ausgangspunkt von Rachewut und Wut der Selbstverteidigung ist, dass zuvor eine wichtige Ordnung durchbrochen worden ist.

> Dies ist unzweifelhaft da der Fall, wo Frauen und Mädchen von sexueller Gewalt bedroht werden. Und hier hat die wüste Furienenergie auch ihren Platz. In Trance bin ich mehrfach mit Mädchen, die sich vor Vergewaltigungen fürchteten, Szenarien durchgegangen. Hierbei spielten die Wildheit und die Wehrhaftigkeit eine entscheidende Rolle.

> *»Und wenn dir jemand Grausames antun will ... dann darfst du kämpfen wie eine junge Löwin ... mit aller wilden Energie ... und einem kaltem Blick für die Stellen deines Angriffs ... sieh zum Beispiel in Zeitlupe das Gesicht eines Angreifers ... wenn er dir Böses tun will, muss er nah sein ... nah genug, dass du deinen Kopf in sein Gesicht stoßen kannst ... mit all der wilden Energie, die du hast ... um dich zu schützen ...«*

Oft ging es in diesem Zusammenhang um Ekel und das Gefühl der Verhältnismäßigkeit. Darf ich jemandem die Nase brechen, der versucht, mich zu vergewaltigen? Ja, selbstverständlich. Du darfst rasend sein, toben, alles tun, um dich zu schützen und zu befreien.

Wo hier eine zu starke Hemmung spürbar wird, lässt sich mit dem Bild der wütenden Göttin arbeiten, die aus der Brust hervorspringt.

»Und wenn du wirklich in Bedrängnis bist ... dein Leben, dein Körper grausam bedroht ist ... dann wird sie da sein, die Göttin der rasenden Wut, die die Ordnung verteidigt ... die sich schützt und alle, denen es ähnlich ergehen könnte ... und sie tobt und sie rast ... und so ist es gut ... und wer dir ein Leid antäte, wird ihr Fauchen hören ... ihre weißglühende Wut spüren ...«

Es gibt jedoch auch eine kühlere, gleichsam methodische Variante der furienhaften Wut zur Verteidigung von Unversehrtheit und guter Ordnung. Ihre archetypische Kraft kann am sichersten durch eine mentale Vorbereitung gewonnen werden. Um dies zu erreichen, beginne ich langsam zu erzählen:

Ich sage, dass ich einmal von einem Ethnologen von einem Dorf im Amazonasgebiet gehört habe, in dem die jungen Mädchen früh schon lernen, dass ein vergewaltigender Mann eine Schwachstelle preisgibt. Er kann nicht gleichzeitig ein Mädchen festhalten und ihr Gewalt antun und seine Hoden schützen. Die Mädchen lernen daher früh, im Notfall unerschrocken nach den Hoden des Täters zu greifen und diese umzudrehen. Es gibt in der Umgebung dieses Dorfes praktisch keine Vergewaltigungen.

Erzählte ich dies in Anwesenheit von Männern, wurden diese meist blass. Während ich von Frauen oft bejahendes Kopfnicken sah. Beide wussten, dass hier etwas sehr Gültiges erzählt wurde. Für alle, die sich vor sexueller Gewalt fürchten, gab ich dann die Anregung aus, sich die Möglichkeit, die in dieser Geschichte liegt, mental immer wieder zu vergegenwärtigen. Sie besagt:

»Wo du zum Äußersten entschlossen bist, wirst du nicht hilflos sein. Wo Männer es genießen, Frauen wehrlos zu machen, um sich an ihnen Lust zu verschaffen, wird die gute Ordnung gebrochen, ein großes Gesetz verletzt. Dann wird die Furie bei dir sein, wenn du alles tust, was du musst.«

7.6 Helle und dunkle Aspekte der wehrhaften Frau

Nennen andere eine Frau eine Löwin, so ist von ihrer Kampfbereitschaft im besten Sinn die Rede. Sie wird für das Gute eintreten, für die Kinder, für das Rudel, die gute und richtige Sache. Ihr Kampf wird wild sein, offen und von mächtiger Energie getragen.

7 Archetypen des Kampfes 2: Die wehrhafte Frau

Aber neben der Löwin, die für ihre Jungen kämpft, gibt es andere Tiermetaphern für kämpfende Frauen, die weniger schmeichelhaft erscheinen. So ist die Spinnenfrau ein altes Bild für den räuberischen, Besitz ergreifenden Aspekt der kämpfenden Frau. Ein anderes oft bemühtes Bild ist das der Schlange, die sich leise und angeblich tückisch nähert, um dem Opfer ihr Gift zu injizieren.

In diesen Bildern kommt Verschiedenes zum Ausdruck. Zum einen eine spezielle Art des Kämpfens durch Bestricken und Einspinnen, für die es mythologisch keine männliche Entsprechung gibt. Zum anderen eine diffamierende Sichtweise, wenn es nämlich um die Schlange geht.

Diese begegnet uns in der Kunstgeschichte und in Erzählungen immer wieder als verführerische, bösartige Instanz. Mal heimtückisch und leise (wobei auch ein sich anschleichender Leopard kaum zu hören ist), mal gewaltig und Furcht erregend wie auf dem Bild »Die Sünde« von Franz von Stuck, auf dem ein Riesenschlangenleib um den sinnlichen Körper einer Frau gewunden ist, die den Betrachter lockend anschaut, während daneben die Schlange böse blickend ihre Zähne zeigt.

Die dunkle Kampfesenergie, die in den Spinnen- und Schlangenmetaphern sichtbar wird, hat einen strategischen Zug. Er besteht in der Ausnutzung sozialer Kompetenzen und der Verführungskraft zum Spinnen von Intrigen und zum Weben von Netzen, zum lautlosen Näherkommen, um endlich ein Gift zu injizieren, zum Umschlingen in der Stille.

Es erscheint wichtig, hier die positive Energie des Archetypus – Kämpfe mit deinen Mitteln! – von den konventionellen Entwertungen zu lösen. Ist eine kämpferische Energie schlechter, weil sie keine Krallen und Reißzähne benutzt? Und gibt das Gesetz der Bedrohung nicht vor, dass hier jede nur mit ihren Mitteln kämpfen kann. Egal, welche dies sind?

Auf einem Renaissance-Gemälde sah ich einmal eine Frau mit nackten Brüsten, um deren Hals sich eine kleine Schlange gewunden hatte wie ein Reifen. Das Bild hatte eine unmittelbar überspringende Botschaft: Hier ist eine Frau im Bewusstsein ihrer weiblichen Schönheit und zugleich im Wissen um ihre Sicherheit. Denn sollte eine freche Hand sich den Brüsten nähern, so bisse die Schlange zu.

Ich habe dieses Bild, in dem die Schlange den wehrhaften Aspekt der Frau symbolisch darstellt, als Postkarte nie finden können. Daher habe ich in der therapeutischen Arbeit zumeist davon erzählt, es manchmal in kunsttherapeutischen Einheiten auch gezeichnet oder angeregt, es selbst zu zeichnen. Oft erfuhr ich Widerstand gegen die Vorstellung, eine Schlange so nah an sich zu haben oder anderen mit ihrem Gift zu drohen. Die nachfolgende Trance hat hier ihre Wurzeln.

»Um Ihr Genick, leise die Schultern berührend ist eine zarte, eine schöne Schlange ... eine kleine Schlange, sehr freundlich, und auch Sie sind freundlich mit ihr ... denn die Schlange ist Ihre Freundin, Ihre Begleiterin, Ihr Schutz ... sie ist bei Ihnen, sanft an Ihnen ruhend, so dass es für beide angenehm ist ... für andere nur manchmal zu sehen, doch man spürt, dass sie da ist ... mächtig, obschon sie so zart ist ... zart in Ihrer Nähe ... ja, liebevoll ...*

Wenn Sie aber bedroht würden ... und nur dann ... dann wüssten Sie, sie ist da ... zubeißend, schnappend ... unfassbar schnell ... mit scharfen Zähnen, einströmendem Gift ... und Sie wüssten, wie es wirkt und wie der Biss sitzen muss ... und es ist unglaublich gut zu wissen, dass es so ist ... dass sie da ist ... und auf Sie achtgibt ... mit ihrer Sanftheit ... und mit ihrem Gift.«

8 Der Archetyp des göttlichen Kindes

8.1 Das Wissen des göttlichen Kindes

Der Archetypus des göttlichen Kindes wurde von dem Mythologen Karl Kerényi erstmals beschrieben. Gemeinsam mit C. G. Jung ergründete Kerényi die Hintergründe und die unterschiedlichen Erscheinungsformen dieses Archetyps (Jung & Kerényi 1951).

Große spirituelle Lehren haben im Kind immer schon einen Anteil vom Göttlichen erkannt. Das Kind wird als beseelt gesehen, es ist von Gott berührt. Auch haben Menschen immer wieder den Eindruck gehabt, dass es zwischen dem Gesicht eines Babys und dem eines greisen Menschen eigentümliche Verwandtschaften gibt. Hierzu trägt der auffallende Ernst bei, mit dem ein Baby in den ersten Tagen nach der Geburt einen anschaut. Und in dem man durchaus so etwas wie Tiefe und Wissen lesen kann.

Aus diesen verschiedenen Strömen speist sich der Archetyp des göttlichen Kindes, der eher einem seelischen Bild gleicht als einem Verhaltensmuster. In der Hypnotherapie vermag das göttliche Kind zu einer machtvollen inneren Begleitung zu werden. In meiner therapeutischen Praxis arbeite ich mit dem Urbild des wissenden, göttlichen Kindes immer da, wo ich eine Überbetonung des Intellekts und der erwachsenen Haltung finde. Es nimmt nicht wunder, dass hier mit einigem Widerstand gegenüber diesem Archetypus zu rechnen ist, gilt das Kindliche dem intellektuellen Menschen doch als etwas, was unbedingt überwunden werden muss.

Hier hilft es oft, dem Intellekt die kreativen Kräfte gegenüberzustellen, die wir als Kinder alle besitzen, wie wenig wir uns auch später daran erinnern mögen. Auch das kindliche Staunen im Angesicht der Natur bildet hier eine gute Brücke. Der nachdenkliche Jüngling oder die junge, verspielte Frau im Erwachsenen geben die Bilder ab, die diesen schöpferischen Anteil verkörpern (von Franz 1987b, Jung 1995).

In den Mythen erscheint das göttliche Kind im vertrauten Sinn wenig kindlich. Es schreit nicht, wenn es etwas haben will, kämpft nicht gegen Tischsitten an und will auch nicht abends länger fernsehen. Vielmehr bringt es von Anfang an eine Tiefe mit und einen Ernst, die es anders wirken lassen. So als sei sein eigentliches Gegenüber nicht das spielende Kind nebenan, sondern etwas Geistiges, womöglich Kosmisches.

»Ich stelle mir vor, dass Sie sich selbst als ein Kind imaginieren ... ein Kind, das etwas weiß ... nein, nicht Mathe oder wie man Aufsätze schreibt ... aber das Kind weiß etwas über Gefühle ... über Beziehungen ... über das, was zählt zwischen uns ... was wirklich wichtig ist.

Und wenn dieses Kind nun auf Sie schaut ... Sie anschaut, freundlich und eigentümlich tief ... ich bin sicher, Sie wissen, was ich meine ... Kinder können einen so anschauen, dass man spürt, man kann ihnen nichts vormachen ... das ist es, was gemeint ist, wenn Menschen manchmal vom »göttlichen Kind« sprechen ... keine Allmacht, natürlich nicht, aber so ein eigentümliches Wissen ... von etwas Größerem, Tieferem ... Umfassendem.

Und wenn Sie sich vielleicht fragen, was denn an einem Kind ... göttlich oder auch nicht ... so tief und einsichtig sein soll ... dann hilft es, das Urbild des göttlichen Kindes zu sehen ... als eine Form gänzlich anderen Wissens ... Kind einer anderen Intelligenz ... kosmisch, weise ... wissend auf eine andere Art ... und mit allem, was zählt und was wirklich wichtig ist, vertraut.«

8.2 Die Erscheinung des göttlichen Kindes

Das göttliche Kind begegnet uns auf ganz unterschiedliche Weise. Er umfasst Assoziationen von kindlicher, wissender Unschuld und einem Eins-Sein von Kind und Kosmos gleichermaßen. Indem das Kind als nicht oder nur wenig sozialisiertes Wesen für den Ursprung steht, wird es zur Quelle eines Wissens, das nicht allein menschlich ist, sondern elementarer, übergreifender Natur.

Viele Geschichten ranken sich um das göttliche Kind. In der abendländischen Kultur wachsen wir mit der Geschichte von Christi Geburt auf und sehen Hirten ebenso wie Könige vor der Krippe des kleinen Jesus knien. Später wird der zwölfjährige Jesus die Gelehrten im Tempel mit seinem Wissen in Staunen versetzen.

Auch in der Art, wie nach dem Ableben eines Dalai Lama dessen Nachfolger gefunden wird, kann ein archetypischer Aspekt gelesen werden. Indem der Dalai Lama als Boddhisattva eine Reinkarnation des Buddha ist, der aus Mitgefühl wiederkehrte, wird auch er nach seinem Sterben wiedergeboren werden. Das Kind, das als seine neue Inkarnation verehrt wird, muss gefunden werden.

Manche Zeiten begünstigen den Zugang zum göttlichen Kind. In den christlichen Ländern ist dies die Weihnachtszeit. Doch ist der Archetypus des göttlichen Kindes älter als das Christentum, bereits in der ägyptischen Mythologie kommt das göttliche Kind vor (Jasnow 2007).

»Vielleicht ist es Weihnachtszeit, und Sie sehen das göttliche Kind in der Krippe liegen ... vielleicht ist es ein Kind ganz woanders ... in einem Wald, in den Bergen ... oder in Robbenfelle gehüllt in der Kälte des Eises ... ein Kind, ganz offenbar ein Kind ... und doch so viel mehr noch ... trägt Weisheit, trägt Wissen ... berührt Sie ganz tief ...«

Der Archetypus des göttlichen Kindes begegnet uns wie die meisten Archetypen erst einmal durch Bilder und Erzählungen. Die kindliche Kaiserin in Michael Endes »Die unendliche Geschichte« zum Beispiel transportiert diesen Archetypus in reiner Form. Das wirkliche Kind, Bastian, erlebt fasziniert, wie die kindliche Kaiserin alles das weiß, was ihm selbst verschlossen ist. Zugleich aber bedarf die kindliche Kaiserin

Bastians, weil nur er das herannahende Nichts bekämpfen und zum Mittler zwischen den Welten werden kann.

8.3 Das göttliche Kind und das innere Kind

Eine leichte und problematische Verwechslung betrifft den Archetypus vom göttlichen Kind und das so genannte »innere Kind«. Das innere Kind ist eine inzwischen gebräuchliche Metapher für kindliche Emotionen und Bedürfnisse, die sich im Erwachsenen erhalten haben. Manche Therapeutinnen und Berater behandeln es im Sinne einer eigenen Teilperson, andere eher als ein Geflecht von Erinnerungen und frustrierten Bedürfnissen, die im Hier und Jetzt nach Befriedigung suchen.

In der therapeutischen Arbeit mit dem inneren Kind werden alte Gefühle oftmals sehr präsent. Und es ist wichtig, die auftauchenden Gefühle in einem Halt gebenden Rahmen zulassen zu können. Dabei können die Kindanteile sehr fordernd werden, und es besteht die Gefahr, die Bedürfnisse der ganzen Persönlichkeit mit denen des verletzten Kindanteils zu verwechseln.

Die problematische Seite vom Archetyp des göttlichen Kindes kann nun dazu verleiten, den eigenen inneren Kindanteil zu verabsolutieren. Wir fühlen dann so, als hätte unser inneres Kind, würden nur seine Bedürfnisse befriedigt, die Antwort auf alle zu stellenden Fragen.

Hierhin aber kann es natürlich nicht kommen. Weil das göttliche Kind ja eben kein konkretes Kind ist und auch kein verletzter Ego-State. Sondern die Verbildlichung eines Wissens und einer Einsicht, die kindliche Naivität mit elementarem Weltwissen verbindet. Dies aber entstammt dem *kollektiven* Unbewussten und eben nicht der eigenen Leidensgeschichte.

Der jungianische Psychologe James Hillman empfand die starke Hinwendung zum inneren Kind nicht nur aus diesem Grund als heikel. Denn der Archetypus des Kindes, so Hillman, mache selbstbezogen, schwächlich und unpolitisch. Hillman begriff offenbar das Beschäftigen mit dem inneren Kind selbst als archetypische Strömung – und wies darauf hin, dass diese, wie jede archetypische Strömung in ihrer Überbetonung, schlimme Folgen haben könne (Hillman & Ventura 1993).

Das göttliche Kind steht für alles das, was wir qua Natur wissen, für eine Erkenntnis, die sich jenseits des Lernens und der Ratio einstellt. Anders als im Fall der Gaia, die ja auch wissend ist und klug, verfügt das göttliche Kind aber nicht über die Kraft der Fürsorge, des Beschützens und die Fähigkeit, Halt zu geben. Ja, das göttliche Kind ist immer wieder des Schutzes durch andere bedürftig, mächtige Feinde neiden ihm seine Weisheit und Kompetenz und falsche Freundinnen können versuchen, es zu steuern und Einfluss auf das göttliche Kind zu nehmen.

8.4 Die Besonderheit des göttlichen Kindes

Göttliche Kinder kommen in den Mythen oft anders auf die Welt als gewöhnliche Kinder. Die katholische Kirche lehrt mit einem wohl eher mythischen als biologisch korrekten Zugriff, dass Jesu Mutter eine Jungfrau gewesen sei. Pallas Athene entspringt, vollständig gerüstet, dem Haupt des Zeus, der ihr Vater ist (Stark 2012). Die Shinto-Sonnengöttin Amaterasu entsteht aus der Flüssigkeit, die sich ihr Vater Izanagi nach einem Bad aus dem linken Auge wischt, während ihr Bruder, der Mondgott Tsukuyomi, aus dem rechten Auge hervorgeht. Und die indische Göttin Kali platzt als der verkörperte Zorn der Durga aus deren Stirn hervor.

Ein leicht übersehener Aspekt des göttlichen Kindes ist das wilde, das ungestüme Kind. Es fällt in der geordneten Welt, die es umgibt, durch sein Temperament, seine Freude und seine Wehrhaftigkeit auf. Der kleine Herakles etwa erwürgt die Schlangen, die eigens ausgeschickt wurden, um ihn zu töten (Laager 1957). Siegfried, ein Jüngling noch, schlägt, als er zu schmieden lernt, gleich den Amboss in den Boden.

Endlich übersteht das göttliche Kind auch Schreckliches, ohne nachhaltig gestört zu sein. Das archetypische Muster hierfür findet sich besonders rein in den »Harry Potter«-Büchern der Joanne K. Rowling. Harry ist, klinisch gesprochen, ein schwer Traumatisierter. Beide Eltern hat er durch Gewalt verloren und wird von Voldemort mit unbarmherzigem Hass weiter verfolgt. Als Schüler wird er immer wieder gemobbt, erfährt phasenweise kaum Unterstützung und muss doch mehr leisten als jedes andere Kind.

Eigentlich müsste da das Bild eines ziemlich therapiebedürftigen Erwachsenen in uns auftauchen. Aber dazu kommt es nicht. Denn alles Schreckliche gleitet an Harry ab, der, wie wir heute sagen würden, über eine sagenhafte Resilienz verfügt. Zudem ist er ein Auserwählter. Denn nur er ist in der Lage, Voldemort zu besiegen.

8.5 Das göttliche Kind als Erlösungsfantasie

Der Archetyp des göttlichen Kindes umfasst von religiösen Lehrern und Mystikerinnen, deren Leben verbürgt ist, bis hin zu Fantasyfiguren unserer Tage eine immense Spannweite. Neben Jesus Christus, der als Zwölfjähriger den Gelehrten Paroli bot, tragen Herakles mit seiner immensen Stärke oder die weise kindliche Kaiserin zum Archetyp des göttlichen Kindes bei.

Die »Harry Potter«-Reihe spielt hierbei eine besondere Rolle. Denn sie exerziert das archetypische Geschehen bis zu dem Punkt durch, an dem nur Harry dem personifizierten Bösen wirksam gegenübertreten kann. Dies funktioniert im Fantasygenre, wird jedoch gefährlich, wo es auf die Realität übertragen wird.

Ein Beispiel dafür, wie der Archetypus des göttlichen Kindes viele ins Verderben reißen kann, sind die so genannten »Kinderkreuzzüge«, die im Jahr 1212 ihren

Anfang nahmen. In Frankreich und in Deutschland spielten sich dabei ähnliche Phänomene ab. Aus Köln rief ein Junge mit Namen Nikolaus Kinder dazu auf, unter seiner Führung das Grab Christi aus der Hand der Sarazenen zu befreien. Ihm sei ein Engel erschienen, der ihm verheißen habe, Gott werde das Meer für sie teilen und sie siegreich werden lassen.

Zu etwa der gleichen Zeit hatte ein französische Junge namens Étienne bei Cloyes ein Erlebnis, in dem ihm, wie er sagte, Jesus in Gestalt eines Bettelmanns erschien und ihm den Auftrag erteilte, sich an den König zu wenden und das Heilige Land zu befreien.

Étienne werden neben seinem angeblichen Gesandt-Sein auch Wundertaten nachgesagt. Die ihm nachfolgenden Kinder und Jugendlichen vereinten sich auf dem Weg zum Mittelmeer mit der deutschen Schar. Das Meer aber teilte sich natürlich nicht für sie, worauf Teile der Bewegung sich zerstreuten und andere skrupellosen Händlern ins Garn gingen, die sie verschifften und auf Sklavenmärkten verkauften. Am Ende starben so die meisten unter elenden Umständen.

Heute lässt sich das Phänomen Greta Thunberg – nicht die junge Frau selbst, sondern was ihr geschah und was sie in anderen auslöst – in Teilen mit dem Archetypus des göttlichen Kindes beschreiben. Der Chefredakteur des Schweizer Magazins »Spuren«, Martin Frischknecht, bringt Greta Thunberg zum Beispiel in Verbindung mit Johanna von Orléans (Frischkind 2019). Beide seien über das archetypische Bild der Jungfrau miteinander verknüpft.

Archetypen machen es möglich, dass ein Mensch als Erlösergestalt bewundert wird, ohne doch etwas Erlösendes zu haben. Vielmehr steckt in dem, was dieser Mensch verkörpert, etwas *Bewegendes* – und diese Bewegung kann eine zum Guten wie zum Schlechten hin sein. Die Basis dafür, dass Menschen bereit sind, in konkreten Kindern etwas Erlösendes zu erkennen, ist eine »Gesellschaft auf der Suche nach Erneuerung«, so der Ethnobotaniker und Kulturanthropologe Wolf-Dieter Storl, der Beispiele dafür nennt, wie das Befolgen von Anweisungen für göttlich erachteter Kinder katastrophale Folgen hatte (Storl 2020, S. 279). Wir tun daher gut daran, auf Heranwachsende nichts Göttliches oder Erlösendes zu projizieren, sondern sie dann, wenn sie als ernsthaft Aufbegehrende und Bewegerinnen auftreten, zugleich sehr ernst zu nehmen und ihnen doch auch mit angemessener Skepsis zu begegnen.

8.6 Das göttliche Kind und der unreife Mann

Ein anderes Beispiel dafür, wie problematisch das archetypische Bild des göttlichen Kindes in einem Menschen wirken kann, ist der Schriftsteller James M. Barrie. Barrie, der spätere Autor des Peter Pan, hatte ebenso wie Arthur Conan Doyle, der später den Sherlock Holmes erfand, in Edinburgh studiert, wo auch James Braid Medizin studierte, auf den unser heutiger Begriff »Hypnose« zurückgeht.

Das Beispiel Barries zeigt, dass der Archetyp vom göttlichen Kind auch bewirken kann, dass kindliche Anteile in uns idealisiert werden, die keiner Idealisierung bedürfen. Wo das göttliche Kind nicht aus dem kollektiven Unbewussten heraus spricht, sondern sein Bild in eine bleibende Unreife hineinprojiziert wird, da haben wir es eher mit einer Selbstvergöttlichung zu tun, als mit archetypischem Geschehen.

Wie sein Biograph Piers Dudgeon vermutet, war Barrie impotent (Dudgeon 2009). Aus dem Gefühl des Mangels heraus entwickelte er Strategien der Manipulation, um sich ein heiles Bild von Familie zu erzeugen. Einige hiervon sind in seine Darstellung von Peter Pan eingeflossen. Denn Peter ist ein Junge, der sich weigert, erwachsen zu werden. Und Männer, die sich weigern, erwachsen zu werden, leiden, so der amerikanische Therapeut Dan Kiley, an einem »Peter-Pan-Syndrom« (Kiley 1991).

Peter Pan ist ein wilder Junge, frech und selbstbewusst. Seine Psyche ist kindlich, seine Kämpfe sind es nicht – so muss Blut aufgewischt werden, und eine Todfeindschaft verbindet Peter und den grausamen Captain Hook. Dabei kann Peter mit Hilfe von Elfenstaub fliegen und entspricht mit seiner immerfort dauernden Kindlichkeit – er hat sogar noch seine Milchzähne – ganz einer wilden, selbstbewussten Variante des göttlichen Kindes.

In Wendy findet Peter die immer vermisste Mütterlichkeit. Doch auch die anderen Jungen erleben diese und finden die Sehnsucht wieder, die die »lost boys«, die einmal aus ihren Kinderwagen gefallen waren, endlich wieder zurück zu ihren Familien bringt.

Das Bild eines aus dem Kinderwagen gefallenen Kleinkinds kann man als das Gegenstück zum göttlichen Kind lesen. Es ist mitnichten weise und mit Überblick ausgestattet, vielmehr einsam, verlassen, und sehr, sehr bedürftig. Vielleicht hat es Schmerzen, ganz sicher aber große Sehnsucht.

8.7 Das göttliche Kind und die höhere Naivität

Das göttliche Kind ist also ein archetypisches Bild, das seelisch wirkt und nicht politisch oder wirtschaftlich. Im Gegensatz zum Archetyp des Kriegers oder der Großen Mutter kann es nicht von uns Besitz ergreifen und so unser Verhalten modifizieren. Es ist weder ein Seher noch eine gesellschaftliche Führerin. Aber es kann auf das elementar Wichtige eines gelebten Lebens verweisen.

Ich habe in der Arbeit mit anscheinend aussichtslosen Therapien, wenn Begriffe wie »unheilbar«, »progredient« oder »austherapiert« im Raum standen, die Idee einer höheren Naivität entwickelt. Im Gegensatz zur gewöhnlichen Naivität, die einfach das Positive annimmt, ohne doch die Studienlage oder zumindest den naturwissenschaftlichen Befund zu einem Krankheitsbild zu kennen, hat die höhere Naivität dies alles zur Kenntnis genommen.

So ist der Ausgangspunkt höherer Naivität ein großes Trotzdem. Ein Trotzdem, das sich belesen, umgeschaut und in die Forschungsapparatur geblickt hat. Seine Triebkraft ist unbedingtes Gutmachen-Wollen. So gibt sich die höhere Naivität mit Konzepten nicht zufrieden, die lediglich aufzeigen, was anscheinend *nicht* möglich ist.

Für mich ist die höhere Naivität das, was ich selbst vom Archetyp des göttlichen Kindes bekommen habe. So wie der Forscherdrang kindlichen Ursprungs ist, so kann auch das immer neue Für-möglich-Halten des anscheinend Unmöglichen mit einer kindlichen Energie in Verbindung gebracht werden. Man kann sich die therapeutische Haltung einer höheren Naivität vorstellen wie die Haltung eines Kindes, das sich seinen Mut zum Weiterfragen und zum Neuentwerfen bewahrt hat auch da, wo es durch die Mühlen der Bildung gedreht wurde. Sein Erleben und seine Vision stehen über allem Gelernten.

Entscheidend ist dabei, dass es dies zuvor gelernt *hat*. Der Archetyp des göttlichen Kindes lässt uns im besten Fall nicht naiv im Sinne von kenntnislos werden, sondern naiv im Sinne von: über das Gelernte hinaus.

Ken Wilber hat von einer »Prä-trans-Verwechslung« gesprochen (Wilber 1996). Diese Verwechslung liegt überall da vor, wo wir glauben, seelisch-geistig weiterzukommen, indem wir zugleich auf frühere Entwicklungsstufen zurückfallen. Hier würde dies bedeuten, das Kind, wie wir es kennen, zu vergöttlichen: ein Kind mit all seiner Bedürftigkeit und seinen zu durchlaufenden Entwicklungsstufen. Kinder spüren viel und haben oft ein starkes Gefühl für das, worauf es ankommt. Aber sie sind natürlich auch verführbar. Durch Schokolade, den tollen roten Bagger, das Angebot, Geld für ein TikTok-Video zu erhalten. Weise kann man Kinder kaum nennen, dafür wissen sie noch nicht genug von der Welt.

Das göttliche Kind können wir uns vorstellen als etwas, das alles dies schon weiß. Und das uns als archetypisches Bollwerk gegen Zynismus und Resignation gleichwohl zu verstehen gibt, dass es gut sein kann in dieser Welt und dass wir einen Anteil daran haben, dass dies so ist.

Als inneres Gegenüber stellt das göttliche Kind eine Ausdrucksform unserer spirituellen Intelligenz dar (Metzner 2010). Spirituelle Intelligenz aber hat nichts Verkopftes und ist nicht bildungsabhängig. Vielmehr spricht das göttliche Kind in uns weise Worte und weiß um das, was wirklich bedeutsam ist. Es verweist auf das, was wirklich zählt in der Welt. Aber es kann nicht kämpfen, es hat keine Einsicht in die funktionalen Zusammenhänge von Wirtschaft und Politik und es bleibt empfindlich in Hinsicht auf alle irdischen Mächte.

9 Närrinnen, Clowns und Irre

9.1 Ein unterschätzter Archetypus

Der Archetyp des Narren oder der Närrin gehört zu den unterschätzten Archetypen des kollektiven Unbewussten. Im Krieger oder in der Magierin können wir uns leicht spiegeln, sie haben attraktive Züge. Aber närrisch sein, womöglich albern?

Die Figur des Narren ist schillernd, in diesem Archetypus können sich heitere und abstoßende Anteile ebenso mischen wie tiefere Einsicht und derber Humor. Ähnlich schillernd ist seine Bedeutung auch in der Therapie. Hier gibt es gleich mehrere Ebenen, auf denen wir mit diesem Archetypus arbeiten können.

Zunächst sind viele unserer Patientinnen und Analysanden von einer Zuschreibung der historischen Narrenrolle betroffen. Ich zeige das am Beispiel der Psychosen und der von AD(H)S Betroffenen. Sodann ist der Narren-Archetypus eine wichtige Instanz im Aufbegehren gegen falsche Ordnungen und Willkür. Überdies trägt er zur Selbstfindung bei. Und endlich verfügt er über beträchtliches heilendes Potenzial.

Dies erleben wir zum Beispiel bei den Klinikclowns. Ihre Fähigkeit, Kinder zum Lachen zu bringen, sie von ihrem Leid abzulenken und eben auch den mitunter rigiden Klinikalltag ein bisschen aufs Korn zu nehmen, wird heute als wertvoller Beitrag zum therapeutischen Geschehen gewertet.

Auch der heute immer ernster wirkende Eckart von Hirschhausen kam nicht primär als Arzt, sondern als Comedian, im archetypischen Sinn als Clown also zu seiner Berühmtheit.

Eine andere Variante des Narren-Archetyps stellen Therapeutinnen und Beratende dar, die ihr tieferes Wissen hinter Humor und Bereitschaft zum gemeinsamem Lachen verbergen. Die provokative Therapie Frank Farrellys etwa wird in hohem Maß vom Archetypus des Narren gespeist.

9.2 Hofnärrinnen und Klassenclowns

Mach dich nicht lächerlich! Du machst dich zum Narren! Sei nicht albern! Mit solchen Sätzen wachsen wir alle auf. Sie weisen uns darauf hin, dass es zwischen dem, was ernsthaft ist und ernst genommen werden kann, und dem, was lächerlich erscheint und für Unsinn gehalten wird, einen tiefen Graben gibt. Besser, man stellt sich auf die ernsthafte Seite, als dass man sich dem Gelächter preisgibt und der Gefahr, nicht mehr für voll genommen zu werden.

Gut gemeinte Ermahnungen. Aber bei einem Teil unserer Klienten und Patientinnen fruchten sie nicht. Ihnen scheint es nichts auszumachen, komisch zu wirken, ja, sie wirken anscheinend zielgerichtet darauf hin, dass man sie nicht den angepasst Ernsthaften zurechnet. Denen, die vordergründig alles richtig machen.

Der Widerstand gegen Anpassung und das Clowneske, das die Aufmerksamkeit sichert, findet sich vor allem bei Kindern. Der »Klassenclown« gilt als jemand, der keine bessere Rolle für sich gefunden hat. Und wer sich an einem Vorhang zur Belustigung der anderen über die Bänke schwingt, gerät schnell unter Verdacht, Aufmerksamkeit erregen zu wollen. Und fraglos kann dies ein Motiv für das wilde, clownhafte Verhalten sein. Aber es ist eben auch möglich, dass es einfach Spaß macht. Und dass das, was einfach Spaß macht, in einer Umgebung, in der es um ernste Dinge geht, provoziert.

Dass die Warnung, sich nicht zum Narren zu machen, einen sehr ernsten Hintergrund hat, lässt sich historisch zeigen. Denn die Figur des Narren ist ursprünglich nur in einem grausamen Sinn komisch gewesen, indem Narren als körperlich Missgebildete zum Gegenstand von Spott und derben Scherzen wurden. Dies machte ihn den Geisteskranken gleich, die zum Spaß zu quälen gleichfalls opportun war. Narren und Geisteskranke waren »anders«, keine Helden, keine Schurken, sondern Dropouts, die aus dem gesellschaftlichen Leben herausfielen (Burke 1981). Ihnen standen Leute von Rang und Adel gegenüber, die gesellschaftliche Gewinner waren (Barwig & Schmitz 2001).

Ich bin durch die Arbeit mit Psychose-Erfahrenen dazu gekommen, mich intensiver mit dem Archetypus der Närrinnen und der Clowns zu beschäftigen. Dabei habe ich gemerkt, wie stark dieser Archetypus vieles von dem prägt, was wir für krank oder gestört halten. Und wie wenig dabei die helle Kehrseite dieses Archetyps wahrgenommen wird. Denn so verdreht und verschoben manches im Weltbild dieser Menschen auch wirkt, so ist es doch immer wieder durchzogen von tieferen Einsichten.

9.3 Narren und Verrückte

Wir hören nicht nur, dass wir nicht albern sein und uns nicht zum Narren machen sollen. Wir hören auch: Spiel nicht verrückt! Das scheint etwas Anderes zu sein und gehört doch zum selben Archetypus. Denn das Närrische, das Verrückte und das Alberne sind jeweils drei Facetten des Narren-Archetypus.

Die Närrin, der Clown, sie gehören ebenso wie die so genannten »Irren« nicht dazu. Tatsächlich entsprechen Worte wie »irre« oder »verrückt« dem Archetypus des Narren weit mehr, als die klinischen Begriffe es tun. Sie verweisen darauf, dass mit dem Närrischen eine andere Perspektive verbunden ist – die, die man bekommt, wenn man eben »ver-rückt« ist. Auch hat das Wort »irre« eine positive Nebenbedeutung, die ein klinischer Begriff so leicht nicht bekommt – irre gut gibt es, irre psychotisch nicht.

»Irre«, das müssen keineswegs schizophrene Menschen sein. Vielmehr können es auch Leute in spirituellen Krisen sein. Oder aber Menschen, die in einer zweiten Welt leben, in der die gewöhnlichen Bedürfnisse des Alltags ihnen zweitrangig erscheinen, so dass sie einen verwahrlosten Eindruck machen. Auch spirituell Berührte sind unter ihnen, für die es im alten Russland das durchaus wertschätzende Wort »Gottesnarren« gab.

Irren, sich irren, herumirren kann prinzipiell jeder Mensch, weswegen ein bedeutendes Lehrbuch der Psychiatrie »Irren ist menschlich« heißt. Wer aber irrt, der tritt aus der geordneten Welt aus, ist nicht mehr »Bürger«, sondern »Irrer« (Dörner 1995).

9.4 Narr und Närrin in der Therapie der AD(H)S

Ein besonders großes Potenzial des Narren- und Närrinnen-Archetypus habe ich in meiner Arbeit mit erwachsenen von AD(H)S Betroffenen gefunden. Mit ihnen erkunde ich, wie es sich anfühlt, sich in Trance mit dem Närrischen, Unangepassten zu identifizieren.

In dieser Arbeitsform spielt die Idee mit, dass es einen anderen Grund für das massenweise Auftreten der AD(H)S geben könnte als hirnbiologische Defizite. Die wertvolleren Beiträge zur AD(H)S haben immer versucht, tiefer in die Hintergründe dieses Phänomens hineinzuleuchten (Hüther & Bonney 2013). Manche erwogen, inwieweit die AD(H)S in einer Lebensform, in der fehlende Selbstaufmerksamkeit der Normalfall ist, eine Art gesellschaftskritischer Erkrankung darstellt (Milzner 2017).

In der Psychoanalyse haben Arno Gruen oder Erich Fromm diskutiert, inwieweit es so etwas wie gesellschaftskritische Erkrankungen geben könnte. Heute benutzt Hans-Joachim Maaz den Begriff »Normopathie«, um anzuzeigen, dass in einer Gesellschaft, die von seelischer Pathologie bestimmt wird, der Dropout der eigentliche Gesunde sein könnte (Maaz 2017).

Die jungianische Psychoanalytikerin Ingrid Riedel vermutet, dass archetypische Konstellationen sich kompensatorisch zu dem herausbilden, was gerade in der Welt geschieht (Riedel 2003). Vor diesem Hintergrund wäre es denkbar, dass das vermehrte Vorkommen von Aufmerksamkeitsdefiziten und den hieraus resultierenden Problemen auch die Funktion erfüllt, allzu verwendbaren Kulturen einen Spiegel vorzuhalten. Hier setzt die Arbeit mit dem Archetyp des Narren in der Therapie von AD(H)S-Betroffenen an:

»Stellen Sie sich vor, alles, was Ihnen problematisch erscheint ... das manchmal Chaotische, Stolpernde, das es so schwermacht, sich anzupassen ... funktional zu sein ... manchmal ...

9 Närrinnen, Clowns und Irre

dies alles wäre Teil eines größeren Spiels ... einer großen Inszenierung ... und Ihre Rolle ist es, alles Angepasste und Brave in Frage zu stellen ... es mag sein, Sie mögen das erst einmal nicht ... aber es ist Ihre Rolle, und Sie können sie gut ... und nun stellen Sie sich vor, es gibt Menschen ... die finden das toll, die applaudieren ... und mit einem Mal finden auch Sie selbst sich anders, besser, irgendwie gut ...«

Bilder des Narren, wie wir sie etwa aus dem Tarot kennen, haben oft Merkmale, die AD(H)S-Betroffene spontan wiedererkennen. Das den anderen fremd Erscheinende, das träumerische Riechen an einer Blume, während drumherum alle rennen, die plötzlich ausbrechende Wildheit – dies alles entspricht dem Bild eines »nicht Verwendbaren« (Milzner 2006), dem aber gleichwohl Wert innewohnt.

Indem der Archetypus des Narren in die Therapie von AD(H)S-Diagnostizierten einfließt, verändert sich die Sichtweise auf die Welt der anscheinend Normalen. Denn der Narr ist traditionell der, der den anderen den Spiegel vorhält.

»Und nun stellen Sie sich vor, dass das, was Sie selbst als Last empfinden ... und wofür es eine Diagnose gibt, die alle kennen ... und alle die Maßnahmen, die Sie schon kennen lernten ... dass dies also etwas ist ... was auch beneidet werden kann ... diese seltsame Freiheit, fast Dreistigkeit ... alles so zu machen, wie es einem gerade kommt ...«

Was in dieser Trance wiedergegeben wird, entspricht nicht unbedingt dem Selbstbild der Betroffenen. Sie erleben sich oft weniger als frei als vielmehr als getrieben. Ihre erlebte Unfähigkeit, Ordnungen einzuhalten, erscheint ihnen mitnichten als Autonomie.

»Ordnung, sagt die Närrin, sagt der Narr in Ihnen ... Ordnung, Ordnung, welche Ordnung? ... und lacht und gellt und wirft alles durcheinander ... ist doch auch schön so, oder nicht ... hier die Bücher, fein nach Fachgebieten geordnet oder alphabetisch ... wie einfallslos ... wieso nicht alle Bücher zusammenstellen, die weniger als 200 Seiten haben ... oder alle, in denen eine Eule vorkommt ... oder alle, bei denen ... jeder Jeck ist anders, oder ... jede Ordnung auch ...«

Nicht alle Betroffenen reagieren im ersten Augenblick nur positiv auf diese Suggestionen. Viele haben infolge von Diagnostik und Begutachtungen gelernt, ein distanziertes Verhältnis zu sich aufzubauen. Dies bewirkt eine Sehnsucht, normaler zu sein, mehr wie die anderen. Die Einladung, einen archetypischen Aspekt in sich wahrzunehmen, kann da verstörend wirken.

»Mir ist etwas aufgefallen ... die allermeisten Menschen, die später unter der Diagnose leiden, etwas wäre mit ihrer Aufmerksamkeit nicht in Ordnung ... hatten früher eigentlich viel Freude an ihrem Leben ... liebten das pralle Leben ... wenn es fetzig war ... oder träumten ihre Träume ... und waren mit sich in der Welt ganz zufrieden ... man muss erst lernen, dass man nicht normal ist ... und dass es Menschen gibt, die für diese Normalität stehen ... und es kann sein, dass wir uns dann kaum mehr wiederfinden ... wollen wir so sein oder so ... welchem Wunsch entsprechen ... und woher kommen diese Wünsche überhaupt ... und was wollen wir wirklich ... und was sind wir wirklich ...?«

Viele Heldinnen und Helden aus Kinderbüchern zeigen Symptome der AD(H)S. Zu den bekanntesten gehört Pippi Langstrumpf (Hagemann 2014). Pippi, die gern zwei verschieden gemusterte Socken anzieht, mit den Füßen auf dem Kopfkissen schläft und gelegentlich ihr Pferd in die Höhe hebt, ist aber zugleich das Bild einer kindlichen Närrin, deren Eigensinn über die künstlichen Ordnungsschemata der Welt triumphiert. Wenn sie kocht, muss die Gesundheitsbehörde wegschauen, und die Dinge, mit denen sie ihre Zeit verbringt, sind für Bildung im klassischen Sinn nicht relevant. Und doch lebt Pippi besser als die, deren Unwillen sie erregt.

»Als Kinder... wollten viele von uns Pippi Langstrumpf sein ... oder so ähnlich wie sie ... der Schule fern bleiben ... oder nur mal kurz vorbeischauen ... »Plutimikation« und so ... und wir liebten ihre wilde Freiheit ... machen, was einem passt ... frei, ungebunden und frech ... liebenswert frech ... der Welt ins Gesicht lachen ... fröhlich, und jeder Tag macht Spaß ...«

Pippi Langstrumpf gibt das Bild eines freien, unangepassten Kindes, das dennoch nicht bösartig ist, sondern heiter, auf selbstverständliche Weise sozial und ohne jenes strategische Vorgehen, das eher das Merkmal der Angepassten ist. Noch Räubern schenkt sie Geld, wenn sie mitleidig spürt, dass diese nach dem missglückten Raub nun arme Schlucker bleiben.

Dabei bleibt sie das »ganz andere Mädchen« (Wild 2012), das gerade mit dem, was so gut und richtig an ihm ist, den Verdacht der Behörden erregt. Auch lebt sie in problematischen Verhältnissen: Die Mutter ist tot, der Vater mal auf den Weltmeeren unterwegs, mal in Gefangenschaft.

Indem anhand der Gestalt der Pippi die junge Närrin in die Therapie eingeführt wird, erscheint die AD(H)S als Diagnose fragwürdiger, die Person selbst intakter. Kann eine Diagnose Pippi Langstrumpf gerecht werden? Ist in einer bis zur Erstarrung geordneten Welt der Springinsfeld, der Chaot, die Närrin nicht womöglich das gesündeste Wesen?

9.5 Ein Archetypus gegen Willkür und Herrschaft

Ein Liedermacher verhöhnt die alten, starren Repräsentanten eines faul gewordenen Systems. Junge Frauen mit nackten Brüsten, ihre Körper bemalt, stören Rathaussitzungen und Fernsehsendungen, treten auf öffentlichen Plätzen auf, springen auf Bürotische und stören den Handel dort, wo Sexismus den Warenverkehr prägt. Ein Künstler tritt auf dem Münchner Literaturfest mit Hitlergruß auf.

Wolf Biermann, die aus der Ukraine stammende Femen-Bewegung, Jonathan Meese: Bei aller Verschiedenheit prägt ihr Auftreten eine archetypische Energie, die gegen jegliche Repression Zeichen setzt. Es ist wiederum der Archetypus des Narren und der Närrin, der hier wirkt.

Das Närrische als Form des Protests: Die Beispiele zeigen auch, dass im Narren-Archetyp auch etwas Kämpferisches wirksam ist. Ja, dass das Närrische, Grelle mit einem Sprung plötzlich da anzukommen vermag, wo es eben doch ernst genommen wird, weil es unüberhörbar und unübersehbar wird.

Gesellschaftlich betrachtet taucht der Archetypus des Narren immer dort auf, wo autoritäre Kräfte in Erscheinung treten, ein demokratisches System repressiver wird oder – wie in manchen Märchen und Mythen – der gute König von der Macht korrumpiert wird.

»Man müsste sich«, sagt mein Klient, »da ganz anders reinhängen.«

Er meint die Demonstrationen gegen die Corona-Maßnahmen der Bundesregierung, die ihm willkürlich und vor allem als eine Art von Machtspiel erscheinen. Nicht nachvollziehbar für die Bürgerinnen und Bürger und daher mit Polizeigewalt durchgesetzt, so sieht er es.

Ich wende ein, dass zwei Drittel der Bevölkerung sich für diese Maßnahmen aussprechen und manche sie sich sogar noch härter wünschen. Mein Klient seufzt.

»Es ist so total deprimierend, was sie mit sich machen lassen. Eine Herde Schafe auf dem Weg in die nächste Diktatur.«

Der Klient ist als Aktivist bisher nie in Erscheinung getreten, weder leugnet er die Existenz des Corona-Virus, noch war er je Verschwörungstheoretiker. Er sieht sich als Demokraten, der eine Stimme hat – oder besser, er *sah* sich so.

Denn die depressive Verstimmung, mit der er zu mir kommt, ist eine Folge der neuerdings erlebten Ohnmacht. Der Abbau von Grundrechten setzt ihm schwer zu, die öffentliche Debattenkultur erlebt er als verengt. Niemand von denen, die da diskutieren, repräsentiert ihn – und das war einmal anders.

Seit ein paar Tagen nun läuft er mit einer Botschaft herum. Die trägt er gleich an mehreren Stellen seines Körpers. Als Anhängsel eines Huts, als Schrift auf der Maske und als Poncho. Skurril sieht er aus, aber sein ernster Gesichtsausdruck ergänzt das eigentümliche Outfit wirkungsvoll.

Er sei mutig, sage ich, denn er mache sich zum Narren. Kurz schaut er auf, als hätte ich ihn beleidigt. Dann reagiert er auf meinen Tonfall.

»Sie meinen das positiv, oder?«

»Ja, genau. Sich zum Narren zu machen bedeutet ursprünglich, dass man seine Botschaft nicht anders vermitteln kann als unter der Narrenkappe.«

»Na ja, Narrenkappe«, er grinst, »würde ich das Ding hier eher nicht nennen.«

Mit dem Finger tippt er an seinen bebänderten Hut. Und doch, würde ich sagen, es ist genau das, eine Narrenkappe. Wenn man diese nämlich als etwas versteht, was weder Hut noch Mütze noch Helm ist, sondern eine fantastische Zusammenstellung verschiedener Elemente, die man sich auf den Kopf setzt und die mit Konformität oder mit Moden nichts zu tun hat. Zum Vergleich: Der berühmte Aluhut wird von seinen Trägern und Trägerinnen eher als ein Helm getragen, nämlich um sich zu schützen und das abzuwehren, was man mit Alu eben abwehren kann.

Der Archetypus des Narren ist in gesellschaftlicher Hinsicht vor allem ein Korrektiv. Er ist nicht Werte schöpfend, aber kann Werte retten; er weiß um die bessere Ordnung, vermag sie aber selbst nicht herzustellen. Dabei muss er charakterlich auch keineswegs besser sein als die, denen er seine Form von Theater und seine Grotesken entgegensetzt.

Hieraus folgt, dass es leicht ist, Menschen, in denen der Archetypus des Narren wirkt, gering zu schätzen. Man kann sie abtun als Leute, die nichts zu sagen haben, weil ihnen die fachliche Expertise fehlt. Aber genau hierin liegt das Problem. Denn dieser Archetypus ist nicht dazu da, als fachliche Autorität zu glänzen. Sondern durch überspitztes Handeln und überdrehte Sprache dort eine Verteidigungslinie hochzuziehen, wo Werte bedroht sind.

9.6 Der Trickster als heilkundiger Provokateur

Eine spezielle Variante des Narren-Archetyps ist der Trickster, der zugleich mit dem Heiler verwandt ist. Mythologisch wird er mitunter als Tier dargestellt, in der Kultur der amerikanischen Ureinwohner taucht er zum Beispiel als Kojote auf. Als dessen entscheidende Qualität hebt der Anthropologe Lewis Hyde dessen Wandlungsfähigkeit hervor, die eben auch für den Trickster typisch sei (Hyde 1998).

Der britisch-russische Historiker Nikolai Tolstoy schreibt in seinem Buch über die Gestalt des Zauberers Merlin, der Trickster stelle ein wunderliches Elementarwesen dar, das nur teilweise der menschlichen Gesellschaft angehöre. In ihm wirken chaotische Wesenszüge, die seine gänzliche Integration verhindern (Tolstoy 1997).

Tolstoy zeigt an Beispielen, dass die Merkmale, die für Merlins Geburt und Wirken charakteristisch sind, zugleich Überschneidungen mit dem »Antichrist« aufweisen wie auch mit Christus selbst. Auch in dieser Hinsicht sitzt Merlin also zwischen den Stühlen oder ist eine Grenzgestalt, die unterschiedliche Aspekte des Guten ebenso in sich vereint wie zumindest die Möglichkeit des Bösen.

Indem man dies liest, begreift man, dass die Darstellung etwa des Zauberers Gandalf insbesondere in der Verfilmung des »Herrn der Ringe« etwas Geschöntes hat. Die wilde, die närrische Seite des Archetypus fehlt. Figuren wie Gandalf wurden stark von der christlichen Gut-Böse-Unterscheidung geprägt und entsprechen dem, wowon wir Kindern als einem »guten Zauberer« erzählen.

Dagegen hat der Schriftsteller Tankred Dorst in seinem Stück »Merlin oder Das wüste Land« genau diese Seite thematisiert, indem Merlin hier mal als Zauberer, dann als Lüstling dargestellt wird, der Viviane vom See nicht nur in Liebe verfällt, sondern auch in Gier. Endlich taucht er nicht nur als ordnende Hintergrundkraft der ritterlichen Tafelrunde auf, sondern auch als Betreiber eines Bordells, was zwar ebenfalls ordnend und hintergründig ist, aber eben auf ganz andere Art (Dorst 1981).

Tatsächlich wohnt dem Trickster eine starke sexuelle Energie inne. Und auch Drogen verschmäht er keineswegs. Seine Wandlungsfähigkeit kann überdies soziale

Rollen erproben und durcheinanderbringen (Klopf 2016). In seiner Urform entspricht er so ziemlich genau dem, was man sich einmal unter dem Psychotherapeuten oder -analytiker vorstellte und was dessen Bild in der medialen Darstellung immer noch prägt: Er ist brillant, aber triebhaft, selbst moralisch zweifelhaft, bringt aber doch das Gute hervor (Radin 1972).

9.7 Der Narr und das tiefere Wissen

Mach dich nicht lächerlich und spiel nicht verrückt. In diesen beiden zu Beginn dieses Kapitels aufgeführten Weisungen fanden wir die Warnung, nicht im negativen Sinn zum Narren oder zur Närrin zu werden.

Doch haben beide Weisungen noch eine andere Seite. Diese ist einmal das Zum-Lachen-Bringen und sodann das Verrückt-Spielen. Mit dem Letzteren wird noch einmal eine Facette dieses Archetypus angesprochen. Dass man nämlich nicht nur verrückt sein kann, sondern dass man verrückt *spielen* kann. Gemeint ist hiermit das Aus-sich-heraus-Treten in Ekstase, das Ausflippen, das Loslassen geltender Etiketten. Osho (ursprünglich Bhagwan) hatte in seine »Dynamische Meditation« eine »Crazy-Phase« eingebaut, in der gezielt losgelassen und ausgedrückt werden sollte, was sonst zurückgehalten wurde. Dies ist in Trance noch einmal auf andere Weise möglich:

»Ich möchte Sie in ein Theater einladen ... keins von denen, die man nur in Abendgarderobe betritt und wo der Staub der Kultur einen husten macht ... nein, ein Theater für alle, einen Ort des Vergnügens und einer fröhlichen Poesie ... durchzogen von Wildheit und Provokation ... ein Theater, in dem es Schönheit und Sinnenfreude gibt ... und da gibt es eine Gestalt ... womöglich wunderlich anzusehen ... vielleicht schrill, ein bisschen zu bunt ... kann eine Frau sein, ein Mann oder beides ... und diese Gestalt spricht die Wahrheit, spricht immer die Wahrheit ... manchmal lustig, manchmal ein bisschen aggressiv ... aber immer stimmt das, was aus seinem ... oder ihrem Mund kommt ...

Um die Jahrtausendwende herum hatte ich am Institut für Hypnotherapie ein kleines Projekt ins Leben gerufen, in dem unter dem Titel »Trance-Theater-Labor« daran gearbeitet wurde, das Potenzial von Theaterrollen in Trance zu ergründen. Dabei erwies sich die Rolle des Narren als eine Rolle für individualistisch Orientierte. Menschen, die das Ziel ihres Lebens nicht im sozialen Aufstieg sahen, fanden in dieser Rolle ein ungewöhnliches Potenzial. Ein Teilnehmer der damaligen Selbsterfahrungen drückte es so aus: »Könige, Helden und so, das sind alles festgelegte Rollen. Selbst so ein romantischer Liebender wie Romeo kann nicht aus seiner Rolle raus. Nur als Narr kann ich mich ständig neu erfinden. Und selbst, wenn ich Fehler mache, gehört es zum Spiel.«

Und nun setzen Sie selbst die Narrenkappe auf ... tun, was Ihnen passt und wie es Ihnen beliebt ... schlagen Purzelbaum und machen schräge Musik ... sagen ein paar Leuten, was

Sie schon immer sagen wollten ... brüllend, jauchzend, kreischend vor Vergnügen ... alles ist erlaubt, alles ist okay ... Sie fallen aus der Rolle ... Sie spielen verrückt ... und das Beste ist: Wenn Sie hinterher wieder ganz normal werden, weiß niemand außer Ihnen ... was eigentlich stimmt. Weil nur Sie das entscheiden.«

Bei den Shakespeare'schen Narrenfiguren, die im Deutschen alle »Narr« heißen, gibt es im Englischen die Unterscheidung von »Fool« und »Clown«. Damit ist eine Gewichtung verbunden in Hinsicht auf das, was der »Clown« oder der »Fool« zu sagen haben. Anders als die »Clowns« nämlich, die vor allem zur Belustigung da sind, verfügen die »Fools« über tiefere Einsichten.

Auch im Deutschen würden wir zwischen einer Törin, die tollpatschig ist und ohne es zu wollen Dinge sagt und tut, die den Spott der anderen herausfordern, und einer Närrin, die mit der Doppelbödigkeit spielt, unterscheiden (Mittermair 2019). Die erstere benötigt eher Schutz, um nicht zum Opfer rauer Scherze zu werden. Die letztere dagegen beherrscht ihre Rolle und bringt zum Lachen, indem sie zugleich die Lachenden herausfordert.

Im besten Fall ist der Archetyp des Narren ein Weg zur persönlichen Freiheit. Die Grazer Shiatsu-Therapeutin und Diplom-Soziologin Melanie Lanner hat das mit der Formel »Das Lachen einer Närrin« schön ausgedrückt (Lanner 2015). Ihr Lachen ist das Lachen einer nur sich selbst verpflichteten Frau. Sie weiß, worauf es ankommt und erkennt angebliche Wahrheiten nicht an. Vor allem aber setzt sie sich, wo immer es nötig erscheint, über gesellschaftliche Konventionen hinweg.

10 Der Archetyp der alten Weisen

10.1 Die Fließgrenze zwischen Narren und Weisen

Obschon sie miteinander Berührungspunkte aufweisen, kann man den Archetypus der weisen Alten als Gegenstück zum Archetyp der Närrinnen und Verrückten auffassen. Ein Gegenstück, das jedoch nicht immer Gegenstück bleibt, sondern unversehens umspringen kann. Auch Narren sprechen mitunter weise Worte, und die weisen Alten können schon einmal heiter und albern sein. Archetypen sind keine Kanäle, sondern eher Strömen vergleichbar, die schon einmal parallel fließen oder aber, aus verschiedenen Richtungen kommend, einander zu kreuzen scheinen, bis dass sie wieder auseinanderstreben.

Das Bedürfnis, sich bei weisen Menschen, bei Meisterinnen und wie auch immer Erleuchteten Einsichten zu holen, ist groß. Zugleich wird der Habitus des weisen Menschen als attraktiv erlebt. Und die Verführung, sich selbst in den sozialen Medien als weise und wissend darzustellen, verlockt viele, Doch ruft der Wunsch, sich selbst im Internet als weise Frau oder als an Einsichten gereifter Mann zu inszenieren, eher die problematisch Seite des Archetypus hervor, nämlich die weise Pose.

Die weise Pose nämlich erscheint eitel, und Eitelkeit lässt sich mit Weisheit schwer vereinbaren. Weisheit assoziieren wir damit, wichtige Dinge verstanden zu haben, ohne damit hausieren zu gehen. Weisheit hält sich aus dem Welttheater heraus, strebt nicht nach Ämtern und Würden und lässt sich nicht schmeicheln.

Was die weisen Alten von Närrinnen und Clowns daher vor allem unterscheidet, ist ihr Verhältnis zu anderen Menschen. Ist der Narr der aus dem Konsens Herausgefallene, der seiner Gesellschaft Zerrspiegel vorhält, so ist der Weise einer, der die Menschen eher meidet. Nimmt die »Ver-rückte« gänzlich andere Sichtweisen ein und erprobt mitunter auf provozierende Weise ihre Freiheiten, so folgt die alte Weise dem menschlichen Strom überhaupt nicht und muss so auch nichts »ver-rücken«. Narren und Närrinnen gibt es nicht ohne Publikum. Weise wollen kein Publikum.

10.2 Wenn Weisheit das Alter adelt

In einem japanischen Bookshop in Düsseldorf hörte ich einmal das folgende Frage- und Antwortspiel. Frage: Was ist der größte Schatz unseres Landes? Antwort: Das sind unsere weisen Alten. Frage: Und was ist die größte Schande unseres Landes? Antwort: Das sind unsere dummen Alten.

Weisheit hat nicht zwangsläufig mit Alter zu tun. Weisheit adelt eher das Alter, als dass das Alter selbst für Weisheit stehen könnte. Dass Weisheit nach Jung vor allem mit den »*alten* Weisen« verknüpft wird (Riedel 2016), greift im Grunde zu kurz, weil es andere Formen des Wissens, die nicht mit Reifung zu tun haben, ausblendet. Aus diesem Grund steht der Archetyp der alten Weisen hier eingebettet in die Archetypen von Närrinnen und Verrückten einerseits und den Archetyp der wilden Frau und des wilden Mannes andererseits, die beide unkonventionell und zu weisen Einsichten in der Lage sind. Die Menschheitserfahrung lehrt aber, dass es *eher* die Alten und Lebenserfahrenen sind, bei denen Weisheit möglich ist.

Nach Weisheit zu streben gilt seit der Antike als Teil einer guten Lebensführung (Pieper 1987). Weise Alte wissen über das Leben Bescheid und können bei wichtigen Entscheidungen die entscheidenden Hinweise geben. Sie sind jedoch keine Heilkundigen, obschon sie zum Beispiel zu Pflanzen innige Beziehungen unterhalten und über sie vieles wissen (Storl 2014).

Angeblich will nun jeder Mensch alt werden, aber keiner alt sein. Diese seltsame Aussage scheint mehr denn je zuzutreffen, denn wir begegnen auf Schritt und Tritt gealterten Menschen, die anstelle zunehmender Weisheit eher einen dritten Frühling anzustreben scheinen.

Das könnte darauf hindeuten, dass das Potenzial des Alters aus dem Blickfeld geraten ist. An einigen Punkten ist es jedoch noch spürbar. Zum Beispiel gehen die meisten Menschen lieber zu älteren Ärztinnen und Psychologen, weil sie bei diesen ein Erfahrungswissen vermuten, das jüngere Ausübende derselben Berufe nicht haben können.

Auch greifen Erzählungen und Filme das Thema auf. Gandalf aus dem »Herrn der Ringe« ist als junger Zauberer durchaus vorstellbar, seine Weisheit jedoch basiert auf seinen Erfahrungen und den Einsichten, die er gewonnen hat. Auch Dumbledore in den »Harry Potter«-Büchern ist als junger Magier zwar hochbegabt. Aber erst als alter Mann hat er Einsicht in das Unausweichliche und in das, was getan werden muss.

10.3 Jenseits einfacher Ratschläge

Zu den Weisen gehen wir, wenn wir nicht mehr weiterwissen und der Kompass, nach dem wir unser Leben navigieren, uns nicht mehr verlässlich scheint. Wer bloß einen Tipp will, ist hier falsch. Wer sich ausweinen will, ebenfalls. Wohl können weise Alte geduldig sein. Doch sind sie keine Großen Mütter und nehmen einen für gewöhnlich auch nicht auf den Schoß.

So ist die therapeutische Arbeit mit dem Archetypus der alten Weisen auch davon geprägt, zunächst einmal herauszufinden, was eigentlich los ist. Denn wer keine guten Fragen mitbringt, bekommt hier auch keine guten Antworten. Auch wird es kein geschmeidiges Beratungsgespräch geben, denn weise Alte haben anderes zu tun, als durch geschickte Fragen ein Problem zu analysieren.

Dies möchte die Mutter der 5-jährigen Vera auch gar nicht, denn das hat in der Beratungsstelle bereits eine Sozialpädagogin getan. Vera gilt als schwierig, mag die Kita nicht und fügt sich nach Aussagen der Erzieherinnen dort auch nicht ein. Sie begehrt auf, wenn sie still sitzen soll, und hält dem Praktikanten entgegen, er habe ihr gar nichts zu sagen. Elterngespräche sind die Folge, Vera soll lernen, Autoritäten zu akzeptieren.

Als Veras Mutter zu mir kommt, weiß sie nur, dass ich Hypnotherapeut bin und familientherapeutisch arbeite. Sie beginnt, mir von Veras Vater zu erzählen, von der problematischen Beziehung und sagt, dass sie froh ist, ihn nicht geheiratet zu haben.

Ich bekomme den Eindruck, dass diese Geschichte wenig über Vera aussagt, die während unseres Gesprächs in der Kita ist. Also lasse ich mir ein paar Handybilder zeigen und bitte die Mutter, mir vorzumachen, wie Vera sich bewegt. Ich erlebe ein wildes, im Kern frohes Mädchen, das sich in der Tat an Autoritäten zu reiben scheint und sich nichts sagen lassen will. Andererseits ist man nicht unbedingt eine Autorität, nur weil man älter ist. Ist Vera möglicherweise auf der Suche nach *wirklichen* Autoritäten?

Als ich mich nach den Großeltern erkundige, deren Blick auf Kinder ja mitunter sehr anders ist als der von Erziehenden, wird es einen Moment still. Die Großeltern väterlicherseits sind wenig am Kind interessiert, und die Eltern von Veras Mutter sind vor wenigen Jahren bei einem Verkehrsunfall ums Leben gekommen. Veras Mutter hat sehr unter diesem Verlust gelitten, sie konsultierte sogar ein Medium, um womöglich mit den Verstorbenen sprechen zu können. Das Medium sagte ihr, die Eltern wären glücklich dort, wo sie nun waren. Das hat Veras Mutter erleichtert, aber die Sehnsucht nach einer älteren, reifen unterstützenden Person blieb.

In Trance lasse ich Veras Mutter spazieren gehen, durch einen Park, dann durch Wiesen und endlich durch einen Wald. Dorthin, wo man keine Menschen mehr trifft, denn wie wir aus Märchen und Mythen wissen, trifft man alte Weise selten in größerer Gesellschaft an.

»*Und Sie wissen, in dieser Gegend lebt eine alte Frau ... weise und welterfahren ... lebt ganz für sich und im Einklang mit dem, was sie umgibt ... weiß viel, hat viel gelernt ... und lebt hier ganz für sich ... mit dem, was ihr wichtig ist ... und kann helfen, wo neue Wege gesucht ... und alte Wege verworfen werden ... und womöglich wird da eine Hütte sein, wie in den Märchen ... oder ganz unvermutet begegnet Ihnen jemand, die alte weise Frau ... unterwegs dort im Wald oder in der Hütte für sich ... und Sie werden ihr begegnen, werden sie fragen können ... auf Ihre eigene, vollkommen richtige Weise ... das fragen können, was Ihnen wichtig ist.*«

Unvermittelt sei die alte Frau aus dem Unterholz gesprungen, erfahre ich. Veras Mutter hat eine starke, bildliche Fantasie, sie hat Park, Wiesen und Wald skurril und überhöht erlebt, ausgestattet wie in einem Tim-Burton-Film. Alles ein wenig grotesk und spooky. Als die alte Frau vor ihr aufsprang, wirkte auch dies bizarr. Doch Veras Mutter empfand zwar einen Schrecken, aber keine Angst. Die alte, angeblich weise Frau schien vielmehr auch kindliche, ja alberne Züge zu haben.

»Und haben Sie ihr eine Frage gestellt?« möchte ich wissen.

Erstaunt höre ich, das wäre nicht nötig gewesen.

»Die Alte – ich weiß ja nicht, woher diese Bilder kommen, aber wahrscheinlich bin das ja auch irgendwie ich – war so lebenslustig, so froh. Ich bin fast nie so froh, und herumhopsen tu ich schon gar nicht. Ich glaube, ich weiß, was ich tun muss …«

Ich hatte selbst mit etwas ganz anderem gerechnet als dem, was hier geschah. Die alte Weise im Wald erwies sich als kindlicher als alle Erziehenden. Und brachte mit ihrem Überschwang in Veras Mutter etwas Verschüttetes dazu, aus dem Schutt der Anpassung und Frustration wieder aufzutauchen.

»Jetzt sind die Kinder selbstbewusst und lassen nicht alles unhinterfragt stehen. Das wollten wir doch so, oder nicht?« stellt sie, an mich gerichtet, fest. Sie weiß, dass ich selbst einen Jungen im selben Alter habe.

»Das wollten wir so«, bestätige ich, »weil es uns seelisch gesünder schien und scheint.«

10.4 Eine Selbsterfahrung mit weisen Alten als spirituellen Mentoren

Weise Alte können in unserer Vorstellung in ganz verschiedenen Rollen erscheinen. Manchmal sind es konkrete Menschen, gütige Großeltern etwa, die als weise erlebt werden. Dann wieder sind es die Bilder, die wir uns etwa von Lao Tse machen oder von Sokrates. Von Menschen also, die in ihrer Zeit schon für weise genommen wurden.

Wie die weisen Alten in Trance erscheinen, hängt also vom Erfahrungshintergrund derer ab, die in Trance gehen. Anders als beim Archetyp der inneren Heilerin oder des inneren Heilers braucht es keine ungewöhnlichen Kompetenzen, wie es die Heilkunst ja ist. Vielmehr ist Weisheit in unserem kollektiven Unbewussten so etwas wie die Krone der Selbstverwirklichung, bei der es nicht die leiseste Rolle spielt, von welchem Bildungshintergrund aus sie entsteht. Weise können wenig Gebildete ebenso sein wie Intellektuelle, sofern diese gelernt haben, dass der Intellekt für die psychische Entwicklung letztendlich nicht gar so bedeutsam ist.

Die Begriffe, die wir für die weisen Alten benutzen, können differieren. Manche Menschen würden von ihren geistigen Lehrerinnen oder Lehrern sprechen, andere von seelischen Führungsinstanzen. In der Arbeit von Robert Dilts kommen »Spirituelle Mentoren« vor, und auch in ihnen scheint sich der Archetypus der weisen Alten abbilden zu können.

Die spirituellen Mentoren stellen so etwas wie überpersönliche Helfer dar, obwohl sie in ihrer Erscheinung an Personen gebunden sind. Doch wird ihnen eine Kraft zugesprochen, die übers rein Persönliche (das ja auch Schwächen zeigen würde und sich mitunter inadäquat verhielte) wohl hinausgeht (Dilts & McDonald 1998).

In einer Selbsterfahrung bei Robert Dilts lernte ich in Trance meine spirituellen Mentoren kennen. Robert selbst erzählte, wie ich mich erinnere, von der Bedeutung, die Albert Einstein und Gregory Bateson für ihn hatten, von denen er den einen, Bateson, persönlich kennen gelernt hatte. Nachdem er so von seinen eigenen spirituellen Mentoren erzählt hatte, wurden wir aufgefordert, in einer Gruppentrance nun mit den unseren in Verbindung zu treten.

Ich war überrascht, berührt und amüsiert zugleich, als ich meine beiden spirituellen Mentoren neben mir spürte. Ich wusste, dass sie beide Ausformungen des Archetyps der weisen Alten waren, aber ich spürte sie als anwesende Energien sehr konkret.

»Und?« wurde ich gefragt.

»Der eine ist C. G. Jung«, sagte ich, worauf leises, zustimmendes Lachen ertönte. Ich wies auf meine rechte Seite und sagte, er stehe hier neben mir.

»Und wer ist noch bei Dir?« wollte Robert wissen.

»Auf der anderen Seite steht Astrid Lindgren.«

Jetzt gab es ein lautes Auflachen. Ich stimmte mit ein, wobei ich zugleich spürte, wie genau die Wahl meines Unbewussten gewesen war. Nichts war hier im eigentlichen Sinn zum Lachen, vielmehr waren die beiden Themen meines Lebens – das Erkunden der Räume des Unbewussten und das Leben als Vater – klangvoll angeschlagen worden. Und eher als Heiterkeit spürte ich einen tiefen Ernst wie nach einer ungewöhnlichen Begegnung, die mein Leben reicher machen würde.

Nach dem Seminar fühlte ich meine beiden alten Weisen auf eine Weise bei mir, die man schwer erklären kann. Sie waren einfach da, und ich konnte sie, indem ich mir ihre Präsenz bewusst machte, gleichsam aktivieren. Als archetypische Präsenzen haben sie mich fortan begleitet.

Indem ich dies schreibe, kann ich die beiden »alten Weisen« immer noch spüren, obschon die betreffende Erfahrung mehr als zwanzig Jahre her ist. Immer wieder erlebte ich ihre Präsenz, und immer fand ich in dem, was von ihnen ausging, tiefe Einsicht, Klarheit und weise Heiterkeit. Beide erschienen mir überdies als alte, aber vitale Menschen: Jung weißhaarig und gelegentlich rauchend, Astrid Lindgren grau und agil und von einem Wissen übers Kindsein erfüllt, das ich bei Kinderpsychotherapeuten oder Kinderärztinnen kaum je angetroffen habe.

Dass die alten Weisen, die uns in Trance begegnen können, mit den Themen unseres Lebens in enger Beziehung stehen, habe ich seither immer wieder festgestellt. Zugleich bringen sie etwas mit, was unser eigenes Wissen übersteigt, und geben uns so die Möglichkeit, aus einer Quelle zu trinken, aus der das Wissen um das, was wirklich zählt und angemessen ist, strömt.

10.5 Der alte weise Mann und seine Jugend

C. G. Jung hat besonders dem weisen alten *Mann* seine Aufmerksamkeit gezollt. Ich finde darin beides, einmal die Sehnsucht nach einem leitenden Mentor und dann auch so etwas wie eine geheime Sehnsucht, einmal selbst hierzu werden zu können. Wirklich wurde Jung in seinen späten Jahren ja als der Weise von Küsnacht angesehen und erschien der Welt viel weniger als ein Arzt als vielmehr als jemand, der aus geheimen Krügen des Wissens getrunken und so tiefe Einsichten gewonnen hatte.

An wen denken wir sonst, wenn wir an alte weise Männer denken? Es sind nicht viele konkrete Menschen, die sich da anbieten. Weisheit galt immer schon als Ausnahmephänomen, nach dem zu streben gut war. Das aber nicht jedermann erreichte.

Es kommt vor, dass Männer im Alter weise erscheinen, von denen man das, als sie junge Männer waren, kaum gedacht hätte. Der Archetypus des weisen Alten wird dann auf sie projiziert, was vor sehr unterschiedlichen Hintergründen geschehen kann. So erschien der russische Germanist Lew Kopelew im Alter vielen als weiser Mann, und auch von dem Schriftsteller Ernst Jünger meinten dies manche. Dabei hätten die beiden Männer unterschiedlicher kaum sein können. Auch boten sie als junge Männer keinen Anlass dafür, dass man sie später einmal für weise hielte. Kopelew war Kommunist gewesen und hatte von armen Bauern Getreide konfisziert, die selbst dadurch vom Hungertod bedroht wurden. Jünger hatte als Deutschnationaler die Demokratie bekämpft. Dass man sie später für weise halten konnte, hatte mit Auseinandersetzungen zu tun, die wiederum zu ganz verschiedenen Lebensweisen führten.

Kopelew wurde mit den Gräueln des Stalinismus konfrontiert und kam wegen Mitleids mit dem Feind in ein Straflager. Jünger sah Deportationen von jüdischen Menschen in Paris und wusste auch um schlimme Taten der Wehrmacht. Sein Sohn wurde wegen eines Witzes inhaftiert und dann an die Front strafversetzt, wo er fiel. Persönliches Leid trug zur inneren Wende bei. Kopelew lebte in seinen späten Jahren ausgleichend und integrativ. Er blieb politisch, arbeitete jedoch daran, die Grenzen zwischen den Völkern, insbesondere Deutschland und Russland, kleiner werden zu lassen und Klischees abzubauen. Jünger dagegen führte ein Leben in Distanz zur Öffentlichkeit und zog es vor, als »Waldgänger« und »Anarch« tieferen Einsichten nachzuspüren.

Der alte Weise in seiner archetypischen Erscheinung ist also kein unbeschriebenes Blatt. Er kann als Krieger gelebt und Verfehlungen begangen haben, er kann auch ein überheblicher, womöglich ein ausschweifender Mensch gewesen sein. Die Straße des Exzesses führe zum Palast der Weisheit, meinte im 18. Jahrhundert der Dichter und Künstler William Blake. Und von Dumbledore erfahren wir im letzten

Teil der »Harry Potter«-Saga, dass er als junger Mann nicht nur brillant, sondern auch hochmütig war und von der Idee verlockt wurde, zusammen mit dem Schwarzmagier Grindelwald die »Muggel« (= nichtmagische Menschen) zu unterjochen.

10.6 Die richtige Wahl treffen

Alte Weise sind keine Heilerinnen oder Heiler. Ihr größtes Potenzial zeigen sie, wo Konflikte gelöst werden müssen und es um den Umgang mit kritischen Lebensereignissen geht. Hier repräsentieren sie ein Wissen, das aus gut verarbeiteter Erfahrung resultiert.

Er stehe zwischen zwei Frauen, sagt der Mann, der auf dem Stuhl vor mir unbehaglich hin- und herrutscht. Er glaube überdies, an einer AD(H)S zu leiden, stehe ständig unter Stress. Zwar arbeite er in der Logistik, aber wie er dahin gekommen sei, wisse er selber nicht.

Mit der Frau, mit der er lebt, ist er seit fünfzehn Jahren zusammen, die beiden verstehen sich gut und auch die Sexualität ist »zufriedenstellend«. Aber ein bisschen langweilig kommt es dem Klienten auch vor, der sich vor zwei Monaten in eine Firmenkollegin verliebt und mit ihr anlässlich einer Betriebsfeier im Auto Sex gehabt hat. Seitdem geht sie ihm nicht mehr aus dem Kopf.

»Es ist wie eine Sucht, verstehen Sie. Ich muss ständig daran denken, wie es ist, mit ihr ins Bett zu gehen, was sie da tut und dass es einfach geil ist. Ständig!«

Das sexuelle Verfallen-Sein wird als negative Variante des Archetyps der Liebenden angesehen. Eines Archetypus, den Jung so kaum benutzte. Er hätte hier wohl das Thema der Anima ins Spiel gebracht, deren Verlockung gefährlich werden und einen Menschen von seinem Lebensweg abbringen kann. Als ich frage, ob er denn glaubt, dass die neue Geliebte auch als Mensch so toll ist wie als Sexualgefährtin, wird der Klient nachdenklich. Dann schüttelt er den Kopf. Seiner Freundin – der Frau, mit der er zusammen lebt – könnte sie nicht das Wasser reichen.

In Trance lasse ich den Klienten einem weisen alten Mann begegnen, der viel über Beziehungen weiß:

»Der Mann, dem Sie hier begegnen ... ist alt und welterfahren ... weiß, was man wissen kann ... über Beziehungen ... und kann Menschen helfen, die nicht weiterwissen ... mit seinem Wissen ... seinem weisen Wissen ... seiner Weltweisheit und Beziehungsweisheit ...

Und Sie können ihm Ihre Fragen stellen ... sich erkundigen, was gut wäre ... was wirklich gut wäre für Sie und Ihr weiteres Leben ... Ihren ganzen noch kommenden Weg.«

Der alte Weise tut etwas Eindrucksvolles. Er zeigt dem Klienten eine Hütte, die alsbald Feuer fängt. Dann brennt die Hütte lichterloh, man hört Schreie und der Klient atmet heftig. Er öffnet die Augen.

In der nächsten Sitzung erzählt er mir, er habe sich von seiner Geliebten getrennt. Sie beschimpft ihn wüst, schickt ihm böse Nachrichten über Messenger. Das trifft ihn, aber er glaubt, dass es ihm auch die Augen öffnet.

»Sie hat einen schlechten Charakter«, sagt er, »ich habe das vorher schon gewusst.«

Meine Frage, ob er gern noch einmal mit dem alten Weisen in Kontakt kommen möchte, scheint den Klienten zu freuen. So, als träfe er einen wichtigen Bekannten.

»Der weise alte Mann ist immer noch da ... er hat gewartet, so dass Sie ihn wiederfinden können ... und wenn Sie möchten, erzählen Sie ihm von dem, was geschehen ist ... was Sie entschieden haben, was Sie getan haben ... seine Weisheit spricht zu Ihnen, Sie spüren sie ganz unmittelbar ... und das tut Ihnen gut, sehr gut ...«

»Ich musste gar nichts sagen«, sagt der Klient nach der Trance. »Er wusste schon alles. Und er hat gar nichts gesagt, nur gelächelt. Und genickt. Und da wusste ich, es war richtig, was ich gemacht habe.«

10.7 Die alte weise Frau und ihre Eigenarten

Astrid Lindgren, in deren Gestalt meine eigene alte Weise mich schon lange begleitet, war bekannt dafür, dass sie auch im Alter noch in einen Apfelbaum stieg und hüpfend »Himmel und Hölle« mitspielen konnte. Ihre besondere Form des Weise-Seins zeigt, dass die weise alte Frau auch eine lebensfrohe Person sein kann, in der etwas Kindliches wirkt.

Denn Weisheit muss nicht gravitätisch daherkommen. Sie kann anarchische Züge haben, ja albern sein. Dies zeigt sich im Bild der alten weisen Frau deutlicher noch als beim alten weisen Mann. Mehr auch noch als dieser scheint mir die weise alte Frau eine Helferin zur Selbstverwirklichung zu sein (Merimi 2020). Ein besonders starkes Urbild der weisen Frau ist die Hexe im Wald. Sie kommuniziert mit den Tieren und der Kessel, ein altes Symbol auch im keltischen Schamanentum, hängt über dem Feuer.

Eine meiner Klientinnen beschrieb ihr inneres Bild von einer alten weisen Frau folgendermaßen:

»Sie hat große Ruhe. Sie sitzt an etwas, das wie ein Spinnrad aussieht. Sie murmelt leise vor sich hin. Wenn man ihr eine Frage stellt, blickt sie einen aufmerksam an. Und sie antwortet nicht gleich, man muss immer ein wenig warten.«

Mein Hinweis, dass sie mit dem Spinnrad anscheinend einer ganz anderen Zeit entstamme, wird von der Klientin bestätigt:
»Sie ist irgendwie immer schon da. Alterslos, obwohl sie alt ist. An ihren Augen sieht man, dass sie auch Spaß machen kann.«

Die Klientin war positiv überrascht, als ich fragte, ob sie in Trance einer weisen Frau begegnen wolle, die hier vielleicht weiterhelfen könnte. Tatsächlich glaubt sie, Orientierungshilfe zu benötigen, weil die Kriterien, nach denen sie ihr Leben bisher gelebt hat, aktuell nicht mehr zu passen scheinen.

Das Credo der Klientin war die Freude, die sie an etwas empfand. Sie empfand keine Freude an einer Berufsausbildung, sehr viel Freude aber an Kleinkunst, Schaustellerei und Akrobatik. Eine Zeitlang hatte sie sich vorstellen können, einer Zirkustruppe anzugehören, bis sie merkte, dass dies, wie sie sagt, »im Aussterben« ist. Jetzt schnitzen sie und ihr Freund kleine Holzfiguren und Amulette und bieten diese auf Mittelaltermärkten an. Das funktioniert ganz gut, setzt aber auch viel Flexibilität voraus. Und hier beginnt das Problem. Das Problem ist ihr alter und von ihr sehr geliebter Vater.

Ihn möchte die Klientin so viel wie möglich noch sehen, mit ihm Zeit verbringen. Er hat immer toleriert, dass sie sich nicht in konventionelle Muster einfügen, sondern eigene Strukturen schaffen wollte. Aber nun stehen diese dem im Weg, was die Klientin eben *auch* möchte. Dass ihr Vater sie von jeder Verantwortung freispricht und sagt, sie solle ihr Leben leben, macht den Konflikt für sie nicht leichter.

In Trance ergibt sich eine eigentümliche Begegnung. Die alte weise Frau am Spinnrad sagt zunächst nichts, sie tut nur etwas; sie schneidet Fäden ab, wie die Norne. Dann jedoch lacht sie leise und spinnt weiter.

»Sie bringen Ihre Frage mit – was ist hier das Richtige? Beim Vater sein und das Leben auf den Märkten hintanstellen? Oder womöglich weiterleben wie bisher und nur ab und an dann beim Vater? Vielleicht gibt es dritte, vierte Möglichkeiten, die Sie noch nicht sehen können. Vielleicht auch ist manches schon viel klarer und wird nun immer deutlicher …«

Zunächst ist die Klientin enttäuscht, als sie die Augen wieder öffnet. Denn einen konkreten Hinweis hat sie nicht bekommen. Als ich frage, ob sie so einen denn wohl angenommen hätte, lacht sie auf. Nein, vermutlich nicht.

»Aber warum«, fragt die Klientin, »hat die weise alte Frau nichts gesagt?«
»Ich vermute, sie hat eher etwas gezeigt als gesagt. Kann das sein?«

Wir gehen gemeinsam durch, was hier zu sehen war. Eine heitere alte Frau an einem Spinnrad, gelegentlich lachend und ab und an einen Faden durchtrennend. Bei der neuerlichen inneren Betrachtung dieses kleinen symbolischen Ritus wird die Klientin mit einem Mal traurig, denn sie bringt den Faden mit dem Leben ihres Vaters in Verbindung. Sie spürt, dass sie zumindest für eine Weile weniger reisen möchte, mehr dableiben. Aber wie soll sie dann leben?

»Was sagt Ihnen das Bild?« frage ich.
»Na ja, am Spinnrad sitzen werde ich wohl nicht …«
»Vielleicht in einem übertragenen Sinn?«

Eine kleine Pause entsteht, in der die Klientin nochmals die Augen schließt. Dann blickt sie mich sehr klar an und sagt:
»Man hat mir oft gesagt, dass ich spinne. Gibt es da einen Zusammenhang?«
»Bitte erspüren Sie es selbst. Ob Sie womöglich eine Spinnerin sind oder sein können. Eine freie Frau, die ihr Garn spinnt ...?«
»Kann ich dafür noch einmal zurück? In Trance?«
Ich stimme zu, und die neuerliche Trance-Erkundung beginnt mit den Worten:

»Und wenn Sie nun noch einmal zurückkehren ... bereit, die Zeichen zu sehen und zu verstehen ... dann wird alles klarer und Sie fühlen tiefer ... und in der Gesellschaft der alten Weisen finden Sie alles Nötige heraus.«

Da die weise Alte nicht gesprochen hat, wohl aber gelacht und gesponnen, lasse ich die Möglichkeit weiterer zu stellender Fragen weg. Mythische Geschichten über weise alte Frauen bringen gelegentlich das Motiv, dass man in ihrem Reich oder in ihrer Gesellschaft etwas allein herausfinden muss, indem man zum Beispiel in einen Brunnen steigt oder Teig knetet.

In dieser Trance nun erlebt sich die Klientin selbst am Spinnrad, und die alte Frau nickt ihr zu. Es wäre ganz leicht gewesen, zu spinnen, sagt die Klientin. Jedenfalls an dem Trance-Spinnrad. Und dabei hat sie das Gefühl gehabt, im Spinnen das Leben ihres Vaters zu verlängern.

»Verrückt, oder? Aber ich werde mir mal ansehen, woher man so ein Spinnrad wohl bekommt. Sitzen und spinnen, das gefällt mir ...«

Alles andere, so meint sie, würde sich finden.

10.8 Eine Trance von kommendem Alter und Weisheit

»Wie werden Sie wohl sein ... wenn Sie alt, weise und glücklich geworden sind ... und nur noch das wirklich Wichtige kümmert Sie ... die Begegnung mit einem Kind, einem Tier ... die Einsicht, dass das Wichtige immer hier ist und immer lebendig ... und weise, das kann auch sein, nichts mehr werden zu wollen ... alles wertzuschätzen, was eben da ist ... nichts ändern zu wollen, was nicht zu ändern ist ... und mit Heiterkeit in die Welt zu blicken und mit Anteilnahme zugleich ... weise eben ... alt, weise und glücklich ... wie werden Sie aussehen, was wird um Sie sein ... alt, weise und glücklich ... glücklich alt geworden und weise dazu.«

Die hier eingeleitete Trance hat in meinem bisherigen Therapeutenleben schon eine große Rolle gespielt. Immer dann, wenn Menschen zu viel wollen, an ihrem Ehrgeiz scheitern, sich selbst das Unmögliche abverlangen und so oft auch für ihre Mitmenschen zum Problem werden, lade ich dazu ein, einmal ganz weit in die Zukunft zu gehen. Dahin, wo meine Patientin oder mein Patient alt, weise und glücklich geworden ist.

In dieser Variante der Hypnotherapie mit dem Archetypus der alten Weisen wird nicht Rat gesucht, sondern die eigene, gelingende Entwicklung ins Zentrum gerückt. Wenn Weisheit dem Alter die Krone aufsetzt, so ist das Selbsterleben als weiser alter Mensch in Trance ein Hinweis darauf, dass das Leben gelungen ist.

Die Resultate dieser Trance-Arbeit sind oft verblüffend.

> »Ich sah ganz anders aus als jetzt,« sagt eine stark an der Mode und an Konventionen orientierte Geschäftsfrau, »irgendwie wie ein altes Hippieweiblein.«
> Sie kichert.
> »Aber nicht schlecht.«

In Trance geschieht es immer wieder, dass die weise alte Frau der Zukunft freier wirkt und lebendiger, als die Klientinnen heute erscheinen. Zugleich zeichnet sich die weise alte Frau in der Zukunftstrance dadurch aus, dass sie sich über Konventionen hinwegsetzt, ihre Weisheit macht sie leicht und überlegen; die Bilder, in denen sie dargestellt wird, zeigen von alten Spinnerinnen bis hin zu herzhaft lachenden Alten einen ganzen Kreis von möglichen Erscheinungsformen (Walker 2001). Indem der Archetyp der weisen Alten in eine persönliche Entwicklungsmöglichkeit eingeschmolzen wird, kann sich der Blick auf das jetzt gelebte Leben verändern.

11 Archetypen der Freiheit und Kraft 1: Die wilde Frau

11.1 Sehnsucht nach dem Wilden in uns

Männer auf der Suche nach einer Vision, Frauen mit schamanischen Trommeln. Rituale im Wald, Begegnungen mit anderen Wesen. Freier Eros, freies Arbeitsleben. Alles dies gehört zu einem wilden Teil unserer tiefen Psyche, der der modern ausgeformten, smarten Persona überaus fremd erscheinen muss. Die Persona als das Gesicht, das wir der Welt zeigen, als Sozialmaske, wird immer stark beherrscht von dem, was trendy ist, angesagt, kulturell und gesellschaftlich eingefordert.

Der wilde Teil unserer Psyche aber lässt sich hiervon nicht beeindrucken. Er schöpft seine Kraft nicht aus der gesellschaftlichen Position, sondern unmittelbar aus der Natur. Schwingt mit in ihren Gesetzmäßigkeiten, ignoriert das gesellschaftliche Leben. Ist einerseits autonom und wird andererseits als Gefahr erlebt.

Dieses und das nachfolgende Kapitel (▶ Kap. 12) sind den wilden, archetypischen Seiten unseres Selbst gewidmet, der wilden Frau und dem wilden Mann. Anders als beim Archetyp der alten Weisen, die einander in ihrer weiblichen oder männlichen Variante ähnlich sind, gibt es nämlich zwischen der archetypischen Erscheinung des wilden Mannes und der wilden Frau einige so entscheidende Unterschiede, dass ich mich wie auch im Fall von Krieger und Kriegerin entschlossen habe, den Erscheinungsformen dieses Archetypus jeweils eigene Kapitel zu widmen. Im Fall von Kriegerin und Krieger habe ich den Einstieg in das Thema über die vertrautere Variante des männlichen Kriegers gewählt. Hier halte ich es umgekehrt und beginne mit der wilden Frau.

Die Welt der wilden Wesen ist eine Welt, die wie ein komplementäres Gegenstück zu unserer gesellschaftlichen Wirklichkeit erscheint. Ein Phänomen wie die Börse, das so bestimmend ist für die moderne Zivilisation, ist in ihr kaum vorstellbar. So kann sie, obschon auch sie Gefahren birgt, als ein gesunder Ort erscheinen. Wie aber den Kontakt herstellen zu dieser Welt und zum Archetypus des oder der Wilden in uns?

Das Wilde wird oft fehlverstanden: prügelnde Männer, vor deren Gewalt Frauen in Frauenhäuser fliehen, wüst ihre Männer beschimpfende Frauen, die diese zusammenfalten, bis dass nur Pappkameraden mehr übrig sind. Dies ist die dunkle Seite des Archetypus der Wildheit. Sie tritt gern da hervor, wo niemand hinschaut, und weitab jeder Natur.

Als die dunkle Seite des Archetypus der Wildheit werden wir beim wilden Mann den Barbaren als Schläger und Zerstörer finden sowie den verwahrlosten Dropout, der nicht Freiheit findet und Kraft, sondern traurige Verelendung. Hier, bei der wilden Frau finden wir als dunkle Seite des Archetypus der Wildheit die von sich selbst Übermannte. Sie tobt und rast; sie vermag Schimpfkanonaden abzufeuern, unter denen jede Gegenwehr zusammenbricht. Anders als im Fall der Furie, die einer Ordnung verpflichtet ist und eher dem Archetypus des Kampfes angehört, finden wir hier ein destruktives Außer-sich-Sein, das aus der Unfreiheit rührt.

So ist in beiden Fällen die Wildheit hier keine eingebundene Naturkraft, sondern steht für Geschrei, Zerstörung und eine Kraft, die mit sich selbst nichts anfangen kann. Zeterndes Weib und brutaler Barbar gleichen Starkstromkabeln, die unter mächtigen Impulsen hin- und herzucken, ohne dass ihre Energie jemals etwas Gutes bewirken würde. Sie gelangen nicht zum wirklichen Leben, das die Essenz jeglicher Wildnis ist (Hampe 2020).

11.2   Rituale zur Wildheit

»Ein Feuer, Trommeln vielleicht ... tanzen, der Rhythmus, wie er eingeht in den Körper ... und dann eine Führung übernimmt ... eine neue Art der Führung ... archaischer, wilder ... andere Ströme, andere Welten ... Wesen, die um uns sind ... und wir mit den Wesen ... wild und frei ... ganz tief wir selbst ... und noch mehr tiefe Natur ... Feuer, Trommeln ... und der Blätterwald rauscht, etwas faucht, etwas zischt ... und wir merken, wir sind nicht allein ... sind eingewoben, sind miteinander ... mit allem, was lebt ... und was wild ist, wie wir.«

Dies ist der Einstieg in eine Selbsterfahrungstrance in einem Workshop, den ich für Kolleginnen und Kollegen gebe. Die Umgebung, in der wir arbeiten, ist keineswegs wild, eher kultiviert.

»Wild ... wie wir wild sind ... wohin Du jetzt auch gehst ... wen immer Du triffst ... Du nimmst diese Wildheit mit Dir ... durchdrungen davon ... belebt davon ... glühend, lustvoll und frei ... auf der Straße ... im Supermarkt ... zwischen Menschen in einer Fußgängerzone ... oder allein ... Du musst nichts tun ... es ist einfach da ... strömend und wunderbar ... das Wilde in Dir ... das Wilde in uns.«

Nachdem wir einander nach dieser Trance wieder begegnen, lächeln die meisten. Alle haben etwas erlebt, sind mit dem Archetypus der Wildheit in sich in Kontakt gekommen. Allen scheint es gut getan zu haben. Unser mythologisches Unbewusstes (Adams 2010)) hat die Trance in reichhaltige, schöne Bahnen gelenkt.

Rituale, die das Wilde in uns zum Leben erwecken sollen, gibt es viele. Nicht alle davon sind schön, manche scheinen eher Zerrbilder ursprünglicher Wildheit zu sein, als dass sie ernsthaft wild wären. Kegelpartys, Besäufnisse mit ein bisschen Koks, kreischende Glühwein Trinkende mit blinkendem Hirschgeweih auf den

Köpfen: Das alles ist in der Essenz nicht wirklich wild, sondern Teil einer Lebensform, die wild mit laut, grell und ein bisschen überdreht gleichsetzt.

11.3 Jungfrau und sexuell autonome Göttin

Als die Göttin Artemis, die von den Römern »Diana« genannt wurde, mit ihrem Nymphengefolge von dem vorüberkommenden Jäger Aktaion beim Baden in ihrer Nacktheit gesehen wurde, verwandelte sie den Unglücklichen in einen Hirsch. Darauf rasten seine eigenen Hunde auf den Mann los und zerrissen ihn.

Die in der Kunst immer wieder dargestellte Szene (Lacy 1990) ist grausam und gibt eine Ahnung davon, wie wehrhaft, ja brutal die Herrin und Schützerin der Tiere als Urbild einer freien Frau zu sein vermag.

Sowohl die wilde Frau als auch der wilde Mann vermögen im archetypischen Sinn über Zwischenstufen von gewalttätigen Ausformungen zu Hüterinnen und Hütern der Natur zu werden. Die wilde Frau kann als Gottheit daher sowohl brutal als auch zartfühlend erscheinen.

Artemis, die auch als Löwin unter den Frauen gilt, gibt hierfür ein Beispiel. Doch werden ihr nicht nur die Tiere zugeordnet. Mitunter wird sie auch mit dem Mond – »der Mondin«, müssten wir sagen, denn fast nur im Deutschen erscheint der Mond als männlich – im Haar dargestellt.

In der Erzählung von Artemis und dem jagenden Aktaion tauchten gleich zwei Merkmale des Archetyps der wilden Frau auf: die Gruppe und die Tiere. In den Mythen begegnen wir der wilden Frau immer wieder als Teil einer glücklichen Rotte. Ist sie allein, so sind Tiere ihre Begleiterinnen und Begleiter.

Eine Ahnung von der wilden Frau trat bereits am Ende des Kapitels zur Großen Mutter auf, als am Beispiel der germanischen Göttin Frigg deutlich wurde, dass die Große Mutter auch eine autonome, eine freie Mutter ist (▶ Kap. 5.7). Wie das Bild der Urmutter sich anreicherte zu einer weiblichen Vielgestalt, die oft als Dreiheit dargestellt wird (Ranke-Graves 1981), so steckt im Bild der wilden Frau das Autonome neben dem Mütterlichen und dies wiederum ist eingebettet in die Welt aller wilden Wesen.

11.4 Die wilde Frau und die Tiere

Wer die Primatenforscherin Jane Goodall einmal einmal erlebt hat, käme kaum auf den Gedanken, in ihr die wilde Frau zu finden. Und doch scheint sie vom Archetypus der wilden Frau ganz durchströmt. Nur freilich auf eine zarte, aber dabei unbeugsame Weise.

Jane Goodall sagt von sich, als Kind hätte sie sich danach gesehnt, wie Tarzan bei den Affen zu leben. Sie las die »Tarzan«-Bücher von Edgar Rice Burroughs mit Begeisterung, wie auch andere Bücher, die von Menschen erzählen, die unter wilden Tieren leben (Goodall & Berman 1999). Dass sie selbst in Gombe als Biologin dann einmal nahe den Schimpansen leben würde, konnte sie damals nicht vorhersehen. Und doch war die archetypische Energie, die man auch bei der alten Jane Goodall noch spüren kann, in dem Mädchen schon wirksam.

Ich erzähle einer Klientin davon, die von sich sagt, sie sei manchmal voller Sehnsucht nach etwas, was sie »richtiges Leben« nennt. Sie weiß nicht genau, was sie selbst damit meint. Nur, dass ihr so vieles falsch vorkommt und nicht in Ordnung. Ihre Freundinnen haben mitunter gesagt, sie wüssten schon, was ihr fehle. Mal wieder rausgehen, Party, flirten, tanzen, durch die Clubs ziehen.

Sie hätte das auch probiert, sagt die Klientin, aber es war nicht wirklich toll für sie. Es geht irgendwie an dem vorbei, was sie sich ersehnt. Spontaner Sex auf der Toilette zum Beispiel, das kommt ihr eklig vor und nicht wie starkes, tiefes Leben.

Als ich die Klientin nach Menschen frage, die in ihren Augen stark und kraftvoll leben, fällt ihr zunächst wenig ein. Es sind eher vage Vorstellungen in ihr, die sich nicht an konkrete Bilder heften lassen. Aber sie spürt, dass es eher um die Natur geht als um Clubs oder Szenetreffpunkte. Am Meer zum Beispiel, wenn sie allein spazieren geht, dann ist es ein bisschen so wie richtiges Leben. Die Trance, die ich ihr daraufhin anbiete, klingt so:

»Ich stelle mir vor, wie Sie als Kind, als Mädchen ... einen ganz nahen und freien Zugang zur Welt der Natur hatten ... ganz elementar, es kam ganz aus Ihnen ... und es war Ihnen kaum bewusst, dass es so war ... dass Sie Zugang zu den Pflanzen hatten, den Tieren ... Zugang zu allem, was lebte ... eine Beziehung, schwingend und leicht wie das Netz einer Spinne ... und genauso fest ... aber es war alles ganz echt, ganz wahrhaftig ... auch wenn niemand außer Ihnen es mitbekam ...

Und es ist immer noch etwas da davon ... ja, es ist ALLES noch da ... die tiefe Bezogenheit, das Eingewoben-Sein ... ein Gewebe aus Seelenfäden ... die sich durch Ihr Leben ziehen ... und es mit der Welt der Pflanzen und Tiere verbinden ... auch mit den Wesen, die wir nicht sehen und doch spüren ... mit dem alten Wissen um uns herum ...

Und wenn Sie sich so spüren ... kann es sein, Sie fühlen sich manchmal verwandelt ... so als wäre eine elementare Kraft in Ihnen ... tierhaft, pflanzenhaft ... andersmenschlich, wunderbar wild ... und in dem Moment, wo Sie dies spüren ... sind Sie wunderbar frei ... und wunderbar wild und voller tiefer Kräfte.«

11.5 Tierfrauen

Die jungianische Analytikerin und Storytellerin Clarissa Pinkola Estés hat die wilde Frau, bei ihr die »Wolfsfrau«, mit dem weiblichen Urinstinkt in Verbindung gebracht (Estés 2000). Diesem Urinstinkt zu folgen bedeutet, die eigene Autonomie zu finden, das freie Lachen, die Selbstentfaltung. Zugleich aber binden Urinstinkte an die Verbundenheit mit Tierwesen an.

Die göttliche Tierfrau wird oft in Gestalt weiblicher Tiere dargestellt, als Hirschkuh zum Beispiel oder als Antilope. Vermutet wird, dass die frühen asiatischen Gottheiten Ianna und Ischtar zum Zeichen ihrer Wildheit als Leopardinnen oder Löwinnen dargestellt wurden. Diese Wildheit umfasste auch eine offene, von männlicher Dominanz freie Sexualität (Duerr 1985).

Neben dem Zorn ist die freie Sexualität ein wesentliches Merkmal des Archetyps der freien Frau. Ihr Urbild ruft also die Elemente auf, die mit der gefügig gehaltenen Frau am wenigsten assoziiert sind. Ganz offenbar ist aus diesem Grund die freie Lust und offene Begierde (Waibel 2015) ein Aspekt von Wildheit, der beim wilden Mann eher in den Hintergrund trat.

Jennie Appel und Dirk Grosser weisen darauf hin, dass die nordischen Seherinnen, die Völvas, nicht nur Erkenntnisse in *Trance* und *Meditation* zu gewinnen vermochten, sondern als der Göttin Freya zugehörige Frauen von dieser auch in der befreiten Sexualität kundig gemacht wurden, was ein Wissen über die Erfüllung von Kinderwünschen ebenso einschloss wie die Kenntnis von Methoden der Verhütung und der Abtreibung (Appel & Grosser 2021, S. 173). Die wilde Frau ist als Archetypus also vor allem eine *kundige* Frau.

Die wilde Frau führt mit ihrer archetypischen Energie die Macht des Weiblichen mit sich (Aliti 1994). Aber in den Mythen wird sie oft von Tieren begleitet, die zugleich Gefährten und Gefährtinnen und Schutz für sie sind.

> Die Tiere bilden den Einstieg in eine Trance, die ich mit einer Bürokauffrau durchführe, die erst in der Reisebranche arbeitete und nun für ein pädagogisches Ausbildungsinstitut arbeitet. Sie durchlebt eine depressive Episode, von der sie selbst eine beeindruckende Vorstellung hat – sie müsse in das Dunkle eintauchen, um sich selbst zu finden. Dabei hat sie sich von den Menschen um sie herum zurückgezogen. Quasi nebenbei erfahre ich jedoch, dass sie sowohl die Vögel noch füttert, indem sie auf Fensterbank und Hof Futter ausstreut, als auch gelegentlich mit dem Nachbarshund spazieren geht, wenn die Besitzer das nicht schaffen.
>
> Die Klientin sagt, Bürokauffrau zu werden sei der Fehler ihres Lebens gewesen. Zwar wären die Reisebranche und jetzt die pädagogische Welt interessant. Doch ihre Position würde dabei immer das Schlusslicht bilden. Verwaltung, sonst nichts. Die attraktiven Teile der Arbeit machen die anderen.
>
> Sie denkt übers Aussteigen nach. Van-Life wäre toll. Ihre Sehnsucht geht dahin, natürlicher zu leben, elementarer. Aber das ist teuer. Und so verändert sich eigentlich nichts in ihrem Leben.
>
> Meine Frage, ob sie das Natürliche, Elementare denn in sich spüren würde, erstaunt sie. Was ich damit meine, möchte sie wissen.
>
> Ich sage, dass ich Menschen kenne, die nahe an Wäldern wohnen oder an einem Fluss. Die Umgebung ist natürlich und elementar, aber die Menschen sind es nicht unbedingt. Manche sind an ganz anderen Dingen interessiert, lesen viel

oder sind an der Börse unterwegs. Die Natur ist ihnen eine wohltuende Kulisse, aber nicht unbedingt etwas, womit sie sich seelisch verbunden fühlen. Ich kenne auch Leute, die in einem Van leben. Aber darunter gibt es ebenfalls manche, die es vor allem in die Städte zieht und weniger zum Natürlichen und Elementaren hin.

Die Patientin stimmt zu. Ihre Nachbarn, die mit dem Hund. Dem Hund geht es ganz okay da, aber einen wirklichen Bezug zu ihm haben sie nicht. Spüren nicht, was er braucht, was er will. Sie erleben die Welt durch Medien, nicht durch ihren Instinkt. Dies alles fließt in die Trance mit ein:

»Sie lieben Tiere, Sie haben es mir erzählt ... die Vögel, den Hund ... und oft haben Menschen, die Tiere lieben, einen besonderen Bezug zum wilden Leben ... dem wilden Leben, das ja immer da ist, wo wir auch sind ... hörbar in jedem Zwitschern, jedem Bellen ... auf der Straße oder in einem Park ... selbst in einem Hinterhof ... und Menschen, die Tiere lieben, haben oft auch einen besonderen Bezug zum Schweifen, zum freien Unterwegssein ... ein bisschen tierhaft selbst ... und womöglich ein Tier an Ihrer Seite, zu dem Sie eine besondere Beziehung haben ... womöglich sogar mehrere ... und Sie fühlen sich so frei, so leicht ... womöglich sind Sie anders gekleidet, als Sie das von sich kennen ... und Sie finden sich schön und ganz wunderbar ... wunderbar in Ihrer freien Wildheit ... und auch das Tier bei Ihnen spürt das ...«

11.6 Staunen über die wilde Frau

Es scheint archetypisch gesehen spezifisch weibliche Wege zur Wildheit zu geben (Francia 2019). Die wilde Frau kann die sein, die allein in die Wüste geht, aber ebenso gut der leuchtende Mittelpunkt einer Sonnenwendfeier. Sie kann in einem Van leben, kann aber auch die eigentümlich freie Frau sein, die ihre dreißig Quadratmeter ganz zu ihrer Welt macht und wie eine Schamanin alles um sich herum als belebt wahrnimmt.

Die Patientin, deren wilde Aspekte in den kleinen Gesten zu erkennen waren, mit denen sie sich den Tieren zuwandte, erlebte in der Arbeit mit dem Archetyp der wilden Frau eine Veränderung, an die sie ursprünglich nicht gedacht hatte. Sie blieb in ihrer Stellung als Bürokauffrau, eignete sich aber zusätzlich ein Wissen über Tierkommunikation an, mit dem sie als Coach zu arbeiten begann. Die Wertschätzung, die sie hierbei erfuhr, machte das etwas Langweilige des Bürojobs wett und sie begann, das eine ihren Beruf zu nennen und das andere ihre Berufung.

Ein Verlauf wie dieser wäre zu Beginn der Behandlung nicht vorhersehbar gewesen und hätte sich auch nicht planen lassen. Archetypischer Strom und individuelles Talent wirkten darin zusammen und sorgten dafür, dass die Patientin am Ende der Therapie in positiver Weise von sich selbst überrascht war. Das passt zu der Erkenntnis der Kulturwissenschaftlerin Claudia Schmölders, Geschichten über die wilde Frau seien gleichzeitig »zum Staunen, Fürchten und Begehren« (Schmölders 2009).

Tatsächlich wird eine angepasste Frau kaum angestaunt werden. Sie wird als angenehm empfunden, womöglich als attraktiv. Aber zum Staunen bringen doch eher andere Aspekte, wie sie in der nachfolgenden Trance erscheinen, die ich mit einer jungen Verkäuferin erarbeitete, die wegen ihrer Hautprobleme zu mir kam:

»Die wilde Frau kann uns staunen machen … und Sie merken selbst, wie erstaunlich Sie sind … und Ihnen klar wird, wie erstaunlich Sie doch sind … wie eigen und wie besonders … und ich frage mich, wie Sie sich selbst erleben werden, wenn Sie merken, wie ungewöhnlich Sie doch sind … ungewöhnlich wie wir alle im Kern unseres Wesens … aber hier sind eben SIE, und Ihr ganz eigenes Wild-Sein … getragen von dem Wissen alter Zeiten, der tiefen Seele … und vielleicht werden Sie selbst Ihr Strahlen spüren … das, was wir Aus-Strahlung nennen und was so viel mehr ist als ein bisschen hübsch zu sein … nein, da ist etwas ganz Anderes in Ihnen spürbar … großartig und leuchtend und hell … und wie werden Sie über sich staunen … wenn Sie mehr und mehr spüren, was da in Ihnen und mit Ihnen ist … an Kraft, an Wildheit und an Freude am Leben.«

11.7 Durchsetzungskraft und Zartheit

Zeitgenössische Sichtweisen unterscheiden sich in manchen Punkten von dem, was archetypisch in uns wirkt. Archetypen spiegeln ja keine gesellschaftlichen Verhältnisse wider, sondern sind im kollektiven Unbewussten gleichsam Summen aller Lebensformen, die die Menschheit erprobt und durchlaufen hat. So würden wir heute eine wilde Frau wohl in erster Linie als selbstbewusst und als durchsetzungsfähig ansehen. Und wie die obigen Beispiele zeigen, erfasst das auch wesentliche Aspekte des Archetypus der wilden Frau.

Wie wir es auch beim wilden Mann noch finden werden, ist Wildheit jedoch mannigfaltiger und mehrschichtiger. So weisen die Geschichten über die Wildfrauen Züge von Zartheit, ja Scheu auf. Wildfrauen sind der Legende zufolge blasse, blonde Wesen, die in dunklen, kuttenartigen Gewändern in bergigen Landschaften Österreichs und Bayerns lebten. Es hieß, sie wurden an Bergbächen gesehen, wo sie sich aufhielten, um ihre Gewänder im fließenden Wasser zu waschen. Mit dem Berg sollten sie auf eine tiefe Weise verbunden sein, indem sein Inneres ihnen Lebensraum gab (Steiner 1984).

Weiter sagt die Legende, dass ihre auffallende Erscheinung – wie eine Mondsichel war ihre Gestalt nach innen gewölbt und hatte offenbar keine typische Wirbelsäule – die Wildfrauen leicht erkennbar machte. Das tat ihnen nicht immer gut, denn da sie friedfertig waren, erlitten sie Spott und wohl auch Übergriffe von Menschen, die ihnen übelwollten. So wie der wilde Mann gefangen und wie der »Eisenhans«, dem wir im nächsten Kapitel begegnen werden (▶ Kap. 12.4), in einen Käfig gesteckt werden kann, so können auch die Wildfrauen schlimme Erfahrungen mit Menschen machen.

Denn die Wildheit der Wildfrauen des Gebirges ist nicht primär wehrhaft. Der Legende zufolge ist sie auf die Tiefe der Natur und auf die Kinder bezogen. Es heißt, Wildfrauen lieben menschliche Kinder und bieten mitunter an, diese großzuziehen, wobei es ihnen an nichts fehlen soll.

Dass Wildheit nicht nur mit Durchsetzungskraft einhergehen kann, sondern auch mit Zartheit, mag verwundern. Doch liegt in dieser Zartheit die Kraft eines Schmetterlings, der, obschon so verwundbar, eine triumphale Widerstandsfähigkeit besitzt.

11.8 Die wilde Frau und die Intuition

Meine Patientin kommt mit einer schwer erklärlichen Angst zu mir, die sie, so sagt sie, erst seit etwas über einem Jahr habe. Die Angst hängt mit einem Gegenstand zusammen, den eine Freundin ihr von einer Urlaubsreise mitgebracht habe. Es handle sich um eine einfache, durchaus schöne Handwerksarbeit, aber das Ding käme ihr irgendwie unheimlich vor. Verrückt, oder?

Nein, nicht unbedingt. Die Patientin hat eine tiefenpsychologische Behandlung versucht, mehrere Monate setzte sie sich darin mit der Frage auseinander, wofür dieser Gegenstand symbolisch stehen könnte, wie ihr Verhältnis zu der Freundin wäre und ob sie möglicherweise Ängste auf den Gegenstand projizierte. Diese Fragestellungen kamen ihr zunächst durchaus sinnvoll vor, kamen aber emotional nicht an. Die unheimliche Aura des Mitbringsels blieb von der Analyse unberührt.

Ich frage, ob ich den Gegenstand einmal sehen kann. Vielleicht könnte die Patientin mir ein Foto übersenden? Die Frage bewirkt ein erleichtertes Lächeln und dann die Gegenfrage: »Sie meinen also auch, dass an dem Geschenk etwas komisch sein könnte?«

Ja, natürlich, müsste ich sagen. Wer gelegentlich mit Klienten und Patientinnen zu tun hat, die sich auf Riten eingelassen haben, deren Wirkung sie nicht einschätzen konnten, weiß: Hier können Dinge eine große Rolle spielen, wenn sie zum Beispiel mit etwas aufgeladen werden oder etwas transportieren sollen. Einen Zauber, eine Energie, einen Fluch.

Ich habe an dem erleichterten Lächeln sehen können, dass die Patientin selbst bereits in dieser Richtung gedacht hat. Um sie in ihrer Intuition zu unterstützen, bringe ich sie mit dem Archetyp der wilden Frau in Berührung.

»In dem, was wir das kollektive Unbewusste nennen ... dieser gewaltigen Menge an Wissen, das in uns ruht ... gibt es auch die wilde Frau ... die ungezähmte, spürende Frau ... die die Zeichen sieht und zu erkennen vermag ... die Dinge wahrnimmt und sich selbst vertraut ... und diese wilde Frau in Ihnen kann Gefahren spüren, Gefahren

erkennen ... und was sie spürt und erkennt, muss nicht logisch sein oder für andere prüfbar ... das wäre nicht ihr Wissen, nicht ihre Sache ... sie spürt, was sie spürt, und sie kann sich vertrauen ...«

Mit der wilden Frau ist ein intuitives Wissen verbunden, wie es etwa in keltischen Mythen erfahrbar wird (Markale 1984). Dies steht zu einer Lebensform in Kontrast, die insbesondere an der Ratio, am Messbaren und Überprüfbaren ausgerichtet ist. Gerade hierin aber liegt das große Potenzial dieses Archetyps.

Indem der Archetyp der wilden Frau wirkt, kehrt sich die Konditionierung auf das rein Rationale und nur vernünftig Erscheinende um. Die Intuition als ältere Ich-Funktion nimmt wieder größeren Raum ein und es kommt zu einer Selbstwahrnehmung, die von einem spirituellen Blickwinkel mit beeinflusst wird, wie er in den meisten Archetypen wirksam ist (Naddair 1985).

In der Folge geschehen nun mehrere Dinge. Zunächst einmal meint die Patientin, ein Foto bräuchte sie wohl nicht mitzubringen. Darauf sähe man ohnehin nicht, was sie verspüre. Am wichtigsten sei, dass sie diesem Gespür nun traue. Die Patientin »entsorgt« daraufhin, wie sie sagt, den unheimlichen Gegenstand. Deutlich ist, dass sie das Wort »entsorgt« in einer Doppelbedeutung verwendet. Zum einen im Sinn von »wegschaffen«, also in den Müll geben oder in Einzelfällen auch verbrennen. Zum anderen im Sinn von »sich von einer Sorge frei machen«.

12 Archetypen der Freiheit und Kraft 2: Der wilde Mann

12.1 Der Mann in den Wäldern

Im Keltischen gibt es die Vorstellung von einem wilden, langhaarigen Mann, der die Eichenwälder bewohnt (Naddair 1987). Er streift herum, ist selbst eher Teil des Waldes als sein Besucher. Und hat so als archetypische Kraft die Zugehörigkeit zum Wilden im Sinn des Naturhaften.

Das Wort »wild« weckt freilich ganz unterschiedliche Assoziationen. »Wild« kann mit »gefährlich« ebenso gleichgesetzt werden wie mit »frei«. Wild wird im Naturschutz damit gleichgesetzt, etwas sich selbst zu überlassen. Gemeint ist hier, dass kein menschlicher Eingriff mehr erfolgt. So spricht man ab 1000 Hektar Land, das sich selbst überlassen bleibt, von einer »Wildnis«. Gibt man Land der natürlichen Selbstregulation zurück, wird von »Rewilding« gesprochen.

Wenn ich mit Männern über den Archetyp des wilden Mannes spreche, höre ich oft Assoziationen etwa zu »Fight Club«. Die betreffenden Männer fragen sich, ob ihre Wildheit sich womöglich ähnlich zeigen würde wie in dem Film von David Fincher, in dem Gewalt, Schläge und Blut zu Elementen eines wieder elementar empfundenen Lebens werden sollen.

Es erscheint wie eine Verunglimpfung des Archetyps vom wilden Mann, dass er auch mit Gangs und Banden in Verbindung gebracht wird, mit Rockergruppen und Hooligans. Diese erscheinen natürlich wild und sind auch bemüht, den Eindruck von Wildheit zu erwecken. Das Ignorieren bürgerlicher Ordnung macht jedoch noch keinen positiv aufgeladenen wilden Mann im archetypischen Sinn. Ebenso gut kann es dessen dunkle Seite nach vorn bringen.

Wenn der dunkle Aspekt des wilden Mannes nach vorn kommt, so kann das bedeuten, der wilde Mann wird zum gewalttätigen Mann. Hierbei werden dann die Grenzen zum Krieger unscharf, was man auch daran erkennen kann, dass es in Gangs und Rockergruppen, die »wild« auftreten, für gewöhnlich Hierarchien gibt. Hierarchien aber haben mit dem Archetyp vom wilden Mann rein gar nichts zu tun. Dieser ist vielmehr bestrebt, Hierarchien in jedweder Form zu meiden.

Die andere Variante des dunklen Aspekts vom wilden Mann ist der obdachlose Dropout. Er erscheint uns nicht frei und wild, sondern auf Mitleid und Ekel gleichermaßen erregende Weise traurig und abhängig von den Almosen der Bürgerlichen. In seinem Fall wurde der Strom der Wildheit ebenfalls fehlgeleitet, oftmals infolge von persönlichen Krisen wie Beziehungs- oder Arbeitsplatzverlust.

Anders als viele Klienten erwarten, spielt die Sexualität beim Archetyp des wilden Mannes keine betonte Rolle. Wer sich unter dem wilden Mann vor allem einen sexuell enthemmten Mann vorstellt, liegt falsch. Zwar wird insbesondere in griechischen Mythen die Sexualität immer wieder thematisiert. Doch sind hierbei die Grenzen zwischen Sexualität und Gewalt immer wieder auf irritierende Weise fließend. Die moderne Vorstellung von maximalem Lustgewinn hat mit dem archetypischen Bild eines wilden Mannes jedenfalls nichts zu tun.

12.2 Der wilde Mann als therapeutisches Thema

Es gibt Chiffren, die darauf hindeuten, dass in einem Klienten die Sehnsucht nach dem Archetyp des wilden Mannes aufscheint. So fragte ich einen Mann, der eben aus dem Berufsleben ausgeschieden war und nun Rente bezog, wie er sich womöglich in ein oder zwei Jahrzehnten sähe. Seine Antwort war: »Ungezähmt und ungebrochen.« Dabei lachte er laut.

Ein anderes Beispiel ist ein Erzieher aus einem Waldkindergarten. Die im Wald herumstromernden Kinder wecken in ihm eine Sehnsucht, frei durch die Natur zu streifen, Stadtlandschaften zu erwandern und aus allen Verdienst- und Konsumzwängen auszubrechen.

Wo in Therapien der Archetypus des wilden Mannes von sich aus erscheint, da geht es oft um Freiheitsbestrebungen. Männer, die ihr Leben als zu eng erleben, ausbrechen wollen. Den »Paragraphendschungel«, der natürlich kein Dschungel ist, sondern ein Übermaß ordentlicher Zivilisation repräsentiert, verlassen. Dahin gehen, wo das Leben einfacher scheint, selbstverständlicher.

Anders ist es, wenn wir den Archetyp des wilden Mannes in der Therapie aufrufen. Etwa, weil ein Mann allzu angepasst erscheint oder ein entfremdetes Leben lebt, unter dem er leidet. Hier ist oft Widerstand zu spüren, denn die sich einstellenden Assoziationen haben eher mit Roheit, ja mit Grausamkeit zu tun.

Ich habe manchmal den Eindruck, dass es Frauen leichter als Männern gelingt, mit dem Archetypus der Wildheit in Kontakt zu kommen. Das dürfte auch damit zu tun haben, dass es von männlicher Wildheit eine Reihe von Bildern gibt, die nicht sehr anziehend sind. Wilde Männer gelten als gewalttätige Männer, womöglich als herrschsüchtig und sexuell übergriffig.

Umso wichtiger ist es, den Archetypus des wilden Mannes von negativen Assoziationen wie Gewaltbereitschaft und Bereitschaft zum sexuellen Übergriff zu trennen. In seinem Ursprung ist der wilde Mann ein Naturwesen und unterliegt nicht nur den Gesetzen der Natur, sondern repräsentiert diese auch.

Das Gegenstück zum wilden Mann wäre der glatte, angepasste Mann, der sich auf geraden Bahnen und asphaltierten Wegen bewegt. Gegenüber dem wilden Mann erscheint er wie ein industrielles Produkt, das den Bezug zur Natur und zur Tiefe der Psyche verloren hat.

Wer dagegen in Trance die ausgetretenen Wege verlässt, die versiegelten Zonen meidet und unversehens in der Wildnis landet, stellt überrascht fest, wie er *auch* sein könnte. Jede Begegnung mit einem Tier strahlt dann zurück und eröffnet andere Einsichten (Morizot 2020).

12.3 Den wilden Mann in Trance erleben

Ich arbeite mit einem Jura-Studenten, der wegen einer Zwangssymptomatik zu mir gekommen ist. Der junge Mann tritt mir freundlich entgegen. Als müsse er zu einer Prüfung, trägt er einen Anzug. Der Kontrast zwischen der förmlichen Kleidung mit der dunklen Krawatte und dem noch jungen Gesicht ist auffallend. Es wirkt ein wenig, als versuche der Student, erwachsener zu sein, als er es sein kann.

Als er einer Kollegin im Flur begegnet, lässt er ihr mit ein wenig altmodischer Höflichkeit an der Wartezimmertür den Vortritt. »Ladies first«, sagt er dabei.

Nachdem wir die Problematik erkundet und ihr allmähliches Entstehen nachvollzogen haben, lade ich den Klienten zu einer ersten Trance-Sitzung ein.

»*Während Sie die Augen schließen ... und sich beim Hören meiner Stimme auf die Mitte Ihres Körpers konzentrieren ... jene Mitte, von der wir nicht messen müssen, wo sie liegt, wir wissen es einfach ... gehen Sie in Begleitung meiner Stimme mit Ihrer Psyche auf Reisen ... in eine andere Welt, fremd und doch vertraut ... ein Wald, nein, Wälder ... Sie stehen auf einer Anhöhe und überblicken sie ... Wälder, wunderschön ... fremd und doch vertraut ... und Sie machen sich auf, Sie gehen hinein ... in das leise Rauschen des Blätterwaldes, die Stimmen der Vögel ... dann und wann huschende Bewegungen, wo die Eichhörnchen sind ... und die Regeln hier sind ganz einfach, alle kennen sie ... dazugehören und selbst ein Waldwesen sein ... ganz einfach, wir haben alle einmal in Wäldern gelebt ... und so ist Ihnen alles dies fremd und vertraut ... und Sie gehen, Sie gehen einfach ... leichte Schritte, der angenehm federnde Boden ... und Sie bewegen sich leicht und geschmeidig ... fremd und doch vertraut ...«*

Die Rückkehr aus der Trance dauert ein wenig, da der Student erst die Augen nicht zu öffnen vermag. Ich spreche von der Leichtigkeit der Blätter, wie sie in die Luft aufsteigen im Herbst, und die Lider werden leichter. Tiefes Durchatmen, das Gesicht des jungen Mannes ist weich geworden, sehr gelöst.

»Angenehm, sagt er, »sehr angenehm.«

Nachdem wir einige Sätze über die erlebte Trance gesprochen habe, möchte ich wissen, wie er gekleidet war in der Trance. Ob er auch einen Anzug anhatte?

Zu seiner Überraschung weiß der Klient es nicht. Er war einfach da. Aber was er anhatte ...? Nicht die leiseste Ahnung.

Was war um ihn? Nichts, was er sich gemerkt hätte. Es war einfach alles so – selbstverständlich ...

Trancen vom wilden Mann im Wald werden in der Folge eine wesentliche Rolle in der Therapie einnehmen. Der Klient erlebt in Trancen intensiv und erzählt, sie seien die einzige Zeit in seinem Leben, in denen nichts Zwanghaftes in ihm sei. So weite ich den Inhalt der Trancen langsam aus und flechte allgemeine Suggestionen von Befreiung und Lebensfreude mit ein.

»*Zwischen den Bäumen vertraute Schatten ... Lichtpunkte auf den Blättern ... und Sie gehören dazu ... sind Teil eines größeren, schöneren Ganzen ... hier gilt alles, was ist ... ist in Ordnung und wird nicht geprüft ... gehört einfach dazu ... mit hinein ... und so wird es ganz leicht, das wilde Wesen zu sein, das Sie immer waren ... das immer in Ihnen ruhte, vielleicht schlief ... und sich nun reckt und dehnt, Lebendigkeit spürt ... Energie ... wilde Kraft ... wilde Freude ... wildes Dazugehören ...*«

12.4 Eisenhans und die Folgen

Der wilde Mann ist als Archetyp in vielerlei eingegangen. Im deutschen Sprachraum heißen noch viele traditionelle Gasthäuser nach ihm. Als Märchengestalt kehrt er in verschiedenen Varianten wieder, von denen »Der Eisenhans«, enthalten in der Märchensammlung der Brüder Grimm, die bekannteste darstellt.

In diesem Märchen erscheint der wilde Mann als ein Mann mit langen Haaren und rostfarbener Haut, der am Grund eines Tümpels haust. Jäger und Tiere hat er in diesen Tümpel hineingezogen, weshalb der König diesen leeren und den Eisenhans gefangen nehmen lässt.

Der Sohn des Königs ist jedoch fasziniert von dem wilden Kerl. Und er lässt sich überreden, den Schlüssel zu dem Käfig zu holen, in dem der Eisenhans gefangen gehalten wird. Der Schlüssel wird von der Mutter des Jungen unter ihrem Kopfkissen wohl verwahrt.

Nach seiner Befreiung wird der Königsohn vom Eisenhans mitgenommen. Er soll ihm zu Diensten sein, indem er auf einen Brunnen achtgibt, in dessen goldenen Spiegel nichts hineinfallen darf. Dreimal misslingt dies, u. a., weil der Junge sich spiegelt und dabei ein Haar von seinem Kopf in den Brunnen fällt. Der Eisenhans schickt ihn darauf fort, gibt ihm aber das Versprechen, im Notfall zur Hilfe bereit zu sein.

Nach mancherlei Verwicklungen wird der Königsohn, der nicht zu seinen Eltern zurückgegangen ist, am Ende glücklich die Liebe finden, während der Eisenhans von seinem Bann, als wilder Mann leben zu müssen, gelöst wird und sich selbst als königlich erweist.

»Der Eisenhans« wurde tiefenpsychologisch immer wieder als ein Text der Mann-Werdung eines Jungen gelesen. Hierzu taten Motive wie der unterm Kopfkissen der Mutter liegende Schlüssel natürlich das ihre. Auch in der Alternativmedizin wurde das Märchen mit seiner Symbolik wilder Vitalkräfte beachtet (Lang 2013). Berühmtheit aber verschaffte ihm erst der amerikanische Dichter Robert Bly, der im »Eisenhans« das Bild einer Männlichkeit fand, die sich nicht über den weiblichen Spiegel definiert (Bly 1991).

Für Bly war der wilde Mann einer, der Männer wieder zu sich selbst führte. An dem Märchen »Eisenhans« wollte er zeigen, dass der mütterliche Einfluss durch Kontakt mit der wilden Männlichkeit überwunden werden muss, damit ein junger Mann zu sich selbst finden kann. Was er übersah, war, dass das Selbstbild der Geschlechter immer von den Sichtweisen des komplementären Geschlechts mitbestimmt wird. Und dass Männer unter Männern immer schon anders waren als dort, wo der weibliche Blick sie spiegelte. Dass dies aber mit dem wilden Mann als einem der Natur verpflichteten Wesen wenig zu tun hat.

Wichtig war Bly, dass der wilde Mann, den er im »Eisenhans« zu erschließen unternahm, etwas anderes ist als der Barbar. Kann der Barbar Freude empfinden an der Zerstörung und an der Gewalt, so ist der wilde Mann über diesen Status hinaus. Er ist gewissermaßen die gereifte Variante des Barbaren, dem Triebleben nicht gänzlich unterworfen und an den tieferen Gesetzen des Werdens orientiert.

12.5 Männergruppen auf der Suche nach dem wilden Mann

»Ich war«, erzählt Rainer, »dann oft mit meiner Männergruppe im Wald. Herumstreunen, brüllen. Was man sonst nicht so macht.«

Rainer ist ein Programmierer Mitte fünfzig, eher ruhig wirkend.

Ihn sprachen Männergruppen sehr an, in denen es darum ging, die eigene Wildheit wiederzufinden. Er selbst erlebte sich eher als gehemmt und oft von der Frage belastet, wie er wohl auf andere wirken könnte. Er sehnte sich nach einer Freiheit, die er im Körper spüren würde. Und das archetypische Bild eines wilden Mannes, von dem er in einer Männergruppe gehört hatte, erschien ihm als Wegweiser dorthin.

Blys »Eisenhans« war die Inspiration für viele Männer, die, teils durch ihre Sozialisation gehemmt, teils vom Selbstbewusstsein emanzipierter Frauen erschreckt, in den 90er Jahren begannen, ihr Mann-Sein neu zu suchen. Als Therapeut lernte ich einige von ihnen kennen. Sie unternahmen Reisen, trommelten, kämpften mit Stöcken und erzählten einander vom Verlust ihres männlichen Bewusstseins.

Viele männliche Rituale sind jedoch der Vergnügungsindustrie entnommen, und man versucht über sie an etwas anzuknüpfen, was einmal da war. Männer, die zum Rugby gehen oder zum American Football, die Gesichter geschminkt wie Komparsen beim Dreh von »Braveheart«. Oder die als Sportler in Schreiritualen loslassen wollen, was in ihnen steckt.

Rainers Bilanz fällt im Nachhinein nüchtern aus. Ein männliches Bewusstsein zu haben ist ihm wichtig. Aber dass ihn die Suche nach dem wilden Mann in sich befreit hätte, kann er auch nicht sagen. Und überhaupt: Wo soll eigentlich die

Energie, die man da miteinander aufruft, hinterher hin? Soll er trommelnd und brüllend durch die Innenstadt ziehen?

Ich lade Rainer zu einer Trance ein, die der ähnelt, die ich mit dem Jura-Studenten weiter oben wiedergegeben habe. Allein streift er darin durch den Wald, spürt die wilde Energie der Bäume und dazu die seine, die mit dieser in Kontakt tritt. Als wir die Trance besprechen, zeigt Rainer sich erstaunt. Er hatte sich wild anders gedacht – irgendwie wüster, grober wohl auch.

Ich erkunde, woher diese Vorstellung stammt. Zu Rainers Erstaunen stammt sie nicht aus seiner eigenen Vorstellungswelt, sondern hat sich offenbar in der Gruppe gefügt. Zuvor hatte Rainer allenfalls Assoziationen zu dem gehabt, was er als »wild« ansah. Wilde Tiere. Wilde Partys. Die »Wilden« als verächtlicher Begriff für angeblich unzivilisierte Kulturen.

Dass wild zu sein auch etwas anderes bedeuten könnte, hört Rainer mit Interesse. Ich biete ihm in leichter Trance eine Reihe von Adjektiven an, um ihn spüren zu lassen, was alles wild sein könnte:

»Naturverbunden …. schwingend … eigensinnig … authentisch … klar und offen … zärtlich-rau … starkes Fühlen … freies Fühlen …«

»Nichts davon hätte ich vorher mit wild verbunden. Aber wenn ich dem nachspüre …«

Es zeigt sich, dass Rainers Vorstellung von dem, was wild sei, auf dem basiert, was in seinen Männergruppen als wild galt. In diesen Gruppen gab es Rituale der Wildheit – das Schlagen mit Äxten, das Trinken von Met und Bier, das Kultivieren einer lauten Stimme bis hin zum Schreien, das Durchstreifen von Waldgebieten mit Bogen und Messer sowie immer wiederkehrende gegenseitige Bestätigungen des eigenen Mann-Seins.

Die Trance, die ich Rainer nun anbiete, fühlt sich ganz anders an. Er geht darin mit federnden Schritten über moosigen Boden, dann über Felsen.

»Unter den Sohlen die schwingende Welt … mal weich, dann fast mitunter hart … federnde Schritte … fester Bodenkontakt … die Nase im Wind … ein Mann auf seinem Weg, leicht und unbeirrt … ganz bei sich und mit dem, was ihn umgibt, doch verbunden …«

»Und das ist wild, ja?«

Ich reichere die Trance mit weiteren Assoziationen wilden Lebens an.

»Wild wie ein Waldläufer … Wild wie ein Hirsch im Wald … Wild wie die Forelle, die engegen der Strömung im Bachbett steht … wild wie alle freien Wesen, die dem Strom ihres Daseins folgen …

Im Erschließen seines archetypischen Wild-Seins beginnt Rainer, sich von seinen Männergruppen-Erfahrungen ein Stück weit zu lösen. Zunehmend erscheinen ihm jene sich wild gebärdenden Männer suspekt, in deren Riten sich auch etwas Kindliches kundtut. Viele Jungen lieben das Aufstampfen, das Fuchteln mit

Holzschwertern oder Stöcken, das Erproben eines kämpferischen Gesichtsausdrucks sowie im gleichen Zusammenhang den Aufstand gegen regulierende Autoritäten. Das sind kindliche Formen der Wildheit, kein Zweifel. Als Wege zur archetypischen Energie des wilden Mannes taugen solche Riten jedoch nur begrenzt, denn sie führen einen ja vor allem der kindlichen Wildheit näher und lassen so das große Potenzial des wilden Mannes – die Naturhaftigkeit und die Freiheit von Konventionen – links liegen.

Was die Männergruppen, die sich in der Folge des von Bly initiierten Bewusstseins herausbildeten, ausübten, waren Riten der Selbstbefreiung und der Steigerung des männlichen Selbstgefühls in der Horde. Was sie jedoch nicht vermochten, war, die ursprünglich naturhafte Energie des Archetyps vom wilden Mann wieder zu erfahren.

Denn der wilde Mann ist, wie uns die Mythen zeigen, *allein*. Er ist kein Gruppenwesen, kein Rudeltier. Auch das macht ihn ja im ursprünglichen Sinn wild, dass er sich eben keinen Gruppenzwängen fügen muss, wie immer sie auch beschaffen sein mögen.

Ein Mann wie Johannes der Täufer galt als wild, denn er scherte sich nicht um soziale Zwänge, folgte nur seinem Gott und ging in die Wildnis, wo er von Heuschrecken und wildem Honig lebte. Manche indische Heilige gelten als wilde Männer, die sich von Zugehörigkeiten gelöst haben. Ein Mann wie der amerikanische Dichter Robinson Jeffers, der sich an der Pazifikküste aus Bruchsteinen ein Haus baute und auf den Literaturbetrieb pfiff, lebte wild. Und auch der Zen-Lehrer, Dichter und ökologische Aktivist Gary Snyder folgt den »Lektionen der Wildnis« (Snyder 2011).

Ganz offenbar ist der wilde Mann nicht wild im Sinn von rasend oder verroht. Kein Berserker, der sich durch Stimulanzien zu äußerster Tobsucht anstachelt. Der Aspekt des Gewalttätigen wird weit besser und umfassender in den Archetypen des Kriegers und des Schattens erfasst. Der wilde Mann ist in seinen heilsamsten Ausformungen hingegen ein Teil der Natur und vermag so, auch seine eigene Natur anzuerkennen und zu schätzen.

12.6 Der grüne Mann als Hüter der Wildnis

Am Ende dieses Kapitels möchte ich auf eine besondere Variante des wilden Mannes eingehen, die als archetypische Kraft spiritueller ausgerichtet ist. Ich meine den »Grünen Mann«, der vor allem aus dem keltischen Raum bekannt ist. Er ist ein Wesen des »celtic twilight« (Yeats 2005), ein Zwischenwesen, stofflich und geistig zugleich. Als »Jack in the Green«, als Maienkönig ging er in Volksfeste mit ein, bei denen das Gesicht des Maienkönigs mit Weißdornzweigen und Eichenblättern zugleich verhüllt und geschmückt wird.

12.6 Der grüne Mann als Hüter der Wildnis

Man kennt die Erscheinung des grünen Mannes von Kirchen, an denen er, als Relief gebildet, aus Blättern herausschaut (Somerset 1939). Anders als der wilde Mann, der oft mit langen Haaren vorgestellt wurde, ist der grüne Mann von Blättern umgeben, ja, mit den Blättern anscheinend eins. Er erscheint eher als mythisches Wesen als als realer Mann; seine wilden Züge sind weniger menschlich als vielmehr allgemein naturhaft. Die britische Botanikerin Kathleen Basford sah in ihm eine Verkörperung der spirituellen Dimension der Natur (Basford 1998).

In das Bild des grünen Mannes fließen möglicherweise Trance-Erfahrungen mit ein, die auf die Einnahme des Fliegenpilzes zurückgehen (Bauer 2014). Diese bringt die Fähigkeit mit sich, grüne Wesen sich im Wald bewegen zu sehen (Schuldes 2005). Es ist möglich, dass das Bild des grünen Mannes mit Riten in Zusammenhang steht, bei denen der Fliegenpilz zur Erweiterung des Bewusstseins benutzt wurde.

Im Grünen Mann werden die Naturbezogenheit und die Eingebundenheit in die Naturgesetze, die wir vom wilden Mann kennen, noch einmal gesteigert. Indem er mit Blattwerk und Baumgrün verschmilzt, wird er gewissermaßen zum Teil zu einem Pflanzenwesen. Sowohl das Grün des gesunden Wachstums als auch das Gold der Herbstblätter, das Schönheit, Reife und Anmut spiegelt, prägen seine Erscheinung (Anderson 1993).

Die Erscheinung des grünen Mannes ist stark mit dem Wald als mythischem Ort verbunden (Varner 2006). So speiste sich seine Gestalt auch in Volkserzählungen wie die von Robin Hood ein. Die Freisassen im Sherwood Forest sind aus der menschlichen Gesellschaft ausgestoßen und zu Waldgeschöpfen geworden. Robin, ihr Führer, trägt grüne Kleidung und wird mit einer Kappe dargestellt. Der grüne Mann in seiner kämpferischen Variante vermag heute Menschen zu stimulieren, sich für den Schutz des Lebendigen und eine intakte Umwelt einzusetzen (Spenger 2020).

Was die Bedeutung des grünen Mannes für die Therapie angeht, so ist er weniger als der wilde Mann geeignet, mit ihm in Trance zu verschmelzen. Als Naturgeist von engelhafter Bedeutung (Cheetham 2004) kann er jedoch in Trancen ein wunderbarer Begleiter sein. Seine Präsenz hilft Klienten, zu ihrer eigenen Naturhaftigkeit zurückzufinden, die sie von ihm wohlwollend begleitet finden.

Wo wir dem grünen Mann in Trance begegnen, da kommen wir den Zwischenwelten nahe (Larrington 2015), halten die Existenz von Feen wieder für möglich und empfinden angesichts der uns umgebenden Natur Selbstbewusstsein und Demut. Dies findet seine Steigerung in Trancen, in denen Klienten den wilden Mann in sich in Trance erleben und gleichzeitig um die Präsenz des grünen Mannes in ihrer Nähe wissen. Indem dieser den Naturgesetzen entspricht, vermag er zugleich wilder Außenseiter und Herr des Waldes zu sein (Naddair 1984), so wie der Eisenhans wilder Mann und königlich zugleich ist.

13 Der gute Hirte und die große Gärtnerin: Archetypen der Sorge

13.1 Das stille Heilen

Archetypen des Krieges oder der Weisheit sind uns vertraut. Auch wenn wir uns selbst nie mit Archetypen beschäftigt haben, so sind uns ihre Erscheinungen aus Büchern und Filmen, Comics und Computerspielen bekannt.

Anders verhält es sich mit dem Archetypus der Sorge, der in Gesprächen über archetypische Kräfte kaum je thematisiert wird und den weder Jung noch die ihm Nachfolgenden in genügender Weise erschlossen haben. Doch die Erscheinungsformen des Archetypus der Sorge stellen machtvolle Kräfte der Heilung und Selbstheilung dar.

Menschen, die vom Archetypus der Sorge bewegt werden, erscheinen allerdings nicht unbedingt glamourös. Sie schaffen die Basis des guten Lebens, aber sie lächeln nicht vom Siegertreppchen herab. Kriegern und Magierinnen eilen Ruhm und Ehre voraus, mitunter auch ein schlechter Ruf. Einer Erzieherin oder einem Gärtner eilt gar nichts voraus.

Zu Unrecht. Denn wo der Archetyp der Sorge nicht wirkt, da sind leibliche und seelische Entbehrung, ja Verwahrlosung die Folge. Und was das heilende Potenzial angeht, so sind Gärtnerinnen und Hirten diejenigen, die hierfür eine Basis schaffen, indem sie die Sorge um sich und die Selbstfürsorge möglich machen und fördern.

Fälschlich wird der Archetyp der »Caregiver« mitunter dem Mutter-Archetyp untergeordnet (James 1959). Das unterschlägt nämlich erstens, dass es auch männliche Repräsentanten dieses Archetyps gibt, zum Beispiel den Hirten, der auch in vorchristlicher Zeit schon als Bild von Sorge und Fürsorge existierte (Heinz-Mohr 1988). Und zweitens wird hier ein schiefer Akzent gesetzt, denn der Archetyp der Sorge umfasst *jede* Form des Hütens, Bewahrens und Pflegens von allem, was wachsen möchte.

In Hinsicht auf die Therapie spreche ich bei dem, was durch Fürsorge und Pflege an Heilung möglich wird, vom »stillen Heilen«. Krankenschwestern und Pfleger sind die stillen Heilenden unserer Kultur; ihnen entsprechen die fürsorgenden Kräfte im Unbewussten. Für die Therapie sind sie eine große Hilfe, für die Selbstheilung sind sie unverzichtbar.

13.2 Der mythische Hintergrund der Sorge

Auch die Sorge hat einen mythologischen Hintergrund. Cura, die römische Göttin, ist für die Fürsorge und Pflege zuständig. Einer antiken Fabel zufolge formte sie aus tonhaltiger Erde am Ufer eines Flusses eine Figur (Blumenberg 1978). Jupiter hauchte ihr auf Curas Wunsch Geist ein. Hinterher gerieten Cura und Jupiter in Streit, zu wem das neue Wesen denn gehöre. Zu ihr, die es geformt, oder zu ihm, der ihm Leben verliehen hatte. Auch Tellus, die Erdgottheit, erhob Anspruch auf das neue Wesen, denn war seine Substanz nicht ihm selbst entnommen worden?

Saturn als weiser Richter entschied für alle drei. Tellus wird nach dem Tod des Menschenwesens seinen Körper erhalten, damit der wieder zu Erde werde. Jupiter bekommt den Geist, den er eingehaucht hat, nach dem Tod des Menschen zurück. Und Cura wird den Menschen Zeit seines Erdenaufenthalts begleiten. So wird allen gegeben, was sie eingebracht haben. Der Mensch aber ist allen auf unterschiedliche Weise verbunden.

Die Sorge begleitet uns also, solange wir auf der Erde sind. Aller Sorgen enthoben sind wir erst, wie die alte Wortschöpfung verrät, wenn wir die Erde verlassen haben. Und dahin aufgestiegen sind, wo wir, religiösen Verheißungen zufolge, der Sorgen ledig sein werden.

Das Wort »Sorge« steht mit vielerlei in Verbindung. Mit Vorsorge und Fürsorge, Nachsorge und mit dem Entsorgen von etwas. Als eher moderne Varianten kamen Selbstfürsorge und Überfürsorge dazu. Wir sagen »Sorge tragen«, aber auch »sich Sorgen machen«. Ganz offenbar bedeutet Sorge zu tragen, Verantwortung für etwas zu übernehmen, was schon da ist. Während sich Sorgen zu machen meint, dass wir vor allem etwas ausfantasieren, was *nicht* da ist. Auch spürt man in der Formulierung, dass wenn man sich Sorgen *machen* kann, man dies auch bleiben lassen könnte.

Ein Beispiel hierfür wären Sorgen um die Gesundheit. Wir können uns Sorgen *machen*, indem wir etwa ausfantasieren, was wir an Erkrankungen bekommen können und wofür wir möglicherweise Risikofaktoren in uns tragen. Und wir können für unser Wohlbefinden Sorge *tragen*, indem wir uns gut ernähren und Risikofaktoren wie übermäßigen Tabakgenuss ausschalten. So wäre eine Leitfrage bei Klientinnen und Klienten, die über allzu große Sorgen um ihre Gesundheit klagen, ob sie den Eindruck haben, in genügendem Ausmaß für sich selbst Sorge zu tragen.

13.3 Überhandnehmende Besorgnis

Soziologisch betrachtet scheint unsere Gesellschaft mehr Sorgen hervorzubringen als andere Gesellschaften vor ihr (Paulsen 2021). Das kann mit vielem in Verbindung gebracht werden, vom Schwinden klarer gesellschaftlicher Ordnungen bis hin zur Informationsüberflutung in Hinsicht auf schreckliche Ereignisse.

Letztere wirkt sich vor allem bei einer gesellschaftlichen Gruppe aus, nämlich den Eltern. Diese leben gegenwärtig vielfach in einem aus tiefenpsychologischer Sicht heiklen Zustand. Einerseits geben die allermeisten ihre Kinder früh in die Fremdbetreuung, andererseits ist eine gesteigerte Sorge bei ihnen zu beobachten, weil ja das Selbst-Sorge-Tragen für sie viele Stunden am Tag lang entfällt (Milzner 2022). Aus diesem Missverhältnis in Hinsicht auf den Archetyp der Sorge entspringt eine gesteigerte Fantasiebildung über das, was passieren könnte.

»Seit einigen Jahren«, sagt zum Beispiel Mirjam, »sind die Eltern so krass drauf. Unglaublich gehetzt, und zugleich hat man den Eindruck, dass sie sich ständig Sorgen machen.«

Ich möchte wissen, was sie damit meint: »Sich ständig Sorgen machen«. Sorgen worum denn?

»Na, so als würden sie überall Gefahren lauern sehen. Hinter jedem Busch ein Pädophiler, jedes andere Kind ein Konkurrent. Und dann noch, dass sie nicht genug gefördert werden.«

Ich weiß, wovon Mirjam spricht. Obschon ich nicht wie sie als Erzieherin in einer Kita arbeite, kenne ich die Ängste und Sorgen moderner Eltern recht gut. Einmal natürlich durch mein eigenes Vater-Sein. Und dann habe ich als Hypno- und Familientherapeut immer wieder Eltern, die sich Sorgen machen, als Klientinnen und Klienten in meiner Praxis.

Was für Sorgen sind es denn, die Eltern so quälen? Das Erstaunliche vielleicht zuerst: So gut wie niemand sagt, ich mache mir Sorgen, dass mein Kind kein glücklicher Mensch wird. Und die ganz wenigen Fälle, in denen ich so etwas höre, haben alle ein gemeinsames Merkmal: Es ist dann schon etwas passiert. Eine depressive Phase im jugendlichen Alter, schlimmes Mobbing, eine durch Drogen induzierte Psychose. Alles dies aber kommt – vergleichsweise – selten vor. Sorgen dagegen sind allgegenwärtig.

Wenn es also nicht das Lebensglück des Kindes ist, um das die Sorgen kreisen, was ist es denn dann? Meist sind wiederkehrende Sorgen eher vage. Dass die Schule irgendwie schiefgeht, das Mädchen sein Herz an die falschen Dinge hängt, der Junge seinen Platz im Leben nicht findet.

Dass Sorgen vage sein können, heißt nicht, dass sie dadurch weniger bedrückend wären. Aber die Richtung, in die die Sorge schaut, kann etwas über ihren Charakter und ihre Bedeutung verraten. Richten sie sich auf das Kind selbst und seine Fähigkeiten? Dann müssen wir uns damit befassen, wie dieses Kind denn *gesehen* wird. Oder richtet sich die Sorge eher auf schlechte Lehrer, eine miese Clique, die problematische Freundin?

Elterliche Sorgen haben oft einen gesellschaftlichen Hintergrund. Als ich Ende der 80er Jahre als Assistent zu arbeiten begann, äußerten Eltern vielfach die Sorge, das Kind könnte einmal drogenabhängig werden. Das ist heute, wenn es keinen konkreten Anlass gibt, deutlich seltener zu vernehmen. Dafür wird häufiger die

Sorge benannt, das Kind könnte einmal keinen guten Job finden, sich nicht durchsetzen oder sich in den sozialen Netzwerken verirren.

Sorgen haben viel mit Vorstellungskraft zu tun. Aber mit einer einseitig genutzten Vorstellungskraft. Wer die Fantasie besitzt, sich ein Scheitern vorzustellen, kann auch das Gelingen imaginieren. Aber warum tut er oder sie es nicht? Wie kommt es dazu, dass die Sorgen um ein Kind einen Menschen anscheinend auffressen können und das Kind dann tatsächlich zum Sorgenkind wird?

Die negative Schlagseite des dauernden Sich-Sorgens-Machens spüren viele Eltern unterschwellig. Sie assoziieren damit, dass die Welt eben ein heikler Ort ist, wo man sehen muss, wo man bleibt. Und wo man nicht darauf vertrauen kann, dass Gott die Dinge schon richtet. Anders gesagt: Die Welt erscheint als ziemlich problematisch.

13.4 Die Balance der Möglichkeiten

»Ich weiß schon«, sagt ein ausgesprochen selbstkritischer Vater, der sich angesichts der Bildschirmaktivität seines Sohnes bei mir gemeldet hat, »ich bin so einer, der immer das halb leere Glas sieht und nie das halb volle.«

Er schätzt sich, sagt er überdies, als eher negativ ein. Was bei dem Beispiel mit dem Glas ja naheliegt, oder?

Ich finde nicht. Denn das Beispiel mit dem halb vollen oder halb leeren Glas, das man ja häufig hört, hängt von dem ab, was davor war. Wer erst ein leeres Glas hatte und dann eingeschenkt bekommt, hat ein halb volles Glas. Und wer erst ein gut gefülltes vor sich hatte, aus dem dann durch eine ungeschickte Bewegung ein Teil herausschwappte, hat ein halb leeres. Beide Betrachtungsweisen sind also richtig.

Der Vater lacht.

In einem zweiten Schritt biete ich ihm eine suggestiv geführte Maßnahme zur inneren Balance an. Er schließt die Augen, und ich bitte ihn, seinen Sohn mit seinen inneren Augen anzuschauen, und zwar so respektvoll und so liebevoll wie möglich.

»Es könnte schlimm mit ihm werden«, sage ich, und ich sehe, wie sich die geschlossenen Augen für einen Augemblick zusammenkrampfen.

»Es könnte großartig mit ihm werden«, sage ich dann, nun mit leicht erhobener Stimme.

Als ich eine leichte Irritation verspüre, füge ich hinzu:

»Und wahrscheinlich wird es irgendwas dazwischen.«

Ich wiederhole alle drei Stufen noch einmal und bitte den Vater danach, die Augen wieder zu öffnen. Zögernd beginnt er zu sprechen.

»Sie meinen, ... er kann abstürzen, aber es kann auch ganz super werden?«

»Statistisch ist beides möglich, aber wenig wahrscheinlich. Die Chance, dass Ihr Sohn als ganz schwerer Fall in eine Klinik muss, ist statistisch in etwa so groß wie die, dass er als Profi-Gamer vom Zocken leben kann.«

»Im Ernst?«
»Ja. Beides ist möglich, aber sehr unwahrscheinlich.«
»Also irgendwas dazwischen. Also das ... das wäre okay ...«

Die kleine mentale Übung heißt »Die Balance der Möglichkeiten«. Sie wirkt durch ihre völlige Reduktion auf das Wesentliche. Ich entwickelte sie für Menschen, die sich von Sorgen überschwemmt erleben und dazu neigen, diese durch Aufhäufung von angelesenen Fakten noch zu steigern. Indem hier suggestiv durchgespielt wird, was wir alle wissen – dass nämlich die katastrophalen Entwicklungen statistisch ebenso selten sind wie die exremen Höhenflüge –, findet die sich ausbalancierende Psyche zum Wahrscheinlichen zurück.

13.5 Sorgen als Kompensation der Sicherheit

Unsere heutige Form des Sich-Sorgen-Machens ist eine Randerscheinung unserer relativen Sicherheit. Sie ist nicht unbedingt ein Anzeichen von realen Gefahren für Leib und Leben, sondern in den meisten Fällen stark an Fantasien gebunden, ja, in manchen Fällen treten die Sorgen sogar *nur* in der Fantasie auf. Verarmungsfantasien beispielsweise haben nur Leute, die ziemlich sicher leben. Wer um seine Existenz kämpft, hat für so etwas schlicht keine Zeit.

Mitunter sorgt die innere Sorgenmaschinerie dafür, dass wir Planspiele spielen. Was tun wir, wenn unser Vierzehnjähriger wirklich sitzenbleibt, wie gehen wir mit dem Liebeskummer unserer jugendlichen Tochter um? Noch steht beides nicht im Raum, nur eine Möglichkeit. Diese Möglichkeit aber will manchmal durchgespielt sein. Wir gewinnen dabei Kompetenzen, indem wir eine bestehende Möglichkeit nicht an die Seite drängen, sondern innerlich durcharbeiten.

Das Durchspielen schlimmer Szenarien findet oft auf Ebenen statt, die wir bewusst nur wenig beeinflussen können, nämlich in unseren nächtlichen Träumen. Diese sind, anders als Freud glaubte, keineswegs immer Wunscherfüllungen. Wunscherfüllungsträume gibt es *auch*, aber sie bilden nicht die Mehrzahl.

Kleine Kinder zum Beispiel werden oft von Albträumen heimgesucht, die drei Themen haben: verfolgt werden, verloren gehen, aus großer Höhe abstürzen. Diese Themen können durch aktuelle Krisen begünstigt werden, aber erst einmal haben sie eine andere Funktion. Sie spielen im Traum nämlich etwas durch, was Kindern durch die Menschheitsgeschichte hindurch immer wieder widerfuhr. Das Kind, das davon träumt, sich vor einem Ungeheuer zu verstecken, liegt eigentlich sicher in seinem Bett. Aber im Traum erlebt es so etwas wie ein Manöver, um es für mögliche Ernstfälle vorzubereiten.

Unsere Sorgenfantasien knüpfen an die nächtlichen Schreckensträume gewissermaßen an. Beide haben dieselbe Funktion: uns auf Dinge einzustellen, die möglich, wenn auch nicht unbedingt wahrscheinlich sind. Sorge als archetypischer

Strom baut auf der Erfahrung auf, dass jede Sicherheit plötzlich schwinden, jeder Damm brechen, jede Entwicklung eine heikle Wende nehmen kann.

13.6 Sorge tragen, anstatt sich Sorgen zu machen

Sorgen sind also keine Feinde. Wo sie zur Aktivität führen, da sind sie hilfreich. Die größten Probleme haben wir mit Sorgen, die weder zur Aktivität führen, noch sich von selbst auflösen. Sie lähmen. Sie machen uns zu. Sie liegen als erdrückendes Gewicht auf unserer Beziehung zur Welt.

Wie gern da dauerhaft sorgenfrei sein, nicht wahr? Aller Sorgen ledig, nach einem Lottogewinn zum Beispiel. Solche Fantasien schleichen sich leicht ein, und zugleich weiß etwas in uns, dass sie in die Irre führen. Das mythische Bild der Cura lehrt, dass es kein gutes Ziel ist, sorgenfrei sein zu wollen. Denn Sorgen werden wiederkehren, solange wir hier sind.

Die folgende Trance-Sequenz kann helfen, das Verhältnis zur Sorge auf konstruktive Art zu modifizieren:

»*Sorgen haben mit Sorge zu tun ... also mit so schönen Dingen wie Für-Sorge oder Vor-Sorge ... Sorge hat nicht im Sinn, Gedankenschleifen zu produzieren ... in denen alles schiefgeht ... Sorge will dafür sorgen, dass alles gut wird ...*

Je weniger wir selbst aber Sorge tragen, desto mehr machen wir uns Sorgen ... Sorge will getragen sein ... lässt sich nicht abwimmeln ... lässt sich nicht einreden, dass Dinge nie passieren können ... Sorge kümmert sich ...

Kümmert sich aber um das Wahrscheinliche ... dass der Strom abgestellt wird, wenn die Rechnung nicht bezahlt wird, ist wahrscheinlicher als das abstürzende Flugzeug ... Sorge schaut, wo getan werden muss, was getan werden kann ... und packt an ...

Sorge verschwindet nicht ... dass tun nur die Sorgen ... Sorge sorgt, und alles wird leichter ... Sorge gut für dich und das, was dich umgibt ... deine Liebsten, die Wesen um dich herum ... das Stückchen Welt, das du bewohnst ... und dankbar ist für deine Sorge ... so dass du dich gut fühlen kannst, sorgend-unbesorgt.«

13.7 Die dunkle Seite der Fürsorge

Auch die Sorge kann umschlagen, sie hat eine Schattenseite. Das Vor-Sorgen zum Beispiel kann im zwanghaften Aufbewahren enden, auch im Geiz, bei dem wir dann aber spüren, dass die Angst wieder neu auflebt. Dagobert Duck ist ein schönes Beispiel dafür: Je mehr er hortet, umso mehr Möglichkeiten fallen ihm ein, wie er doch beraubt werden könnte. Seine schlimmste Fantasie ist es, als armer Mann unter einer Brücke zu enden, was kaum möglich ist. Sobald er aber auf Goldsuche geht und die armselige Kleidung seiner frühen Jahre trägt, wird Onkel Dagobert fröhlich, entschlossen und agil und kann für alles, was kommt, Sorge tragen.

Der andere dunkle Aspekt der Sorge ist die Über-Fürsorge, die sich selbst unentbehrlich macht. Pflege und Fürsorge haben auch einen machtvollen Aspekt, und wer für andere Sorge trägt, kann diesem Aspekt erliegen oder von vornherein von ihm angezogen sein.

Wir kennen das Wirken dieser dunklen Seite des Archetyps der Sorge in drei Variationen. Die noch harmloseste ist das Überbehüten, bei dem Heranwachsende sich nicht angemessen entwickeln können, weil die Angst der Eltern ständig neue Schutzmaßnahmen hervorbringt, die das Kind von der Welt fernhalten. Überbehütende Eltern sind selten ernsthaft gestört, oftmals sind sie selbst als Kinder eher unterversorgt geblieben und haben so nicht das rechte Maß an Fürsorge für sich gefunden.

Aspekte der Überfürsorge finden wir mitunter auch in klinischen Berufen. Zumeist spüren dies Patienten und Patientinnen auch, wenn etwa der Zahnarzt einen Zahn prophylaktisch doch lieber entfernen, die Psychologin die Therapie doch lieber noch länger fortführen möchte, obschon in beiden Fällen Patient und Patientin bereits behandlungsmüde sind.

Naheliegend ist, dass es sich bei diesen klinisch Tätigen um jene »hilflosen Helfer« handelt, von denen Wolfgang Schmidbauer schrieb (Schmidbauer 2013). Der Psychoanalytiker erkannte die Abwehr von eigener seelischer Not als eine problematische Triebfeder der helfenden und heilenden Berufe.

Die zweite Variation der dunklen Seite des Archetyps der Sorge ist grausam und hat ein eigenes Krankheitsbild hervorgebracht, das Münchhausen-by-proxy-Syndrom (auch »Münchhausen-Stellvertreter-Syndrom«). Der britische Kinderarzt Roy Meadow hat das Syndrom erstmals Ende der 70er Jahre beschrieben (Meadow 1977). Bei diesem Störungsbild fügen Menschen, zumeist Frauen, Kindern oder Pflegebedürftigen Schaden zu, um ihnen hinterher Fürsorge und ärztliche Behandlung zukommen zu lassen (Fischer 2013).

Die dritte Variante der dunklen Seite des Sorgen-Archetyps geht von Organisationen aus, von Ämtern und staatlichen Behörden. Hierbei werden manchmal einzelne, oftmals aber auch ganze Bevölkerungsgruppen zum Gegenstand der übermäßigen Für- oder Vorsorge (Groys 2022). Sorge dieser Art kann zu überzogener Machtausübung führen und im Zweifelsfall auch brutal agieren.

13.8 Die Sorge zu sich einladen

Um dem dunklen Aspekt der Sorge im eigenen Selbst angemessen zu begegnen, gibt es einen Königs- und Königinnenweg, die Selbstfürsorge. Sie fällt vielen Menschen schwer, weil wir lernen, uns selbst als funktional wahrzunehmen und die Funktion des Sorgens von anderen zu erhoffen.

So kann es geschehen, dass wir als Therapeuten oder Erzieherinnen oder auch als Eltern sorgend-unterversorgt sind. Unsere fürsorgenden Anteile werden abgegeben, und für uns bleiben Reste. Wir bräuchten nun auch wiederum jemanden, der oder die sich um uns kümmert. Wo diese Person aber fehlt, werden wir Symptome des Mangels spüren, vielleicht der Selbstentwertung.

Sich nun vermehrt um sich selbst zu kümmern, wie es wohlmeinenden Empfehlungen entspricht, ist nicht immer die Lösung. Hierbei erscheinen dann wieder andere als unterversorgt – Kinder, Klienten, Patientinnen. Eine schöne Möglichkeit ist es, hier mit der Sorge als erlebter Person zu arbeiten, sie gewissermaßen einzuladen. Hierfür eignet sich die folgende Trance:

»*Wenn Sie Ihre Augen schließen... und dabei in einem sanften Kontakt mit all dem bleiben, was Sie beschäftigt... so dass Sie es wahrnehmen können, ohne dass es zu groß wird ... wahrnehmen, denn was zur Sorge führt, will wahrgenommen werden ... hat ein Recht darauf, möchte Gutes ...*

Und wenn Sie sich nun vorstellen ... dass die Sorge eine Person ist ... eine Gottheit womöglich ... mit ganz eigener Weisheit ... dann laden Sie die Sorge zu sich ein ... Frau Sorge ... oder Herrn Sorge ... oder Sorge als ein Gegenüber ... mit guter Absicht, gutem Willen ... einem guten, tiefguten Wollen ...

Sie laden sie ein ... und sie wird Ihnen erscheinen ... tritt Ihnen gegenüber ... tritt mit Ihnen in Kontakt ... kann befragt werden ... weiß, was zu tun ist ... kann helfen und weiß, was zu tun ist.«

Wird die Sorge in Trance zur Person, so erscheint sie oft als be-sorgt blickende, aber helfende Frau. Eine Krankenschwester zum Beispiel, eine fürsorgliche Freundin.

Manchen Klientinnen und Klienten fällt es aber schwer, die Sorge als Person unnmittelbar um sich zu spüren. Es ist dann, als hätten sie einer für-sorgenden Autorität Einlass gewährt, die auch kritisch erlebt werden kann. Gerade Menschen, denen die Selbstfürsorge schwer fällt, erleben ja oft ein kritisches Auge auf sich, und dieser introjizierte strenge Blick kann mit der personifizierten Sorge vermischt werden.

Ich würde dann vorschlagen, sorgenden Personen bei der Für-Sorge zuzuschauen. Hierbei eignen sich besonders drei mythisch grundierte Gestalten, nämlich der Hirte, die Gärtnerin oder die Amme. Sie besetzen jeweils einen anderen Aspekt fürsorglichen, pflegenden Handelns. Der Patient oder die Patientin kann wählen, wem sie in Trance begegnen und beim Sorgen zuschauen möchte.

Was den Hirten angeht, so enthält die Bibel das Gleichnis vom guten Hirten, der achtgibt, dass keines seiner Schafe sich verirrt und nicht heimfindet. Dieser gute Hirte, der in Trance gezeigt wird, erscheint als verantwortungsbewusst und liebevoll, aber auch als tapfer. Wir können uns vorstellen, wie er sich angreifenden Tieren entgegenstellt. Und wir wissen, dass er nicht zögert, ein im Dorngestrüpp festhängendes Lamm zu befreien, wobei er sich vermutlich schmerzhafte Kratzer zuzieht. In Trance könnten die Klientin oder der Klient dabei zuschauen, wie der Hirte die Tiere hegt, sie umsorgt und ihnen gibt, was sie brauchen. Und dabei doch ganz in sich ruht.

In der Gärtnerin-Trance begleitet die Klientin eine freundliche Gartenpflegerin, die auch durchaus ein wenig hexenhaft erscheinen darf. Sie gießt nicht nur und schneidet zurecht, sondern wir können sie in Trance mit den Pflanzenwesen reden lassen, ihr zuschauen, wie sie Bäume und Blumen leise berührt und wie sie Freude an dem Wachsenden hat, das sie umgibt.

Wo die gärtnernde Instanz in männlicher Form erscheint, da kann ein Bild erste hilfreiche Vorstellungen wecken. Ein Gemälde von Emil Nolde trägt den Titel »Der große Gärtner«. Man sieht eine männliche Gestalt sich über Pflanzen neigen. Eine große Sanftheit geht von dem Mann aus. Mit dem Gärtnern verbindet er die Freude am Wachstum sowie die kleinen Eingriffe, die notwendig sein können, um das Wachsen aller zu gewährleisten. Ebenso wie bei der Gärtnerin erlebt er in seinem Tun einen energetischen Rückstrom; die Kraft der Natur gibt ihm etwas zurück.

Die Amme schließlich sorgt auf besondere Weise. Sie nährt ein Kind, das nicht ihres ist, indem sie ihm durch ihre Milch Lebenskraft schenkt. Dem archetypischen Bild der sorgenden Amme haftet aus diesem Grund etwas Selbstloses an. Dies Bild wird, da es uralt und bewährt ist, durch historische Fakten kaum berührt. So wies die Soziologin Élisabeth Badinter nach, dass im 18. Jahrhundert in Frankreich viele von Ammen versorgte Kinder elend zugrunde gingen (Badinter 1988). Doch das Bild einer liebevollen Frau in unserem Unbewussten, die bereitwillig ihre Milch einem anderen Kind gibt und es nährt und versorgt, blieb von Fakten wie diesen unbeeinflusst.

Der Schweizer Körperpsychotherapeut Franz Renggli konnte zeigen, dass Menschen, die selbst zu wenig Fürsorge bekamen, seelisch davon profitieren, ein Baby zu tragen (Renggli 2014). Fürsorge scheint offenbar nicht nur der Abwehr dienen zu können wie im Fall der »hilflosen Helfer«, sondern auch emotional heilend wirken zu können. Hirte, Gärtnerin und Amme können zeigen, wie aus dem fürsorgenden Strom in dem Moment etwas zurückfließt, wo man sich ganz selbstverständlich auf ihn einlässt und das Begehren von etwas anderem in den Hintergrund tritt.

13.9 Selfcare mit dem Archetypus der Sorge

Helfende, medizinische und soziale Berufe mit ihrem hohen Risikofaktor für den Verlust des eigenen Wohlbefindens bedürfen einer besonderen »Sorge um sich« (Gussone & Schiepek 2000). Auch junge Eltern kennen dies und dasselbe gilt für Menschen, die sich stark für andere engagieren, als ehrenamtliche Unterstützer und Unterstützerinnen etwa, die anderen bei Gängen zum Sozialamt helfen.

> In einer abendlichen Supervisionsgruppe finden alle Teilnehmerinnen und Teilnehmer in Trance eine sie betreuende, aufmerksame Instanz. Bei manchen hat sie ein vertrautes Gesicht, etwa das einer liebevollen Großmutter. Bei anderen kommen märchenhafte Gestalten herbei, braune Hutzelweiblein, runde Hexen, die Liebe ausstrahlen. Anders als eine Mutter oder eine Heilerin sind die aus dem

unbewussten kommenden Instanzen nicht mit uns identifiziert und doch für uns da. Sie haben keinerlei Erwartungen an uns. Liebevolle Aufmerksamkeit und wachsame Fürsorge prägen sie ganz und gar. Wir vereinbaren, dass die in Trance gefundene fürsorgende Person den kommenden Tag über da sein wird. Danach wollen wir Erfahrungen sammeln.

Ein Überblick ergibt: Die meisten Teilnehmenden haben weibliche Instanzen zur Fürsorge bekommen. Einmal gibt es auch einen Mann, der aber zwergenhaft erscheint. Der Kollege spricht von einem »Heinzelmann«. Und in zwei Fällen sind es Tiere, eine Bärin und ein wolliger Hund, die nicht nur fürsorgend wirken, sondern sich auch zum Kuscheln anbieten.

Auffallend ist: Alle Kolleginnen und Kollegen haben ihre Aufmerksamkeit verlagert und einen anderen Blick für riskantes Verhalten entwickelt. Die Verhaltenskonsequenzen während der Arbeitszeit waren zum Beispiel: weniger Kaffee trinken, die Mittagspause frei halten von SMS und WhatsApp, langsam und bewusst einen Snack zu sich nehmen, eine Atemübung machen, sich selbst noch einmal aufmunternd im Spiegel anschauen.

Und auch am Abend, so berichteten Teilnehmende, war etwas anders geworden. Es dominierte ein anderer, freundlich-verantwortungsvoller Blick auf sich selbst. Anstelle von gewohnten Fernseh- oder Chat-Ritualen kam die Frage auf, was denn jetzt wirklich gut und wirklich schön wäre.

Ist die so entstandene Selbstfürsorge nun etwas, was rein archetypisch gespeist ist? Oder ist hier auch ein Ich-Zustand, also ein Anteil des individuellen Unbewussten beteiligt? Eine gemeinschaftliche Erkundung erbringt: Die erfahrene Aufmerksamkeit und Fürsorge schien eine elementare Kraft und Ernsthaftigkeit zu besitzen, die ungewöhnlich groß war. Auch an fürsorgende Tätigkeiten gewöhnte Kolleginnen und Kollegen erfuhren in der Trance, dass hier anscheinend noch etwas anderes wirkte, das älter war und den persönlichen Raum überstieg.

14 Der Archetyp des Orts der Gesundung

14.1 Der Ort der Gesundung als spirituell aufgeladener Ort

Nicht überall können wir psychisch und psychosomatisch heilen. Manchmal müssen Bedingungen erfüllt sein, damit es uns besser gehen kann. Mit einer Wohnung könne man einen Menschen töten wie mit einer Axt, hat der russische Schriftsteller Maxim Gorki gesagt. Mancher Ort geht aber auch wie ein Lebenselixier in uns ein und wird so zum Mittel der Genesung, ja, womöglich sogar dasjenige, wo und wodurch ein Mensch ganzheitlich gesund wird.

Vordergründig widerspricht das einer naturwissenschaftlich basierten Heilkunst. Die Wirkung eines experimentell erprobten Arzneimittels zum Beispiel muss vom Ort der Einnahme unabhängig sein. Auf einer seelischen Ebene jedoch ist dies anders. Hier können Orte als etwas erfahren werden, was Wissen birgt, Energien bewahrt oder wo Kräfte wirken, die die Naturwissenschaft nicht kennt und die gleichwohl »da« sein können.

Eins ist zumindest gewiss: Menschen haben zu allen Zeiten heilige, heilende Orte gekannt. Es waren Orte, an denen der Gott anwesend schien, ein Orakel sprach oder ein Mensch eine Offenbarung erlebt hatte. So gab es bedeutende Kultstätten für den mythischen göttlichen Arzt, Asklepios (Kerényi 1956). Quellen und Baumkreise, Moore und aufragende Felsen boten den naturnahen, polytheistischen Religionen Orte der Anbetung und des Opfers. Monotheistische Religionen hielten stattdessen jene Orte heilig, an denen etwa der Prophet Mohammed sich in die Lüfte erhob oder an denen der heilige Franziskus seine Visionen erfuhr.

Wie stark der Archetyp des Orts der Gesundung auch ohne individuellen Bezug wirkt, erkennen wir daran, wie viele Menschen auch heute mit großen Hoffnungen zum Beispiel nach Lourdes pilgern, Wallfahrtskapellen aufsuchen oder in der Lukas-Grotte auf Malta beten. Alle diese Orte stehen im Ruf, dass hier Heiliges wirkt und Heilung in vielfältiger Form hier schon geschehen ist. Und die Menschen, die hierhin kommen, haben zumeist vieles schon probiert und hoffen nun darauf, dass etwas Anderes als die evidenzbasierte Medizin und Psychotherapie ihnen womöglich helfen wird.

Als moderne Therapeutinnen und Analytiker würden wir argumentieren, dass hier vor allem die Suggestivkraft eines Ortes wirkt. Das ist – auch – richtig. Denn die große Zahl derer, die an den betreffenden Orten Heilung oder Linderung erfuhr, strahlt auf die, die kommen, suggestiv zurück.

Was sich an Erwartungen mit dem heiligen Ort verbinden kann, hat Henry Miller nach einer Griechenlandreise einmal so ausgedrückt:

> »Wenn alle Chirurgen, alle Psychoanalytiker, alle Ärzte von ihrer Tätigkeit weggeholt werden könnten und sich für eine Weile im Amphitheater in Epidauros versammelten, wenn sie in Ruhe und Frieden die dringenden Bedürfnisse der Menschheit eingehend erörtern könnten, würde die Antwort sehr rasch erfolgen, sie würde einstimmig lauten: REVOLUTION – eine Weltrevolution von oben bis unten, in allen Ländern, allen Klassen, in jeder Schicht des Bewusstseins.« (Miller 1991, S. 66)

Interessant ist, dass Miller mit seiner Sehnsucht nach einer spirituellen Revolution vor allem die Ärztinnen und Psychoanalytiker als bedürftig ansieht. Ganz offenbar empfindet er an diesem heiligen Ort eine solche Zwingkraft, dass er Berufsgruppen zu *einer* Denkungsart bringt und seelische Erleuchtung jenseits von beruflichen Ausbildungen hervorbringt. Das ist nur denkbar, wenn der Ort das Göttliche gewissermaßen in sich hat – und wenn man also, ihn aufsuchend, gar nicht anders kann, als vom Göttlichen berührt zu werden.

Auch haben Menschen zu allen Zeiten Kultstätten gekannt, die Heilung begünstigten. Ich bin selbst mit den Externsteinen aufgewachsen, und wenn Menschen heute hier eine spirituelle Kraft suchen, die sie seelisch oder körperlich erfassen und heilen soll, dann kann ich das nachvollziehen, denn diese ehrwürdige Steinformation strahlt eine Kraft aus, die man schwer erklären, wohl aber fühlen kann. Etwas Ähnliches erleben Menschen auch in Stonehenge oder in Carnac angesichts der Menhire, von denen niemand verlässlich weiß, von wem und warum sie aufgestellt wurden. Inzwischen scheint jedoch ziemlich sicher, dass von Carnac aus magnetische Kräfte wirken (Wilson 2006).

14.2 Der Ort der Gesundung als innerer Ort

Manche Menschen suchen weniger spirituelle Orte auf als vielmehr solche, die sie mit persönlichen Umständen verbinden. Menschen, die lebensbedrohlich erkrankt sind, äußern zum Beispiel immer wieder den Wunsch, noch einmal dorthin zurückzukehren, wo sie als Kinder spielten, ihre ersten Freundschaften schlossen oder sich noch frei von jenen Verpflichtungen erfuhren, die ihnen später Probleme bereiteten.

Andere fühlen sich zu Orten hingezogen, an denen sie so etwas wie rituelle Übergänge erlebten. Der Ort der ersten Liebe; der Ort, an den sie sich zum ersten Mal ohne erwachsene Begleitung zu reisen trauten. Die Stadt, in der man studierte oder die Meisterschule abschloss; das Land, in dem man erstmals in einer fremden Sprachkultur auf sich allein gestellt war.

Manchmal finden die Reisen an frühere Orte vor allem in der Erinnerung statt. Und hier beginnt die hypnotherapeutische Arbeit mit dem Archetyp des Ortes der Gesundung. Sie hat den großen Vorteil, dass das Reisen jederzeit stattfinden kann und keine Gesundheitsvorschriften es einschränken können. Auch können wir in

Trance nicht nur an alte, vertraute Orte reisen, sondern diese sogar unverändert vorfinden, was in der äußeren Welt nahezu unmöglich ist.

Ein Patient zum Beispiel erinnert sich an eine Rhododendron-Hecke, in deren Innerem er so etwas wie eine unberührte Lichtung gefunden hatte. Eng umwachsen und nur für das biegsame, noch eher dünne Kind zu erreichen gab es da nun einen Platz, zum dem hin die Erwachsenen nicht gelangen konnten und der daher frei bleib von den Richtlinien und Forderungen der Erwachsenenwelt.

Ein anderes Beispiel gibt eine Klientin, die sich immer dann, wenn sie sich leer und ausgebrannt fühlt, an eine Imbissstube erinnert. Hier hatte sie als Kind in den Ferien an der Ostsee manchmal zu Mittag gegessen. Und der Fritteusengeruch sowie die aus dem Radio kommende Popmusik hatten diese »Pommesbude« zu einem frohen Ort ihrer Kindheit gemacht. Einen solchen Ort werden sich Therapeutinnen und Berater nur schwerlich einfallen lassen, er erscheint gänzlich unglamourös. Doch wann immer die Klientin sich, unterstützt von Popmusik aus der Zeit ihres Heranwachsens, in die Erinnerung sinken lässt, erstrahlt die Pommesbude in jenem verheißungsvollem Glanz, den die kindliche Psyche auch anscheinend sehr Banalem zu verleihen vermag.

Eine bewährte hypnotherapeutische Methode, die manchmal in so etwas hineinführt, aber auch Fantasien zu öffnen vermag, ist zum Beispiel das Arbeiten mit dem »Safe Place«, einem inneren Ort, an dem wir ganz sicher sind. Diese Methode, deren Begründung in personeller Hinsicht nicht zweifelsfrei zu ermitteln ist, hat besonders bei Menschen, die unter Ängsten leiden oder die infolge von Traumata die Welt als gefährlichen Ort kennen gelernt haben, eine entspannende und Stress reduzierende Wirkung.

14.3 Der Weg zum Ort der Gesundung

»Wenn Sie die Augen geschlossen haben, können Sie in Begleitung meiner Stimme auf eine Wanderung gehen…. eine sehr besondere Wanderung, denn sie führt Sie an einen Ort… einen besonderen Ort… an den Ort Ihrer Gesundung. Dieser Ort kann vielerlei sein… eine Waldlichtung oder ein Meeresufer… ein kultischer Ort oder ein scheinbar ganz gewöhnlicher… womöglich ein Ort, den Sie kennen; vielleicht aber auch ein Ort, den Sie niemals zuvor gesehen haben… ein Ort Ihrer Heilung, Ihrer Genesung… und er ist mit allem ausgestattet, was Ihnen wohltut… Sie aufnimmt und Sie wohltuend umgibt… das Licht genau so, wie es gut ist für Sie… Geräusche ganz angenehm… und es riecht gut da, richtig gut… und was Sie berühren, worauf Sie sich setzen oder legen mögen, ist angenehm und gut zu Ihnen…«

14.3 Der Weg zum Ort der Gesundung

Die Patientin, zu der ich dies sage, ist eine an Krebs erkrankte Kollegin. Ich weiß, wie umtriebig sie lebt und wie sie sich überdies für ihre Familie einsetzt. Ihr Engagement ist zu hoch, das weiß sie selbst. Entlastung findet sie kaum. Überdies erlebt sie die Ärztinnen, und Pflegekräfte, mit denen sie nahezu täglich zu tun hat, als fordernd und wenig Raum gewährend.

Als ich ihr vor diesem Hintergrund eine Trance mit dem Ort des Gesundens anbiete, ist sie erstaunt: Ein Ort des Gesundens, was soll das sein? Kann ich hierzu mehr sagen? Ich spüre, dass die angebotene Erfahrung eine leichte Unsicherheit auslöst. Ehe ich meine Kollegin mit auf die eben zitierte Trance-Reise nehme, erläutere ich daher ein paar Dinge, die den Einstieg als Wissenshintergrund erleichtern.

Der Ort der Gesundung ist ein ganz und gar auf uns zugeschnittener, mit uns verbundener Ort. Ein Ort in unserem Unbewussten, oder aber einer, der mit unserem Bewusstsein korrespondiert. Manchmal sind es Orte, die früher für uns Bedeutung hatten, wie oben geschildert. Manchmal aber sind es Orte, die als Bilder in uns warten oder sich uns in Träumen anbieten.

Dass Träume zu Orten der Gesundung zu führen vermögen, ist ein wiederkehrendes Motiv in Märchen und Legenden. Märchen zeigen uns, wie Archetypen wirken (von Franz 2019). In den mythischen Geschichten muss ein verletzter Mensch oft wandern und gelangt dann an eine Stelle, wo Genesung möglich wird. Dort können Wesen beheimatet sein, denen Heilkraft gegeben ist oder die um Heilungsprozesse wissen.

Orte des Gesundens sind oft stark auf die Natur bezogene Orte: in einem Berg; in einer Hütte im Wald; an einem See. Noch nie habe ich erlebt, dass Patientinnen oder Analysanden sich auf ein Labor, eine technisch hochgerüstete Klinik oder ein futuristisch anmutendes Institut bezogen hätten. Möglicherweise ist hier auch eine Abkehr von der technischen Seite der Medizin zu erkennen. Wahrscheinlicher aber ist, dass hier ein altes Wissen uns erleben lässt, dass Heilen aus der Natur kommt und mit den Kräften der Natur geschieht.

Grundsätzlich sind zwei Wege geeignet, um Menschen ihre Orte der Gesundung finden zu lassen. Der eine führt über eine Trance wie die oben wiedergegebene. Dies ist für viele ein guter Weg, erlaubt er doch, die unbewussten Präferenzen wirken zu lassen und dem kollektiven Unbewussten selbst einen Raum der Gestaltung zu eröffnen.

Wo Patientinnen oder Klienten hierzu nicht bereit sind oder in Trance keinen eindeutigen Ort finden, können wir welche anbieten:

»*Was glauben Sie, welcher Ort für Ihre innere Genesung am besten geeignet sein könnte? Ich biete einige hierfür an, und Sie spüren nur in sich hinein ... in Ihre Gefühle, Ihre Körpersignale ... es könnte ein Ort sein, der mit Naturkräften zu tun hat, etwa in einem Wald oder auf einem Berg ... vielleicht auch zieht es Sie eher zum Wasser, und Sie möchten beispielsweise aufs Meer ...*«

Erst wenn auch dies keine Entscheidung herbeiführt, ist es angezeigt, selbst einen Vorschlag zu machen und den Ort der Gesundung von therapeutischer Seite her einzuführen. Das kann dann etwa so klingen:

»*Ich merke, es fällt Ihnen schwer, einen Ort für sich und Ihre Gesundung zu finden … manchmal ist unsere Psyche mit allzu vielem beschäftigt, und dann ist es nicht so leicht … Ich mache Ihnen daher einen Vorschlag: Ich meine, erspürt zu haben, dass Sie einen Rückzugsort brauchen … etwas, wo Sie für sich sind …*«

So oder so ähnlich könnte die suggestive Einladung klingen. Sie kann erweitert oder korrigiert werden, je nachdem, wie die ersten Erfahrungen am vorgeschlagenen Ort der Gesundung ausfallen. Gut ist es, für den Anfang ein kleines Signal auszumachen, um sicherzustellen, dass der gefundene Ort als angenehm erfahren wird.

»*Und während Sie nun mit Unterstützung meiner Stimme dorthin gehen, wo Sie genesen können … wo es gut für Sie sein wird … geben Sie mir ein kurzes Signal, wenn Sie angekommen sind … einmal mit dem Kopf nicken genügt … ah, danke, ganz toll … und dann ein zweites Signal, ein zweites Nicken, wenn alles gut ist … wunderbar, danke.*«

Die Behutsamkeit dieser Vorgehensweise stellt sicher, dass Patientinnen oder Analysanden auch am Anfang der Trance noch leicht zurückkehren und einen anderen Ort für ihr Gesunden auswählen können.

Wenn ich nun im Folgenden einige mögliche Orte der Gesundung anhand von Beispielen darstelle, so ist es mir wichtig, dass dies keine erschöpfende Reihung ist. Wohl sind es Orte, die ungewöhnlich oft als heilsam erlebt werden. Neben den naturbezogenen Orten aber könnte es überdies andere geben, die zum Beispiel an Bauwerke oder Städte geknüpft wären.

14.4 Die Höhle des Gesundens

An schweren Krankheiten wie Krebs erkrankte Menschen zeigen oft eine Tendenz zum Rückzug. Das liegt vielleicht im Bild der Krankheit selbst begründet, denn der Krebs ist ja ein Tier, das seitlich läuft, und in der Krebskrankheit tritt ein Mensch aus seinem linear erfahrenen Lebensweg seitlich heraus.

Wahrscheinlicher aber ist, dass die Tendenz zum Rückzug eigentlich ein Schutz vor zu vielen Reizen darstellt und überdies eine Rückbesinnung bedeutet. Ein Zurückziehen aller Kräfte dorthin, wo sie gebraucht werden. Kaum jemandem gelingt dies aber ohne Hilfe. Zu gebannt sind wir von Angst und zu paralysiert von schlechten Prognosen. So dass der Rückzug oftmals nicht wird, was er sein könnte, sondern in eine depressive Entwicklung einmündet.

Um dies zu verhindern, arbeite ich mit dem Bild der Höhle der Gesundung. Sie hat etwas Bergendes, Behütendes und birgt zugleich wertvolle Geheimnisse:

14.4 Die Höhle des Gesundens

»Und während Sie die Augen geschlossen haben und meine Stimme bei sich wissen, begleite ich Sie an einen inneren Ort, der ganz für Ihr Gesunden da ist. Kein Ort in den Städten, nein, dieser Ort ist eine Höhle – eine Höhle, in der es einen Raum gibt; den Raum Ihres Gesundens. Kann sein, es ist eine Höhle im Felsgestein oder eine Höhle im Boden. Kann sein, eine Höhle irgendwo am Grund des Meeres oder eines Sees, und dann werden Sie unter Wasser atmen können. In jedem Fall ist es ganz Ihre Höhle, nur für Sie da. Und sie ist mit allem ausgestattet, was Sie für Ihre Gesundung brauchen können. Vertrautes ist dabei und Fremdes ... Manches seltsam zauberhaft, anderes ganz handfest ... Und es ist ganz Ihr Raum, ganz Ihre Höhle. Hier, wo Sie zu sich kommen, wo Ihre Genesungskraft sich entfalten kann, wo Sie auf die beste Weise für sich sind, mit sich und bei sich. Und die Höhle, das spüren Sie, nimmt Sie auf. Nimmt Sie auf und ist wohlmeinend mit Ihnen. So dass Sie sich sicher fühlen und wohl. Und das Werk der Gesundung beginnen kann, hier ... Hier in Ihrer Höhle des Genesens und Gesundens.«

Woher kommt die Höhle? Berechtigte Frage. Antwort: Sie ist einfach da. Warum wissen wir dann nichts von ihr? Antwort: Weil wir nicht nach ihr fragen. In uns gibt es vieles, was da ist, aber nie wahrgenommen wird, weil wir nicht danach fragen.

Nach etwas Archetypischem zu fragen bedeutet, es in uns aufzurufen. So etwas allein zu machen kann schwer sein und kann auch schiefgehen, weswegen es besser ist, wenn ein guter Therapeut, eine gute Ärztin Sie begleitet. Manchmal aber auch geschieht etwas, kaum dass wir uns hinlegen oder sitzend und ruhend die Augen schließen und unsere innere Stimme sagt: »Ich möchte in meine Höhle der Gesundung. Dorthin, wo alles so ist, dass ich genesen kann. Dorthin, wo das Werk meiner Gesundung beginnen und seinen Fortgang nehmen kann.« Und dann ist die Höhle plötzlich da.

Die Höhle der Gesundung aufzusuchen bedeutet so etwas wie einen Ebenenwechsel des Bewusstseins. In der keltischen Mythologie gelangen wir durch Löcher im Boden in die Anderwelt. Höhlen im Berg sind die Orte des Winterschlafs etwa bei den Bären. Höhlen bergen uns vor schlechter Witterung, Höhlenmenschen sind unsere Vorfahren, in Höhlen haben frühe Menschen ihre Riten begangen und die Wände mit ihren Zeichnungen geschmückt. In Höhlen können wir uns der Erdmutter nahe fühlen, wir sehen mit anderen Augen als draußen im Licht. Manche in Höhlen lebende Wesen sind blind oder schwachsichtig, was bedeutet, sie nehmen anders war. Und nichtsdestotrotz: Höhlen sind Orte des Überlebens und sie waren es immer.

Alles dies weiß unser Unbewusstes. Indem ich es aufzähle, wissen auch Sie als Lesende, dass Sie das meiste schon wussten, obschon es gerade vielleicht nicht auf der Benutzeroberfläche Ihres Bewusstseins war. Mit dem Ankommen in der Höhle des Gesundens aber ist all dies Wissen schlagartig da. Nicht in einem kopfigen Sinn, nicht als Wissen, mit dem Sie Prüfungen bestehen würden, sondern als erlebtes Wissen, als gefühlte Präsenz eines größeren Wissens, das mit einem Mal da ist und wie in dem folgenden Beispiel zugänglich wird:

> Meine Patientin hat ihre Augen nach der ersten Trance zum Ort der Gesundung wieder geöffnet. Der Ort, an den sie gelangte, war ein von Gold glänzender

Raum, der mit Teppichen ausgelegt war. Ein bisschen wie ein Räuberlager, in der edles Geschmeide und herrliche Stoffe verwahrt werden, nur dass es eben keine Diebe gibt, sondern nur selbstverständliche Pracht.

Wie es ihr ergangen sei, möchte ich wissen.

»Es war ... herrlich da. Alles ganz anders als im wirklichen Leben sonst. So prächtig und irgendwie auch wie in einer Kirche oder einem Tempel, nur dass es eben eine Höhle war. Und dann – als hätte ich unendlich viel Zeit, auch, um die Schönheit dort zu genießen.«

Sie lacht.

»So ganz anders als in der Klinik, wo die Ärztin immer von dem Zeitfenster spricht, in dem wir arbeiten müssten.«

Deutlich wird, dass der Ort der Gesundung hier nicht nur ein Ort der Pracht und der Schönheit ist, sondern auch ein Ort von etwas, was ich »Heilungsautonomie« nennen möchte. Heilungsautonomie bedeutet, das eigene Heilpotenzial zu sichern und es vor den gut gemeinten Übergriffen der klinischen Welt in Sicherheit zu bringen.

Sie erzählt mir, sie habe früher schon immer wieder das Bedürfnis nach einem Rückzugsort gehabt. Ich bin erstaunt, kenne ich meine Kollegin doch als hoch-, ja mitunter überengagiert. Sie nickt, weiß das selbst. Aber da waren wiederkehrende Blasenentzündungen, in denen sie immer das Gefühl hatte, von allem weg zu müssen. Nicht nur von der Sexualität, sondern von der Verfügbarkeit überhaupt.

Ich bin beeindruckt, wie das Bild der Höhle des Gesundens mit dem übereinstimmt, was als lange gehegte Sehnsucht in meiner Kollegin schlummerte. Sie erzählt, sie habe immer wieder darunter gelitten, so schnell auf etwas »anzuspringen« – scheinbare Bedürftigkeiten anderer, vielleicht auch mitunter gar nicht so drängende Erfordernisse, wie es ihr in ihrer Wahrnehmung erschien. Auflachend zieht sie Bilanz wie nach einem Fußballspiel:

»Bei-sich-Bleiben verliert gegen Gebraucht-Werden.«

»Verlor«, sage ich, »wir sind noch nicht fertig.«

Ist es vielleicht möglich, sich zwei, drei Mal am Tag in die Höhle zurückzuziehen? Ich bereite hierfür ein kleines Tape vor, das wir mit der Memofunktion des Smartphones aufzeichnen.

14.5 Der Wald des Gesundens

Der Wald hat in den vergangenen Jahren einen neuen Ruf als Quelle des Gesundens bekommen. Aus Japan kam der schöne Begriff des »Waldbadens« zu uns, der darauf hinweist, dass man in den Wald eintauchen kann wie in ein belebendes Bad.

Auch in der »Ökopsychosomatik« von Clemens Arvay spielt der Wald eine bedeutende Rolle. In diesem Modell sind Menschen speziell über ihre Haut in einen funktionalen und kommunikativen Wechselkreis mit der Natur integriert. Arvay, der die Ökopsychsosomatik als konsequente Erweiterung der Psychosomatik sah, betonte insbesondere die Heikraft der Bäume, von denen er zum Beispiel die Zirbelkiefer hervorhob (Arvay 2019).

Wälder sind aber ursprünglich wilde Orte. In ihnen gedeiht eine ungewöhnliche Vielfalt, die eigenen Gesetzen folgt. Wer in den Wald ging, wollte sich verstecken, verirrte sich möglicherweise. Wer im Wald war, konnte unsichtbar werden, wurde zumindest sehr klein ... Ein Bild des Renaissance-Malers Albrecht Altdorfer, das den heiligen Georg mit dem Drachen zeigt, stellt diese Verhältnisse dar: Zunächst sieht man nämlich nichts als Wald und immer mehr Wald. Und dann erst, ganz klein im Verhältnis zur gewaltigen Waldlandschaft, sind da der Ritter und der Drache, die man fast übersieht ...

Im Wald stehen Hexenhäuser und leben sprechende Tiere. Gereihte Sträucher bilden undurchdringliche Wände, Bäume schweigen und wissen mehr. Pilze bilden Formationen, Wurzelwerke sind Halt und Stolperfallen zugleich. Mythische Wälder wie der Wald von Brocéliande oder der Teutoburger Wald bergen eigene Geheimnisse, im ersten Fall sind wir in Merlins Wald, im zweiten Fall bei den von Legenden umwitterten Externsteinen.

Und dann gibt es den Heiligen Hain. Den Wald, in dem die Gottheiten leben und die Geister. Dieser Hain wird mit Ehrfurcht betreten, man geht dabei über eine unsichtbare Schwelle. Heilige Haine gab es in vielen Kulturen, Kelten und Germanen kannten sie ebenso wie die Griechen der Antike. Dass Heilige Haine nichts Vergangenes sind oder sein müssen, zeigt der der Heilige Hain von Oshogbo in Nigeria, der die Wohnstatt der Göttin Osun ist. Der Hain besteht aus verschiedenen kleineren Hainen, die alle jeweils Gottheiten des Volkes der Yoruba geweiht sind (Beier 1975). Die aus Österreich stammende Künstlerin Susanne Wenger lebte und wirkte dort als Yoruba-Priesterin (Francia 1992).

Jegliche Seiten der Walderfahrung strömen in das archetypische Bild des Waldes mit ein. Daher muss der Wald der Gesundung nicht unbedingt der sein, in den wir zum Waldbaden eintreten. Gut möglich, dass unsere Patientinnen und Analysanden unheimliche Aspekte damit verbinden oder sich mythisch berührt fühlen. Umgekehrt kann der Wald der Gesundung für ein Heilung suchendes Stadtkind auch ein ganz stressfreier Ort sein, das Wäldchen auf einer Insel zum Beispiel, auf der sonst wenig Bäume stehen, oder aber der Stadtpark, der so gar nichts von dem dunklen Tann hat, von dem einmal die Lieder sprachen.

> Als ich einem Patienten davon erzähle, es könnte so etwas wie innere Orte der Gesundung geben, spüre ich eine gesteigerte Aufmerksamkeit. Er nennt sich selbst einen »Anywhere«, einen Menschen also, der sich im Gegensatz zu den »Somewheres« nicht an einen Ort und eine Kultur gebunden fühlt, sondern überall da leben und arbeiten könnte, wo man einen Laptop aufladen und ins Internet gelangen kann.
>
> Was ihn überall hin begleitet, ist eine Schmerzsymptomatik als Folge einer Gürtelrose. Die Schmerzen sind massiv, durch nichts, so der Patient, zu lindern, und es ist auch egal, ob er in einer Meeresbrise steht oder in einem Straßencafé am Rand eines stark befahrenen Boulevards sitzt.

Erste therapeutische Versuche mit der Erinnerung an Zeiten, bevor er erkrankte, haben dem Patienten Hoffnung gegeben. Dass es nicht nur ein Schmerzgedächtnis, sondern ein umfassendes Körpergedächtnis gibt, leuchtet ihm ein. Als ich nun anrege zu erkunden, ob es vielleicht innere Orte gibt, an denen sich der Körper des Patienten besonders wohl und angekommen fühlt, nickt er. In leichter Trance biete ich unterschiedliche Orte an und schaue nach ideomotorischen, unbewusst auftretenden Körpersignalen. Bei einem See oder einem Strand, die für gewöhnlich leicht als Wohlfühlorte imaginierbar sind, bleibt die Reaktion aus. Beim Wald hingegen ziehen sich die Mundwinkel zu einem leichten Lächeln nach oben – eine Reaktion übrigens, von der der Patient hinterher bewusst nichts wissen wird.

»Es ist ein Wald, den Ihr unbewusstes Wissen gewählt hat ... ein Wald der Gesundung und des Genesens ... und wenn Sie sich nun entscheiden, in den Wald Ihres Unbewussten zu gehen, dann spüren Sie bald, welche Art von Wald das ist ... ein Stadtwald vielleicht, wie viele von uns ihn kennen ... er lebt, er trägt die Kraft des Waldes in die Städte ... aber vielleicht suchen Sie einen anderen Wald, und Ihr Unbewusstes weiß das und geleitet Sie hin ... es gibt so viele Wälder, wilde Wälder, sanfte Wälder ... manche lind und leicht von hellem Grün durchstrahlt ... andere dunkel rauschend und man spürt ein altes Wissen darin ... und Sie finden ganz den Wald, der Ihnen Gesundung möglich macht ... finden ihn sicher und zuverlässig ...«

Es erweist sich, dass es nicht nur einen Wald der Gesundung in dem Patienten gibt, sondern sogar eine Hütte darin. Eine Hütte, in der er für sich sein kann und wo es nichts zu tun gibt, als zu sein und dem Rauschen der Wipfel zu lauschen. In seinem Unbewussten hat der Weltbürger mit transportablem Business etwas für sich gefunden, was seinem Bewusstsein fern war: einen Ort ganz für sich, inmitten der ruhenden Majestät der Wälder, in denen der Wind weht.

14.6 Der Berg des Gesundens

»Ich habe gedacht, ich schaffe es nicht. So anstrengend!«

Meine Patientin hat soeben in Trance einen Berg bestiegen. Wir hatten Zeichen verabredet für den Fall, dass sie während des Aufstiegs Pausen benötigte oder die Trance zu unterbrechen wünschte. Letzteres ist nicht nötig geworden, aber dreimal habe ich die Trance mit Ruhe- und Erholungssuggestionen aufgeladen und betont, dass jeder eigene Weg auch sein eigenes Tempo hat. Und wenn es ein Weg nach oben ist, dann ganz besonders.

Meine Patientin leidet an Long Covid, worbei sie besonders der Verlust an Ausdauer sehr quält. Sie arbeitet bereits mit einem Arzt zusammen, den auch ich kenne und schätze und der sie mit Sauerstoffgaben behandelt. Als ich mit ihr erwogen habe, für sich einen Ort der Gesundung zu finden, sind Berge aufgetaucht. Erst hohe Berge, eher ein Massiv, dann kleinere, bis am Ende die Hochgebirge durch eine Mittelgebirgslandschaft ersetzt wurden und sie einen Berg darin erwählte, den sie besteigen wollte.

Anders als die Höhle ist eine Bergeshöhe kein Ort, der einen aufnimmt und in dem man sich fühlen kann wie in der Ungeborenheit. Berge zu besteigen ist anstrengend, es kann kalt dort oben sein und windig. Auch schützt einen dort kaum etwas, wenn es denn wirklich einmal gefährlich werden sollte.

Viele Völker glaubten überdies, dass die Berge von Gottheiten oder Geistern bewohnt wären. Daher stiegen sie nicht hinauf, und es blieb Reisenden aus anderen Kulturen vorbehalten, die Berge zu ersteigen und damit sportlichen Ehrgeiz über mythische Ehrfurcht zu setzen.

Wo Berge nicht das Bild der Landschaft bestimmen, ändern sich die Zuschreibungen jedoch. Moses, in der Wüste erprobt und gehärtet, muss auf einen Berg, um Gott zu begegnen. Was er dort findet, ist »heiliger Boden«, um zu ihm zu gelangen, muss er die vertraute Welt verlassen.

Menschen, die bewusst auf Berge steigen, spüren mitunter, dass dies ganz andere seelische Prozesse in Gang setzt, als etwa am Meeresufer entlangzugehen oder durch einen Wald zu laufen. Die anders werdende Vegetation, der Eindruck von Einsamkeit, die Kälte – dies alles hat nichts Vertrautes, nichts, das unmittelbar zur menschlichen Seele spricht.

Zweimal habe ich selbst eigentümliche Begegnungen auf Bergen gehabt; beide Male bin ich nach dem Ersteigen dieser Berge erkrankt. Im Erkranken selbst spürte ich, dass hier ein Modus der Verarbeitung angeworfen wurde, der mich äußerlich zu wenig fähig machte, während die Träume im Fieber umso dynamischer waren.

Berge sind archetypisch betrachtet also Orte, an denen etwas wohnt und gefunden werden kann, was anderswo nicht ist. Und wovor man Respekt mitbringen muss, denn es ist keineswegs immer entgegenkommend und vermag kraftvolle Prozesse in Gang zu setzen, die nur da sinnvoll erscheinen, wo Patient oder Patientin weder übermäßig geschwächt noch allzu bedürftig sind. Eher ist das Arbeiten mit dem Berg der Gesundung da von Bedeutung, wo ein Mensch die Konfrontation sucht, den Überblick und auch die Einsamkeit des Darüber-Stehens.

Es ist dies Gefühl des Weit-Blickens, das auch meine Patientin nun hat. Klarer Blick in viele Richtungen. Der Berg ist nicht hoch, aber ein weiter Horizont ist gegeben. Überdies niemand da, der die quälenden und irritierenden Symptome des Long Covid belächelt oder in Zweifel zieht. Keine Not mehr, erklären zu müssen, warum einmal die Bürotreppe kein Problem darstellt und ein anderes Mal nach fünf Treppenstufen plötzlich Schluss ist. Es ist Einsamkeit, die sie hier oben findet, aber es ist eine gute Einsamkeit.

Der Berg wird in den kommenden Wochen zu einer festen Größe in wiederkehrenden Trancen. Dabei beginnt die Patientin zum Berg selbst eine Beziehung zu entwickeln. Sie empfindet ihn als Persönlichkeit, mit der sie in Dialoge tritt. Der Berg erweist sich als tief ruhige Instanz, und als er sie wissen lässt, er bewege sich selbst äußerst langsam, ist das ein Moment zwischen Weinen und Lachen.

14.7 Der See der Gesundung

Ein Seeufer; das Wasser dunkelgrau, fast schwarz. Das könnte in Irland sein, der Seelenheimat vieler mythisch Suchender. Da sind ein paar Menschen unterwegs, darunter Linus, mein Patient.
Was sieht er? Nun ja, einige Menschen eben. Menschen, die beieinander sind, kaum etwas tun.
»Eben *sind* und womöglich etwas *spüren* ...«
Dies kommt von mir, denn ich möchte den Blick auf etwas lenken, was der strenge, sehr an Effizienz orientierte Linus womöglich übersieht.
»Menschen, die aus einem Grund hier sind ...«
Linus schüttelt leise den Kopf. Doch ist dies kein verneinendes Kopfschütteln, eher von Verwunderung geprägt. Verwunderung, dass es so einen – dass es *diesen* Ort wirklich gibt.
Er hat den See ganz selbstverständlich in sich gefunden, als er in Trance auf dem Weg zum Ort der Gesundung unterwegs war. Und ist nun von dem See und dessen offenbar vulkanischer Beschaffenheit sehr erstaunt. Kein leuchtend blauer Bergsee, kein stiller See inmitten von blühenden Wiesen. Stattdessen dieser See hier, so geheimnisvoll, so düster.
Linus kommt einer Neurodermitis wegen, deren psychische Seiten er mit mir zu erkunden und in eine gute Richtung zu bringen hofft. Er hat seit seiner Kindheit immer wieder unterschiedliche Behandlungsformen durchlaufen, von denen seiner Ansicht nach nur zwei wirklich etwas »gebracht« haben: Achtsamkeitsmeditation und Zuckerdiät.
Und nun also dieser See, der in einer leichten Trance auftauchte. Ich war ein wenig darüber erstaunt, denn viele Menschen mit Hautproblemen suchen auch in Trance die See und das Meeresufer auf. Sie lernen früh, dass Kuraufenthalte am Meer die Symptomatik bessern, und so verwundert es nicht, dass das Unbewusste das Gelernte wieder aufruft.
Genau hier aber wird die archetypische Seite des Orts der Gesundung erkennbar. Archetypen rufen nichts individuell Gelerntes auf, sondern stehen mit kollektiven Speichern in Verbindung. Und diese zeigen Seen als etwas, was ganz anders wirkt als das Meer. Keine größeren Raubzüge wurden über Binnenseen geplant, eher schon versammelte man sich an ihnen, gründete Siedlungen, schuf menschengemäße Strukturen. Seen sind, anders als Meere, überschaubare Wasserflächen im Binnenland. Sie strömen selbst nicht, können aber durchströmt werden. Seen sind vielfältig – sie können schlammig oder von Felsen gerahmt

sein, tief oder flach, von Sediment getrübt oder kristallklar. Immer galten sie als Wohnstätte von Elementargeistern und mitunter unheimlichen Wesen.

Auch werden Seen, obschon sie in Winterstürmen heftig durchtobt sein können, zumeist als ruhige Orte wahrgenommen. In Adalbert Stifters Erzählung »Der Hochwald« erscheint ein dunkler See zugleich als ein ruhiges, zum Himmel blickendes Auge. Ein Auge, das gleichwohl unheimlich schauen kann und in dem sich die umliegende Welt mit Bäumen und Felsen still spiegelt. Wo aber sich etwas spiegelt, da muss der See eine spiegelnde Fläche sein, und eine spiegelnde Fläche ist ruhig.

Der See, den Linus in seinem Unbewussten fand, scheint verwandte Gefühle auszulösen. Irgendwie belebt wirkt der See, ruhig und unheimlich zugleich. Nicht geeignet für einen Nachmittag am Baggersee. Eher schon der Ort einer schicksalhaften Begegnung.

Ich schlage vor, sich für eine Weile am Ufer des Sees niederzulassen und zu schauen, was passiert. Linus ist einverstanden. Geraume Zeit geschieht nichts. Dann ein leises Plätschern. Aber nichts, was man sehen könnte. Ob er sich vorstellen könnte, mit den Füßen in den See zu gehen, gerade so weit, dass die Knöchel überspült werden? Nein, diese Vorstellung macht Linus Angst. Aber mit der Hand durch das dunkle Wasser streichen, das ginge.

Zu seiner Überraschung ist das Wasser angenehm warm. Und es riecht gut, als Linus an seiner feuchten Hand schnuppert. Herb, aber zugleich sanft und seltsam vertraut. Und irgendwie alkoholisch.

Und mit einem Mal ist eine Erinnerung da, an ein Urlaubsfoto seiner Eltern, die Linus früh verloren hat. Da ist auch ein See zu sehen, diesem hier nicht unähnlich. Nur dass keine weiteren Leute da sind.

Ich bitte Linus, seinen Assoziationen zu folgen, was den See und das eigentümlich duftende Wasser angeht.

»Alles, was mir einfällt, ist mein Vater mit einem Glas Whiskey. Da sagte er immer, man riecht die Torffeuer, und ich stellte mir das wahnsinnig heimelig vor.«

Linus wird sehr still, seine Augen bleiben geschlossen. Sein Vater ist früh verstorben, das weiß ich, aber Linus hat kaum von ihm erzählt. Deutlich mehr Raum haben seine beiden großen Schwestern bekommen, die nach dem Tod des Vaters die Mutter unterstützen wollten und zu Hilfserzieherinnen an Linus wurden

Nun rollen einige Tränen. Linus atmet ein und hustet dann, als würde die Assoziation der Torffeuer seine Atemwege reizen.

Hat er den Wunsch, mit seinem Vater in Trance Kontakt zu treten?

Ja.

Die nun folgende Begegnung ist tief anrührend und lässt den sonst sehr kontrollierten Linus hemmungslos schluchzen. Er erfährt, wird er hinterher sagen, seinen Vater ganz elementar, bis in die Berührungen hinein, die kratzigen Wangen, an die er sich schmiegt, die festen Hände, die ihn umgreifen. In der Folgezeit wird er seinen Vater immer wieder am See seines Gesundens treffen und der wird ihm helfen, seine noch unvollkommene Autonomie zu entwickeln.

14.8 Das Meer der Gesundung

Ungewöhnlich viele Menschen assoziieren mit einem Ort, an dem sie sich zutiefst wohl fühlen, Strände und Meeresufer. Was sie hier so tief berührt, kann die Sicherheit nicht sein. Ich lebe selbst hinterm Deich, und wer Sturmfluten kennt, wird nicht auf die Idee kommen, sich am Meer einfach sicher zu fühlen.

Was uns seelisch zum Meer zieht, ist wohl etwas Anderes. Möglicherweise unsere Herkunft, denn wir alle gehen auf das Leben im Meer zurück. Auch hat das Meer mit unserem Unbewussten vielerlei Bezüge, was zum Beispiel Wilhelm Reich und C. G. Jung dazu gebracht hat, im Motiv des Meeres im Traum Hinweise auf unbewusste Aktivität zu erkennen. Und was Heinrich Heine erklären ließ, er liebe das Meer wie seine Seele.

Wenn nun das Meer zum archetypischen Ort der Gesundung wird, so spielt vielerlei eine Rolle. Unsere Herkunft, aber auch die Einsamkeit, die man zum Beispiel an einem spätherbstlichen Strand ungefiltert erleben kann. Sodann der Umstand, dass das Meer uns immer irgendwie fordert, indem es uns Wellen entgegenschickt, dem Wind aussetzt und in mancher Weise ein Reizklima bereitet.

Wer am Meer steht, kann weit schauen. Zum Gefühl, den Elementen ausgesetzt zu sein, gesellt sich ein Gefühl der Freiheit, des Ungebärdigen, ja der Wildheit. Wildheit aber ist eine heilsame Größe, die von lebendiger Energie ganz durchzogen ist. Sich dem Meer zu stellen, es zu befahren, seine Tiefen zu ertauchen oder bei der ersten Herbstflut zuzusehen, wie das kommende Wasser langsam die Bänke am Weg überspült – alles dies ist Wildheit im Sinn einer lebendigen Energie, die auch in Trance unmittelbar zum Körper spricht.

Das Meer des Gesundens ist, anders als der Berg, die Höhle, selbst der Wald eigentlich kein Ort, den man seelisch erfassen kann. Meere sind zu groß, zu umfassend, keine Lebensräume für Menschen. Daher zeigt sich das Meer des Gesundens oftmals eher als ein Meeres*ufer*. Oder aber – seltener – das Meer wird in Traum oder Trance auf Schiffen befahren, wobei die Fahrenden oftmals ein Gefühl der Freiheit erleben, das das in ihrem realen Leben gefühlte an Intensität weit übersteigt.

> In meinem Fallbeispiel erscheint das Meer als ein märchenhafter Ort. Die Patientin sucht ihn allmorgendlich auf, entweder in Träumen oder in Trance. Sie erzählt, dass sie das Meer manchmal von oben sieht, dann steht sie an einer Steilküste. Doch kurz danach ist sie unten am Strand, und dann kommt das Meer ihr vor wie ein gigantisches Wesen, das ihr freundlich gesinnt ist. Und das ihr jeden Morgen etwas mitbringt. Denn da liegt immer etwas im Sand, kleine Muscheln, Hölzer, Schneckenhäuser. Einmal war sogar ein Ring darunter.
>
> Die Patientin liebt Geschichten, die mit dem Meer zu tun haben. Insbesondere »Die kleine Seejungfrau« von Hans Christian Andersen findet sie wunderbar. Auffallend ist, das das Meer in ihren Träumen und Trancen kein Biotop darstellt, nichts, was überhaupt mit Naturwissenschaften zu tun hätte. Und es leben auch andere Wesen dort. Tiere, ja, aber nicht jene Tiere, die ich als Biologe mit dem Meer verbände. Dafür sprechende Wale, die auch nicht unbedingt wie Wale

aussehen, und dann gibt es freundliche Wassergeister, die schon einmal an die Oberfläche kommen, um der Klientin zuzuwinken.

»Was für ein besonderes Meer.«

»Ja, nicht wahr? Als Sie sagten, ich soll meinen Ort der Gesundung finden, da wusste ich: Da draußen gibt es den nicht. Ich war ja immer für Fantasy empfänglich. Mein Ort muss anders sein. Und dann habe ich ihn geträumt. Sie wissen ja, bei mir kommt vieles im Traum.«

Ja, das weiß ich. Die Träume der Klientin sind oftmals sehr farbig, abenteuerlich, reich ornamentiert. Und einer dieser Träume hat dieses Meeresufer mitgebracht, das wir in Trance erkundeten. Die Trance erbrachte, das Meer sei lebendig und wesenhaft, ihr wohlgesonnen und freundlich. Und wann immer sie sich an dieses Meer begibt, in den Therapiestunden oder auch zunehmend allein und mit Hilfe einer Trance, die ich ihr auf das Smartphone gesprochen habe, sammelt sie die Mitbringsel ein, die am Strand zurückgeblieben sind und freut sich ihres Hierseins.

Man kann rätseln, inwieweit diese Mitbringsel etwas bedeuten, was zur unbewussten Psyche der Klientin gehört. Auch, inwieweit das personifizierte, lebendige Meer die Sehnsucht nach einer guten, womöglich mütterlichen Instanz verkörpert. Beides ist möglich, ebenso aber könnte das, was die Klientin hier erfährt, eine Fortsetzung kindlicher Abenteuerlust sein, in der die Mächte der Natur als beseelt erlebt werden und die kindliche Psyche das außen Vorgefundene mit ihrer Fantasie anreichert und sich so zu eigen macht.

15 Der Archetyp des wissenden Tiers

15.1 Die drei Wurzeln des Archetyps vom wissenden Tier

Ein Fuchs, der eine Warnung ausspricht. Weise Schlangen. Raben, die von Bedrohungen wissen. Der Adler, der das Totemtier des kleinen Yakari ist. Tiere sind in der Geschichte der Menschheit immer wieder als noch etwas Anderes wahrgenommen worden als eben »nur« als Tier. Als Gottheiten beispielsweise, aber auch als Dämonen. Und auch unsere Ahnen können nach altem Glauben mit uns über Tiere kommunizieren (Findeisen 1956).

So entstand ein Archetyp, den wir den »Archetyp vom wissenden Tier« nennen können. Das wissende Tier transportiert Kenntnisse, die wir nicht haben, die für uns aber von Belang sind. Es scheint mit etwas in Beziehung zu stehen, was wir nicht wahrnehmen. Und was als Wissen nur zu uns kommt, wenn wir dem Tier unsere Aufmerksamkeit schenken.

Der Archetyp des wissenden Tiers ist uns vor allem aus den Märchen vertraut. In ihnen ist von einer Zeit die Rede, in der Menschen und Tiere noch dieselbe Sprache sprachen. Und tatsächlich spricht der Fuchs, spricht der Rabe wie mit menschlicher Stimme.

Es wäre ein Fehler, hierin nur eine verspielte Fantasie zu sehen. Denn der Archetyp des wissenden Tiers verweist auf ein großes Potenzial. Er hat drei Wurzeln, die alle von Nutzen sind. Die erste Wurzel ist die Verknüpfung von Tieren mit speziellen menschlichen Eigenschaften. Die zweite Wurzel ist die gemeinsame Abstammung von Mensch und Tier. Und die dritte Wurzel hängt mit dem Tier als einem Wesen zusammen, durch das wissende Mächte sprechen, das Gottheiten begleitet und zu anderen Ebenen des Seins Zugang hat .. Zeus wird zum Stier in den Wellen, um Europa sexuell zu gewinnen. Wotan wird von zwei Raben umflogen, Hugin und Munin.

Das letztere Bild ist in die Sage vom Kaiser Barbarossa eingegangen. Der ursprünglich historische Kaiser soll im Kyffhäuser in einer Höhle weiterleben und Raben geben ihm Kunde, wann es Zeit ist, zurückzukehren. Diese Sage ähnelt der keltischen Legende von Bran, wo Vögel in London um den »White Tower« kreisen. Der Legende zufolge ließ Bran, durch Magie todeswund, seinen abgeschlagenen Kopf unter dem weißen Turm begraben. Ein Unterschied springt freilich ins Auge. Die Vögel Brans kreisen, solange England sicher ist. Die Vögel an der Kyffgrotte sind dagegen ein Zeichen dafür, dass der Kaiser noch nicht wiederkehren kann.

Man kann die beiden Raben als Teile der Tiernatur auffassen, in die der Schamanengott Wotan sich hineinzuversetzen vermag (Höffgen 2023). Es ist eine universelle Methode von Heilern, Hexen und Schamanen, sich partiell in Tieranteile hineinzuversetzen, worauf Mimik, Sprechen und eben auch Wissen anders werden (Duerr 1979). Wolf-Dieter Storl erzählt zum Beispiel, dass nepalesische Schamanen gelegentlich ein Wildschwein als helfendes Tier mit sich führen. Um herauszubekommen, was den Erkrankten fehlt, verbinden sie sich mit dem Wildschein, laufen auf allen vieren und schnüffeln herum, bis sie erschnuppert haben, was der Grund der Erkrankung ist (Storl 2019).

Diese Praxis legt zweierlei nah. Zum einen, dass Tiere – in diesem Fall eben Wildschweine – über ein Wahrnehmungsvermögen verfügen, das das menschliche in Teilen übersteigt. Das ist auch für uns ein vertrautes Phänomen, wenn wir etwa an Drogenhunde denken, die bestimmte Substanzen riechen können. Oder, seltener, wenn Hunde einen im Körper wachsenden Krebs zu riechen vermögen. Ein Phänomen, durch das der alte Freud auf die Nähe zu seinem geliebten Chow-Chow verzichten musste, weil dieser den Gestank, der für sein Sensorium von Freuds Krebserkrankung ausging, nicht ertrug.

Zum anderen ist das Wildschwein, das den Schamanen begleitet, auch in einer geistigen Dimension sein Hilfswesen. Es erschnüffelt mehr, als sich im biochemischen Sinn erschnüffeln ließe; es merkt vielmehr im übertragenen Sinn, wo etwas »stinkt«, und nimmt dann die Fährte dieses Geschehens auf.

15.2 Das wissende Tier als Symbol

Die erste Ebene der Begegnung mit dem wissenden Tier ist eine symbolische (Hannah 2006). In Fabeln tauchen Tiere oftmals als Verkörperungen menschlicher Eigenschaften auf. Der Fuchs ist schlau, die Eule weise, der Wolf hinterhältig, der Bär gemütlich, der Löwe mutig und der Hund treu.

Wenn wir Menschen mit solchen Eigenschaften in Verbindung bringen, greifen wir dies auf. Nennen Menschen löwenmutig oder feige wie Hyänen. Das Beispiel lässt aber erkennen, dass es hier um menschliche Zuschreibungen geht, die nichts mit den Tieren zu tun haben. Weder kann man Löwen nämlich als ungewöhnlich mutig ansehen, noch Hyänen als feige.

Die symbolische Ebene aber, die wir hier berühren, führt uns weiter. Sie ruft unsere Assoziationen auf, und es scheint, dass das Unbewusste, das da wirkt, um diese Assoziationen weiß.

> Eine Klientin berichtet von wiederholten Problemen mit Ämtern, die sie erst in Angst versetzten und jetzt zornig machen. Die Behörden erscheinen ihr rigide, mitunter bösartig und von der Arroganz der Macht geprägt. Sie selbst zähle da nicht.

Unvermittelt erzählt sie, wie sie einen Hund gesehen habe, der an einem Baum sein Wasser abschlug.

»Angepisst!« ruft sie aus, und wiederholt noch einmal: »Angepisst. Genau so fühlte ich mich.«

Die Therapeutin greift die Erfahrung auf und lenkt die Aufmerksamkeit der Klientin auf das Tier und wie es auf sie gewirkt habe.

»Der Hund? Keine Ahnung. Ein Hund eben.«

»Und der Baum?«

»Na, dem war es egal.«

Sie muss lachen.

»Aber dieses Gleichgültige, verstehen Sie? Dem Hund ist es egal, dem Baum auch. Der Hund pinkelt einfach auf alles, was er findet. Und der Baum steht da eben herum. Aber ich bin kein Baum, und ich will nicht angepinkelt werden!«

Die Therapeutin äußert Verständnis. Dann fragt sie langsam, ob man die Symbolik nicht auch umdrehen könnte. So dass die Klientin sich weniger mit dem Baum identifiziert, als mit der Hündin …

Die Klientin stellt fest, dass sie in der Folge für Hunde aufmerksamer wird. Dabei registriert sie, dass diese ihr in ihrer natürlichen Instinkthaftigkeit sympathischer werden, als das vorher der Fall war. Auch spricht sie davon, dass Hunde etwas haben, was ihr imponiert: nämlich eine Art Gleichgültigkeit gegenüber den Autoritäten, deren Anordnungen sie zwar folgen, die ihnen aber keine Unterwürfigkeit abtrotzen können.

Das Beispiel zeigt zweierlei. Einmal, dass eine persönliche Interpretation tierischen Verhaltens Klischees aufsprengen kann. In diesem Fall das vom Hund, der angeblich immer folgsam ist und in der Interpretation der Klientin nun eine gewisse innere Freiheit bekommt. Sodann, dass es in manchen Lebensphasen so etwas wie eine geschärfte Aufmerksamkeit für Tierbegegnungen geben kann.

Tatsächlich kann es scheinen, als würden Tiere uns mitunter als symbolische Boten begegnen. Wir können dabei nicht sicher sagen, ob die Tiere tatsächlich anders oder häufiger in unserem Umfeld erscheinen oder ob eine gesteigerte Aufmerksamkeit uns diese Tiere öfter oder anders als gewöhnlich wahrnehmen lässt. So erzählen Klientinnen oder Patienten davon, in der Zeit, als sie den Tod einer nahestehenden Person fürchteten, vermehrt schwarze Vögel gesehen zu haben. Oder ein Klient, der sich auf dem Weg zu einer geschäftlichen Verhandlung befindet, sieht im Fenster eines zoologischen Geschäfts ein paar Kornnattern in einem Terrarium. Schlagartig fällt ihm das Wort sein, man solle listig wie die Schlangen sein, und er fühlt sich in seiner Strategie bestärkt.

In der Analytischen Psychologie wird von einem Prinzip der Synchronizität ausgegangen. Synchronizität bedeutet das akausale Zusammentreffen zweier Phänomene, wobei gewöhnlich ein innerer Prozess mit einem äußeren Geschehen zusammentrifft (Haule 2010b). Dies geschieht, ohne dass das eine kausal mit dem anderen verknüpft wäre – und doch verweisen beide aufeinander (von Franz 2015).

Phänomene dieser Art können etwas Orakelhaftes bekommen (von Franz 1987a). Hierin liegen Verführung und Gefahr gleichermaßen, denn so sehr wir uns in unserem Fühlen durch Synchronereignisse bestätigt fühlen können, so sinnvoll ist es doch, auch andere Möglichkeiten zu erwägen. Die Gefahr, dass aus einem sinnreichen Erleben etwas Abergläubisches entsteht, ist sonst groß.

15.3 Das tierische Erbe als unbewusstes Wissen

»Und es kann sein, dass Ihr Unbewusstes Ihnen etwas Elementares mitteilen kann ... aus dem, was wir Ihr Tiergehirn nennen können ... ein Teil Ihres Gehirns, der von den menschlichen Verwirrungen nichts weiß ... und gänzlich anders in sich ruht ... so wie Affen des Nachts tief und gut schlafen, auch wenn zur selben Zeit ihre Feinde unterwegs sind ... Panther oder Schlangen ... aber die Tiere ruhen einfach, sie schlafen gut ... und die Löwen, sehen Sie ... ganz entspannt, in tiefer Ruhe unter der Schirmakazie ... und von einem Moment zum anderen sind sie ganz präsent, wenn es sein muss ... und dann wieder tiefe Ruhe ...«

Eine Trance mit einem Patienten, der mit Schlafstörungen kommt. Als ehemaliger Student der Verhaltensbiologie kenne ich mich mit dem tierischen Hintergrund unseres menschlichen Verhaltens recht gut aus, und das Einbeziehen von Instinkt, Spürsinn und einer natürlichen Steuerung von Aktivität und Ruhemodus spielt in vielen meiner Behandlungen eine Rolle.

Zwischen Psychologen (insbesondere Sozialpsychologen und Psychoanalytikerinnen) und biologischen Verhaltensforschern gab es bis in die 90er Jahre hinein vehemente Auseinandersetzungen. Diese betrafen die Frage nach der Entstehung von Verhaltensmustern und ihren biologischen Hintergründen, vor allem bezüglich der Aggression.

Von heute aus besehen erscheint die Intensität der damaligen Debatte ein wenig verstörend. Im Kern ging es in ihr um die Frage, inwieweit das menschliche und das tierische Verhalten voneinander gelöst werden dürften bzw. müssten. Hierbei vertraten die biologisch Orientierten, vereinfacht gesagt, die Ansicht, dass man menschliches und tierisches Verhalten nicht voneinander trennen *dürfe*, während die gesellschaftlich Orientierten vielfach der Ansicht waren, dass man beides voneinander trennen *müsse*.

Ich selbst befand mich als eben examinierter Psychologe Ende der 80er Jahre in einer eigentümlichen Position. Ich hatte als zweites Studienfach neben Psychologie Verhaltensbiologie gehört und als Student schon in der Tierpsychologie Studien u. a. hinsichtlich der menschlichen Reaktion auf Reptilien (Schlangen) sowie zum Beutefangverhalten von Großkatzen (Löwen, Amurtiger, persische Leoparden, Jaguare und Ozelots) durchgeführt. Ich war es gewöhnt, in menschlichen Regungen eine tierische Hintergrundebene zu erkennen, und stellte nun, als junger Therapeut, fest, dass dies unter Psychoanalytikern und -therapeutinnen nicht nur seltsam erschien, sondern durchaus unerwünscht war. Das Menschliche erschien als einzigartig, die gesellschaftliche Prägung als entscheidend – hier noch auf biologische Vorstufen zu verweisen bedeutete »Biologismus«.

Nicht zuletzt durch die Hirnforschung der späten 90er Jahre haben sich solche Lagerbildungen dann aufgelöst. Auch ist die Bedeutung instinktiven Wissens mehr zum Allgemeingut geworden. In der Hypnotherapie lässt sich dieses Wissen nutzen und gleichsam erweitern, indem wir von einem »Tiergehirn« sprechen; einem Teil unseres zentralen Nervensystems, das wesentliche Aspekte der Selbststeuerung und der Selbstregulation zu übernehmen vermag.

»Und wenn ich jetzt von einem Teil Ihres Gehirns spreche ... einem Teil, der älter ist als unser menschliches Sein ... einem Teil, den aber die Katze schon hat ... oder die Löwin ... eine Löwin in der Savanne ... unter der Schirmakazie ... ganz tief ruhend ... vollkommen entspannt ... und doch ganz präsent ... und wenn es wichtig wäre, sofort ganz da und ganz wach und bereit ... etwas zu tun, wenn es nötig wäre ... die Wölfin, nicht anders ... so ruhend und ganz tief entspannt ... und Ihr Tiergehirn kann das ... einfach, indem ich es anspreche ... und es beginnt schon zu arbeiten ... in Ihrem Körper ... ganz von selbst ..«

Der Archetypus des wissenden Tiers erscheint hier in seiner nicht-sprachlichen Form; als Tiefenwissen um körperliche Regulationsmechanismen. Dass dies nicht ganz naturwissenschaftlich sauber ist, sondern eher einer Verbindung von Metaphorik und Verhaltensphysiologie entspricht, liegt auf der Hand. Ein Tiergehirn könnte ja auch das Gehirn einer Schlange oder eines Alligators sein, das Stammhirn also, dessen Regulationen vor allem den »Fight-or-Flight«-Modus betreffen. Doch machen die gewählten Beispiele – Affen, Löwen, Wölfe – deutlich, dass es hier um die Selbstregulation von Säugetieren geht, mit denen Menschen sich leichter identifizieren als mit Reptilien.

15.4 Ebenen der Tierbegegnung in Trance

Wie eine Libelle oder eine Fledermaus empfindet und die Welt sieht, können wir als Wissenschaftlerinnen und Therapeuten nicht wissen (Nagel 2016). Und doch fordert der Sage nach Merlin von Artus, Tierstufen zu durchlaufen, um zu wissen, wie eine Ameise, ein Falke, eine Forelle die Welt erleben. Merlin zufolge ist dies ein Wissen, das gute Könige brauchen.

Die Sage transportiert hier ein tiefes Wissen, das von der Wissenschaft nur in Ansätzen erfasst werden kann. Die vermittelte Botschaft lautet: Kein Tier, kein Mitwesen ist uns so fern, dass wir nicht an seinem Erleben Anteil nehmen könnten. Und dass uns diese Mitwesen nicht etwas zu sagen hätten.

Die dritte Wurzel des Archetypus vom wissenden Tier besteht so in einem Wechsel der Bewusstseinsebenen, bei dem es zu Kommunikationen kommt, die die gewöhnlichen Formen der Kommunikation weit überschreiten. Die Tiere, die uns hierbei begegnen, können wirkliche Tiere sein, Imaginationen unseres Unbewussten – oder aber Geistwesen, die sich der Tiergestalt bedienen, um uns auf sie aufmerksam zu machen (Ruland 2021).

Um den Archetyp des wissenden Tiers therapeutisch nutzbar zu machen, können wir unsere Klientinnen und Patienten in Trance einladen, einem Tier zu begegnen, das etwas für sie mitbringt. Ein Wissen, eine Botschaft. Das Tier, das Ihnen dann begegnet, können wir als Teil der Wildnis des Unbewussten beschreiben. Wir alle tragen eine Wildnis in uns, die älter ist als wir (Mohajeri 2017). Aus dieser Wildnis tritt uns das wissende Tier entgegen und bietet sein Wissen an. Die innere Wildnis ist ein unauflösliches Geflecht persönlicher und kollektiver unbewusster Anteile, so dass das wissende Tier uns oftmals erstaunlich vertraut anmuten kann. Als hätten wir schon ewig mit ihm zu tun gehabt ...

»Und während Ihnen das Tier nun gegenübertritt ... womöglich lässig vorüberstreift oder sich irgendwo niederlässt ... ganz eigen in seiner ganz besonderen Art ... so wie Sie selbst ... Tiere, die so vorüberkommen, fragt man nichts ... oder nur sehr selten ... sie geben ihre Zeichen selbst ... sprechen oder sprechen nicht ... kuscheln oder reiben sich ... umflattern oder umschweben ... weisen Wege, finden Plätze ... lassen uns ruhen, geleiten uns weiter ... wissen etwas und lassen uns mitwissen ...«

In den Tierbegegnungen in Trance erscheint das Tier zumeist friedlich, kann aber unter Umständen auch energische Züge zeigen. Dann schnappt es möglicherweise nach uns, nimmt einen Ärmel zwischen Zähne oder Fänge, korrigiert unseren Irrweg durch Stöße oder gibt Laute von sich, die wir als Signale erleben.

Bei der therapeutischen Arbeit mit dem wissenden Tier ist es wichtig, dies nicht mit den »Krafttieren« zu verwechseln, die in esoterischen Zusammenhängen eine Rolle spielen. Diese haben mit dem archetypischen Geschehen wenig zu tun und sind eher positive Imaginationen als Anteile des kollektiven Unbewussten. Wirkliche Krafttiere im schamanischen Sinn hingegen sind daran zu erkennen, dass sie zunächst Angst auslösen, ja, uns bedrohen können (Müller-Ebeling & Rätsch 2011). Erfahrungen dieser Art ereignen sich oft in Träumen; ein Beispiel dafür finden Sie im Kapitel über den Drachen-Archetypus (▶ Kap. 16.5).

15.5 Wissende Tiere in ihrer Mehrschichtigkeit

Noch einmal andere Prozesse werden initiiert, wenn wir mit Substanzen in Berührung kommen, in denen sich eine Kraft des Tiers gleichsam konzentriert. So wie wir den Fingerhut als Heil- und als Giftpflanze gleichermaßen ansehen und die Majestät seiner Erscheinung für uns von beidem geprägt erscheint, so können Tiere uns auch als Wesen erscheinen, die Tore öffnen oder verschließen.

15 Der Archetyp des wissenden Tiers

Vielleicht das vertrauteste Beispiel hierfür sind Schlangen. Sie werden ebenso verehrt wie gefürchtet, Viperngift kann ebenso tödlich sein wie lebensrettend, wenn es in Arzneien wirkt. Einerseits wurden und werden Kreuzottern oder Klapperschlangen mit Hass verfolgt und skrupellos dezimiert. Andererseits ließ man an Kultstätten im antiken Griechenland Nattern die toten Augen von Erblindeten bezüngeln. Und noch heute ist der Python-Tempel in Ouidah, Benin, ein heiliger Ort. In Indien gilt die Monokel-Kobra, die »Brillenschlange«, als Verkörperung der Göttin Jhankeshwari.

Ein Tier wie die Kröte erscheint im Vergleich hiermit wenig ambivalent. Seine oft modrig-morastigen Lebensräume und seine christliche Zuordnung zu den Geschöpfen des Teufels geben diesem Tier als unheimlicher Begleiterin von Hexen ein schlechtes Image (Müller-Ebeling 2022). Das aber führt dazu, dass die Kröte als Tier, das in Brunnen lebt und so Zugang zur Tiefe hat, kollektiv unterschätzt wird. Einzig Hexen wissen hierum, bei denen den Märchen zufolge oft Kröten wohnen.

Eine spezielle Kröte hat unter Bewusstseinsforschern und Drogenexpertinnen in den letzten Jahren besondere Aufmerksamkeit erfahren. Bufo Alvarius, die Coloradokröte, lebt in der Sonora-Wüste an den wenigen Orten, an denen Wasser gefunden wird. Das Tier wird innerhalb seiner Art als friedliebend beschrieben. Ein Sekret von Bufo Alvarius nun enthält 5-MeO-DMT, ein hoch wirksames Halluzinogen, auf dessen Einnahme sich eine eigene psychedelische Subkultur gründet (Metzner 2015).

Hat die Erfahrung, die Drogenreisende mit 5-MeO-DMT machen, irgendetwas mit dem Tier selbst, der Coloradokröte, zu tun? Im archetypischen Sinn ja. Hier ist das Tier mit den Substanzen, die ihm beigegeben sind, ja eins. Und beide haben eine physische und eine geistige Dimension. Indem die Kröte die Substanz anbietet, die Menschen ungewöhnliche Erfahrungen ermöglicht, gibt sie ein Wissen preis, das ohne sie nicht zugänglich wäre.

Im archetypischen Sinn gibt es viele Möglichkeiten, mit dem Göttlichen umzugehen (Kerényi 1955). Ein Tier wie die Kröte vermag sein Wissen durch Substanzen abzugeben, tritt dann aber als Gegenüber nicht mehr in Erscheinung. Ein anderes Muster, dem wissenden Tier zu begegnen, besteht in der gezielten Veränderung des Bewusstseins, um mit einem sonst unsichtbaren Tier zu kommunizieren.

So kann es sein, dass der Schamane im Regenwald nach der rituellen Einnahme von Ayahuasca mit einem Jaguar kommuniziert (Adelaars, Rätsch & Müller-Ebeling 2006). Hierbei muss der Jaguar weder physisch für andere wahrnehmbar sein, noch gelten die Regeln der Kommunikation der Konsensrealität.

Menschen in auf diese Weise veränderten Bewusstseinszuständen kommunizieren mit dem geistigen Resonanzraum eines Tiers, wobei das Tier hier nicht in seiner reduzierten Variante als biologische Vorform des Menschen zu verstehen ist, sondern als eine Seinsform, die etwas weiß und mitzuteilen hat. Dies freilich setzt eine Bewusstseinserweiterung oder Bewusstseinsöffnung von seiten des Menschen voraus (Nauwald 2002). Wer veränderte Bewusstseinszustände im Zusammenhang mit Tierbegegnungen kennt, hat womöglich schon einmal eine halbe Stunde mit einem Rotkehlchen gesprochen – und dabei gemerkt, dass dies tiefe, anregende Gespräche sein können.

In therapeutischen Trancen wird es nicht zwingend das Rotkehlchen sein, dem wir im Garten begegnen, und auch nicht der Jaguar, der durch den Regenwald streift. Vielmehr ereignet sich die Tierbegegnung im inneren Raum und folgt eigenen Gesetzen.

»*Tiere wissen viel, sagen die Märchen und wissen die alten Legenden ... Tiere sind in manchem wissender als wir ... sind anders vernetzt, spüren Veränderungen um sie herum ... den kommenden Regen, das Ausbrechen eines Vulkans ... und Tiere transportieren viel ... haben nicht die Weisen in den Märchen und Mythen immer Tiere bei sich? ... Eulen, Raben, manchmal Tauben ... Wölfe, Bären, wilde Katzen ... alle Tiere wissen etwas und können etwas vermitteln ... aber nicht jedes Tier spricht möglicherweise zu jedem ... was mag das Tier sein, das zu Ihnen spricht ... eben jetzt und hier ... oder in einigen Minuten.*«

Tierbegegnungen in Trance stellen sich verhältnismäßig leicht ein. Doch sind die Tiere, die sich hier zeigen, erstaunlich wenig vorhersehbar. Wissende Meerschweinchen, Schlangen, auch Käfer – die Vielfalt der mitwissenden Welt spiegelt sich in der Vielfalt jener Tiere, die sich in Trance einstellen können.

15.6 Die dunkle Seite des Archetypus vom wissenden Tier

Wissen kann helfen. Wissen kann aber auch schlimm sein. Das wissende Tier kann über Informationen verfügen, die der Mensch, der ihm begegnet, keinesfalls haben möchte, ja, die er zurückweist. Auch kann das wissende Tier Botschaften überbringen, die dunkel sind und Verlusterfahrungen nahelegen.

So zeigt das britische Traditional »Crazy Man Michael« die grausame Seite des Archetypus vom wissenden Tier. Der Rabe, dem Michael begegnet, weissagt ihm, er werde seine Frau töten. Außer sich vor Wut und Entsetzen tötet Michael den Raben – nicht ahnend, dass es sich um seine Frau handelt, die in einen Raben verwandelt wurde.

Auch hier weiß der Rabe etwas – aber das Wissen, das er hat, ist schlimm. Und mit der Verkündigung eines Schicksals, an dem Michael nichts ändern kann, tritt ihm das wissende Tier als eine unheilvolle Instanz gegenüber. Wäre Michaels Schicksal aber unausweichlich gewesen? Vielleicht, so wie der Vater des Ödipus nicht verhindern konnte, dass sein Sohn den Vater töten und die Mutter heiraten würde. Und doch gibt es zwischen Michael und Laios eine Übereinstimmung; sie wollen das Schicksal durch Brutalität wenden. Michael tötet den wissenden Raben, Laios lässt sein Kind mit durchstochenen Fersen in den Bergen aussetzen.

Was wäre geschehen, wenn Michael den Raben hätte sprechen lassen und sich dem Schmerz gestellt hätte, den die ihm verkündete Botschaft bedeutete? Das wissen wir natürlich nicht, doch besteht die Chance, dass Michael und seiner Liebsten Schicksal hierdurch eine Wende erfahren hätte.

In der Literatur erinnert das Lied vom verrückten Michael an das Gedicht »The Raven« von Edgar Allen Poe. Auch hier hat der Rabe eine dunkle Botschaft zu überbringen, bei der er allerdings kein Geschehen vorhersagt, sondern immer nur ein einziges Wort spricht, das aber die Antwort auf alle sehnsüchtig gestellten Fragen ist. Das Wort lautet: »Nevermore.«

Im Roman »Die Rättin« von Günter Grass ist die Botschaft des wissenden Tiers die einer nahenden Selbstauslöschung. Die sprechende Rättin erzählt die Geschichte der Menschheit, die jedes Maß verloren hat, im Kontrast zu den Ratten, die vermittels ihrer Kunst der Anpassung immer zu überleben imstande sind. Ihre Botschaft ist nicht weniger als die Apokalypse – eine Apokalypse, die freilich vorher hätte gesehen und womöglich verhindert werden können.

In der Therapie kann die dunkle Seite des Archetypus vom wissenden Tier sich in Botschaften zeigen, die verstören und unangenehm sind. So kann das wissende Tier in Trance darauf hinweisen, dass ein Schmerz doch eine ernstere Ursache hat oder dass wir einem Menschen, den wir in allzu freundlichem Licht betrachtet haben, doch mit mehr Skepsis begegnen sollten. Hier verhindert das wissende Tier die allzu wohlfeile Verdrängung, was wir selten nur als wohltuend erleben.

16 Der Drache und der Schatz, den er hütet

16.1 Schrecken und Heilungswissen der Drachen

Das Bild des Drachen ist vielfach gedeutet worden, und wer nach Deutungen des Drachensymbols sucht, wird daher an vielen Stellen fündig. Drachen haben die Kulturforschung (Lecouteux 1979) ebenso beschäftigt wie die Naturwissenschaft (Bölsche 1929). Was Drachen aber sind, als was wir sie begreifen können, wurde damit nur teilweise erhellt.

Das gilt auch für das Drachenmotiv in der Psychotherapie. Aus der Perspektive Jungianscher Analytischer Psychologie zum Beispiel kann der Drache sowohl unsere dunklen, abgewehrten Inhalte widerspiegeln als auch das Begehren nach Größe, Macht, Ruhm (Moore 2003).

Ebenso kann der Drache für das Chaos stehen, das geordnet werden muss (Peterson 2018). Das Ordnen wird hierbei als ein Besiegen aufgefasst – indem der Ritter den Drachen tötet, gibt er der Welt eine gute Ordnung, das Chaos muss weichen.

Dies sind freilich recht einseitige Deutungen des Drachensymbols, die schon dadurch ihre Einseitigkeit verraten, dass sie ein anderes Urbild, das des Helden nämlich, aufrufen. Wie aber sollen wir hierin alle die anderen Bilder von Drachen aufrufen, die vielleicht nicht unbedingt Schrecken erregend sind und auch nicht chaotisch, wohl aber machtvoll und vielleicht sogar schön? Bilder, in denen das Universum selbst als Drache aufgefasst werden kann (Swimme 1985)?

Der Archetypus des Drachen ist weder ein reines Urbild noch ein Verhaltensmuster. Und ebenso wenig entspricht er einem menschlichen Grundtypus wie dem Krieger oder der Heilerin. Vielmehr ist der Drache eine Wesenheit, die zum Beispiel als einziges von allen Wesen, die in das chinesische Horoskop eingingen, kein Tier im biologischen Sinn ist.

Dass der Drache als Wesenheit und als Existenzform gleichwohl überall auf der Welt vorkommt, macht ihn, in Verbindung mit seiner mächtigen mythischen Bedeutsamkeit, zum Archetyp. Wie aber mit diesem eigentümlichen Archetypus arbeiten? Um diese Frage zu beantworten, lohnt es sich, sich mit der Vielgestalt des Drachen intensiver zu beschäftigen.

16.2 Die Vielgestalt der Drachen

Drachen sind vielfältige Wesen. Und so entspricht ihnen auch kein Urbild allein, das nicht wieder variiert und kontrastiert werden müsste. Drachen haben Flügel oder eben nicht, sind schlangenartig oder eben nicht, entstammen dem Feuer oder dem Wasser und sind mal grausam und gierig und mal weise und sanft. Auch kennen wir sie als verzauberte Wesen, die, wenn sie nach und nach ihre Häute ablegen und mit Liebe behandelt werden, zu ihrer ursprünglichen Gestalt zurückkehren, die meist edler Natur ist (Shuker 1997).

Auch ist die Zuordnung des Drachen zu den Elementen unterschiedlich. Verbindet der westliche Kulturkreis den Drachen mit dem Feuer, so ist er im Chinesischen ein Wasserwesen. Gelten sie als die machtvollsten Wesen des Ätherreiches – das Äther wird in einigen spirituellen Traditionen als Element gesehen –, so gehören sie doch auch dem Feuer an und vermögen sich gleichermaßen im Wasser, der Erde und in der Luft zu bewegen (Ruland 2021). Der Drache Fuchur in Michael Endes »Die unendliche Geschichte« zum Beispiel fliegt zumeist.

Einige Beispiele mögen zeigen, wie schillernd der Drachen-Archetyp die Vorstellungswelten durchzieht. Die westlichen Menschen vertrautesten Drachen sind wohl einerseits die Lindwürmer, wütende und gefährliche Schlangenwesen, zu denen etwa die Midgardschlange der nordischen Mythologie zählt.

Andererseits ist die europäische Drachenvorstellung von flugfähigen Ungeheuern geprägt, die ganze Landstriche verwüsten und neben der Fähigkeit, Feuer zu speien, eine ausgeprägte Gier nach Schätzen, insbesondere nach Gold aufweisen. Fafnir in der Siegfried-Sage und Tolkiens Smaug entsprechen diesem Bild des Drachen. Diese Gier scheint freilich sehr menschlich zu sein, während sich die Vorstellung von einem schlangenähnlichen, geflügelten Drachen bis in die Antike zurückverfolgen lässt. Hier prägten erst die Griechen, dann die Römer unsere (westlichen) Vorstellungen von Drachen (Ogden 2021).

Der chinesische Drache Lung dagegen ist ein wohlwollendes Wesen, glückverheißend und milde gestimmt. Er hat einen schlangenhaften Körper und einen Kopf, der an ein Krokodil oder auch einen Hecht erinnert. Hinzu kommen Hörner. Flügel hat er hingegen keine.

Druk heißt ein Drache, der dem Himalaja zugeordnet wird. Europäischen Lindwürmern ähnlich mag er Schätze, nur dass er kein Gold hortet, sondern eher bei edlen Steinen gefunden wird. Auch ist er nicht gierig, obschon er neben Weisheit auch mit Wohlstand verbunden wird. Spirituell bedeutsam ist, dass er eine Brücke zwischen Himmel und Erde herzustellen vermag.

Der Tarasque entstammt wieder christlichen Vorstellungen. Regional ist er Südfrankreich zugeordnet der Tarasque hat ein Löwenmaul, weist jedoch auch Schuppen anscheinend reptilienhaften Ursprungs auf. Grausamkeit und Zerstörungswut prägen seinen Charakter. Doch wird gesagt, dass die heilige Martha ihn mit Hilfe eines Kreuzes und durch Gebete zu beruhigen wusste, worauf man ihn gefahrlos töten konnte.

Das letzte Bild offenbart einen Aspekt des Drachen-Archetyps mit großer Deutlichkeit. Wo man ihn als grausam und gefährlich zeichnet, da ruft er wie im Spiegelbild auch die menschliche Grausamkeit und Gefährlichkeit hervor. Erscheint die Zähmung durch Gebet und religiöse Riten noch als schöner Akt, so wirkt die grausame Hinrichtung des wehrlosen Wesens umso abstoßender. Und wird nur dadurch nachvollziehbar, dass die Angst vor dem, was Drachen können, dramatische Ausmaße annehmen kann.

16.3 Der Drache und das Schlangensymbol

Viele Vorstellungen von Drachen sind wohl auf die Wahrnehmung bedrohlicher, mächtiger Reptilien zurückzuführen: Riesenschlangen, Warane, Krokodile. Schaut man sich diese Tiere an, so finden sich in der Tat Übereinstimmungen: Lange Hälse, scharfe Zahnreihen, Schuppenpanzer. Und auch, was diese Tiere von sich geben, passt zur Vorstellung, die wir uns von Drachen machen: Es sind zischende Laute oder Fauchlaute.

Können wir also den Drachen als seelisches Bild somit als einen Teil des Schlangensymbols auffassen? Manches spricht dafür. Zumindest ein Teil unserer Vorstellungen von Drachen ist mit der Schlangengestalt verknüpft, nämlich der »Lindwurm« der deutschen Sage, in dessen Name die Schlange ja schon vorkommt, wird sie doch im Altdeutschen, so zum Beispiel in Bibelübersetzungen, als »Wurm« bezeichnet.

Tatsächlich wird dem Lindwurm vieles zugeschrieben, was auch Schlangen unterstellt wurde: von Heimtücke und Falschheit über Verführungskraft bis hin zum Hüten der Weisheit und dem Besitz heilsamer Kräfte.

Die Heilpädagogin und Kunsttherapeutin Johanna Schacht hat die Herkunft des Schlangen-Archetypus in matriarchalen Kulturen verortet (Schacht 2012). Sah Freud in der Schlange ein Phallussymbol, so steht sie in matriarchaler Sicht stellvertretend für die Nabelschnur, also für etwas Verbindendes. Beides sind natürlich nicht menschliche Urerfahrungen, sondern symbolische Aufladungen. Diese aber werden von Programmen bestimmt, von Machtverhältnissen und von dem, was Machthabende wollen. So sei, schreibt Schacht, die frühpatriarchale Mythologie durchzogen von Schlangentötungen.

Ein Beispiel hierfür wäre die mythische Geschichte von Apollon, der das Wächtertier des Orakels von Delphi, die Pythia, umbringt. Es kann vermutet werden, dass hinter dieser Erzählung eine handfeste zoologische Wahrheit steckt, indem die Pythia ein Python gewesen sein könnte, eine große Schlange also, die in Afrika und Asien beheimatet ist. Sicher ist, dass hier eine Wurzel unserer westlichen Vorstellungen von Drachen vorliegt, weil Drachenmythen und Schlangenkulte in der griechischen und römischen Antike eng verwandt waren und bis heute unsere Vorstellungen prägen (Ogden 2013).

Ich habe die Verbindung von Schlangensymbolik und dem Bild des Drachen selbst einmal ausführlich durchgearbeitet. Zu dieser Zeit befand ich mich als junger Therapeut in einer mehrjährigen jungianischen Weiterbildung und arbeitete intensiv an Träumen und ihren archetypischen Inhalten.

Zu einem Zeitpunkt, zu dem gravierende äußere Veränderungen diese Weiterbildung begleiteten, hatte ich drei Nächte hintereinander Träume, die bis heute zu den schlimmsten meines Lebens zählen. Denn ich wurde in diesen Träumen von einer Anakonda angegriffen. Sie fiel über mich her, umwand mich mit ihrem unfassbar starken Körper und ließ mich in der Umklammerung ersticken. Im Augenblick des Sterbens erwachte ich, am ganzen Körper bebend und im halb dunklen Zimmer um mich schauend, ob das Tier nicht doch irgendwo noch lauere.

Nie zuvor und auch nie mehr danach habe ich Angst vor dem Schlaf empfunden, weil ich mich vor den Träumen fürchtete. Doch wenn der Psychoanalytiker Felix de Mendelssohn meint, dass Schlafstörungen auf unbewusste Ängste vor dem Träumen hindeuten (Mendelssohn 2014), so muss ich sagen: Unbewusst war die Angst nicht. Und für wenige Tage entfremdete sie mich der Welt der Träume, in der ich mich immer eher heimisch gefühlt habe.

Als ich im Kreis der Jungianer von diesen Träumen erzählte, bot mir ein älterer Analytiker eine Deutung an. Ich sei, im Sinn C. G. Jungs, ganz offenbar in einen »Drachenkampf« verwickelt. Was es zu besiegen gelte, wären meine dunklen seelischen Anteile, deren Macht mich zu ersticken drohte. Mir schien dies der Heftigkeit meines Erlebens nicht angemessen, doch er entgegnete: Erst im »Drachenkampf« würden wir spüren, wie stark das Düstere und Wilde in uns noch präsent sei.

Mit einem leisen Lächeln machte mich der ältere Kollege dann noch darauf aufmerksam, dass man seinen Namen ja auch nicht zufällig habe. Gewiss, man bekam ihn von den Eltern, aber in jeder Namensverleihung wirkten zugleich andere Kräfte. Meiner, Georg, war der Name eines legendären Drachentöters. Lag es da so fern, von einem Drachenkampf zu träumen?

Tatsächlich hatte ich nach dieser Deutung einen weiteren Traum, in dem ich mit einem kleinen Drachen in der Hand durch einen fahrenden Zug spazierte und ihn allen Leuten zeigte. Triumph des Ich? So empfand ich es damals. Doch bleibt mir der Eindruck bestehen, dass hier nur ein Teil des inneren Geschehens erfasst wurde, indem nämlich die Schlange klar eine Schlange war und eben kein feuerspeiender Lindwurm. Die Begegnung mit Drachen gestaltet sich innerpsychisch hingegen erheblich komplizierter, weil hierfür das evolutionär beigegebene Erfahrungsmoment fehlt.

16.4 Drachen imaginativ schauen

Auf einem Studienblatt Leonardo da Vincis, das auf den Zeitraum zwischen 1513 und 1515 datiert und heute in der Royal Library in Windsor Castle verwahrt wird, sieht man inmitten von Katzen, kleinen Hunden und Wieseln einen einzigen Drachen. Dieser Drache ist mit einer solchen Selbstverständlichkeit in den Reigen der anderen Tierwelt hineinplatziert worden, dass dies nur einen Schluss zulässt: Leonardo gab dem Drachen denselben Realitätsrang wie den ihn umgebenden Tieren. Er unterschied nicht zwischen realer Tierwelt und Ausgeburten der Fantasie.

Man wird einwenden, der genaue Naturbetrachter Leonardo habe gewiss sehr genau gewusst, wo die Grenze zwischen wirklicher Natur und Fantasiewelt verlaufe. Aber das hieße zu verkennen, dass Drachen zu dieser Zeit nicht als Ausgeburten der Fantasie galten. Noch der Schweizer Arzt und Naturforscher Conrad Gesner (die Schreibweise seines Namens variiert, man findet ihn auch unter »Gessner«), der immerhin mehr als sechzig Jahre nach Leonardo geboren wurde, stellte in seinen Abhandlungen über Wassertiere den Drachen mit dar (Leu 2016).

Nun besteht freilich ein Unterschied, ob man eine Naturgeschichte als wissenschaftliches Monumentalwerk anlegt wie die Tierwelt nach Brehm einige Jahrhunderte später. Oder ob man ein Wesen ganz selbstverständlich unter anderen Tierwesen zeigt, so als gehöre es als Wesen, das man mit eigenen Augen gesehen hat, dazu. Im ersten Fall wäre ganz selbstverständlich, dass der Autor sich auch auf Quellen stützt und nicht alles gesehen hat, was er in die Darstellung aufnimmt. Im zweiten Fall allerdings erzeugt der Maler den Eindruck, das Fabelwesen habe ihm ebenso Modell gesessen wie die kleinen Hunde und Kätzchen.

Dies ist im Fall Leonardo besonders bedeutsam, weil dieser selbst die Prämisse formulierte, man brauche der Natur nur in ausreichendem Maß zuzuschauen, und dann finde man unweigerlich die Gründe, warum dies sich so und jenes sich anders gestalte; gerade weil er seinen Lehrlingen überdies die Anweisung gab, sie mögen eine einfache Mauer betrachten und dann die darin liegenden Formen und Figuren erkennen; gerade weil Leonardo also das eine vom anderen habe trennen können, sei der Drache inmitten von Hündchen, Katzen und Wieseln wohl eher als ein Spaß zu verstehen, eine Ausgeburt seines mitunter ins Groteske spielenden Humors und nicht mehr.

Möglich ist das gewiss. Aber unwahrscheinlich ist es auch. Schon der hohe Grad an Natürlichkeit, mit der der kleine Drache dem Bild eingefügt wurde, spricht dagegen. Und dann: Haben nicht auch andere Maler, Dürer zum Beispiel, Tiere gezeichnet, die sie selbst nie gesehen haben (einen Löwen oder ein Nashorn), um von ihrer Existenz und der Beschaffenheit ihrer Gestalt eine Vorstellung zu geben? Die betreffenden Maler nutzten einfach das, was sie gehört hatten, Beschreibungen Weitgereister, zeichneten danach und bildeten so das, was später als ein Konterfei des Nashorns oder des Löwen in die Welt kam. Vielleicht war dies beim Drachen des Leonardo da Vinci ähnlich?

Und dann gäbe es noch die Möglichkeit, dass Leonardo den Drachen tatsächlich sah. Diese Möglichkeit lässt zu, dass es eine Art zu sehen gibt, die Leonardo da Vinci nicht unvertraut war. Ein Gesichtssinn, der in eine Welt hineinblickt, die nicht wirklich im Draußen liegt, aber gleichwohl da ist. Man weiß von Leonardo, dass er dem Gesichtssinn vor allen anderen Sinnen die höchste Erkenntnisfähigkeit zumaß. Aber vielleicht war das, was er unter Sehen-Können verstand, einfach etwas weiter angelegt und umfasste die Kraft der Imagination mit? So dass Leonardo, um ein altes Wort zu benutzen, den kleinen Drachen nicht sah, sondern schaute? Dies würde bedeuten, dass wir, um Drachen in Traum oder Trance zu begegnen, nicht allein wie bei Schlangen auf das biologische Erbe vertrauen können, sondern auch unsere Vorstellungskraft benötigen.

16.5 Von Drachen träumen

Ein großer Teil der therapeutischen und analytischen Arbeit mit Archetypen geht auf die Beschäftigung mit Träumen zurück. Drachenträume sind im Vergleich zu Schlangenträumen, die verhältnismäßig häufig vorkommen, jedoch selten. Gleichwohl hat der antike Traumdeuter Artermidor, auf den Freud sich bezog (Kurth 1951), Drachenträume erwähnt und die darin auftauchenden Drachen mit Herrschaft und königlicher Macht in Verbindung gebracht. Dies könnte jedoch dem Umstand geschuldet sein, dass die antike Traumdeutung sich noch in einer Sphäre bewegte, die das Träumen von Sphinxen oder Sirenen ebenso einschloss wie eben das Träumen von Drachen (Walde 2001).

Um zu erkunden, wie leicht es uns fällt, Drachen aus dem Unbewussten in uns aufsteigen zu lassen, gab ich in mehreren Seminaren die Anregung aus, wir könnten versuchen, im Lauf der Nacht von Drachen zu träumen oder sie im nächtlichen Erleben auf irgendeine Weise wahrzunehmen. Wichtig war dabei, das Drachenmotiv von der Welt der Maschinen fernzuhalten. Denn obschon manche Traumdeutende glauben, dass Drachenträume in heutiger Zeit etwa als Träume von riesigen Baggern in Erscheinung treten, so fehlt dieser aus kindlicher Sicht womöglich überzeugenden Position doch gänzlich der archetypische Tiefengehalt. So dass die Assoziation Bagger = Drache wohl nur den Attributen »groß«, »laut«, »eindrucksvoll« geschuldet ist.

Mit der Bereitschaft versehen, mich von einem Drachen im Traum entweder überraschen oder aber mich von seinem Ausbleiben enttäuschen zu lassen, ging ich eines Nachts in den Schlaf. Das Seminar fand in der Schweiz statt, wo Drachen an vielen Orten angeblich gesichtet wurden. So erwartete ich bestenfalls einen faszinierenden Traum, der mir Aufschluss gäbe. Auch die Möglichkeit eines Albtraums zog ich in Betracht.

Womit ich in keiner Weise gerechnet hatte, war dies: Ich träumte nicht, sondern erwachte mit einem Mal im Dunkel meines Hotelzimmers. Und da war – eine Stimme. Keine Stimme, wie wir sie vollkommen im Außen lokalisieren würden, aber auch nichts, was vertrauten inneren Stimmen ähnlich wäre. Die Stimme dröhnte gewissermaßen in meinem Kopf.

Kein Drachentraum also. Aber gleichwohl eine Präsenz. Mein eigener Schrecken erstaunte mich. Ich fühlte keine Angst, wohl aber jenen Schauder, der das Gewahr-Werden von etwas begleitet, von dessen Existenz man eher spielerisch ausging. Und das nun mit uns Ernst macht.

Was das Unbewusste hier erfahrbar macht, kann der kritischen Vernunft lächerlich erscheinen. Drachen gibt es – irgendwie. Sich der Zone anzunähern, ab wo es sie geben könnte, hat den Charakter einer Risikoerfahrung. Jenseits dieser Stelle werden Drachen sein: Dieser Satz findet sich mitunter im Zusammenhang mit alten Seekarten dort, wo ein erforschtes Gebiet endet und eine Sphäre des Unbekannten und also auch Bedrohlichen beginnt. Man spricht heute noch von so genannten »Drachenlinien«.

> Ein allgemeiner Austausch am folgenden Morgen ergab sehr unterschiedliche Ergebnisse. Manche hatten zwar nicht von Drachen geträumt, wohl aber vor dem Einschlafen welche fantasiert. Andere wussten im Schlaf noch, dass es irgendwie um Drachen gehen sollte, ohne aber in Bilderwelten vorzustoßen.
>
> Die Befunde schienen darauf hinzudeuten, dass Drachen in uns nur schwer aufzurufen sind. Zwar können Bilder entstehen, die zumeist dann an Filme oder Serien angelehnt sind, so etwa an »Harry Potter« oder »Game of Thrones«. Aber die Präsenz eines Drachen aufzurufen erscheint schwieriger, als das bei anderen Archetypen der Fall ist.

> Möglich ist jedoch, dass die Beschäftigung mit dem Drachen-Archetypus im Unbewussten die Möglichkeit von Drachenbegegnungen fördert. Denn beim Schreiben dieses Buchs stellte sich plötzlich und ungerufen ein Drachentraum ein. Ich lag im Traum erst schlafend, dann ruhend und betrachtend neben einem riesigen Drachen. Ich spürte, er war mir freundlich gesonnen; seine Präsenz hatte nichts Furchterregendes, ich fühlte mich im Gegenteil seltsam geschützt. Mit Erstaunen nahm ich zur Kenntnis, dass der Drache zudem keineswegs stank. Vielmehr roch er nach dem, was ich selbst am Abend hatte trinken wollen, nämlich nach Zistrosentee.

16.6 Die Drachenhöhlen-Trance

»Es ist nichts von ihm zu sehen. Aber Sie wissen, dass er da ist. Vielleicht spüren Sie einen Hitzeschwall. Oder es riecht eigentümlich. Vielleicht ist ein Grollen zu hören. Vielleicht nur seine Präsenz zu spüren.

Da drinnen irgendwo liegt er. Liegt und wartet auf nichts. Weil alles, was er begehrt, zu ihm kommen wird. Er muss nur warten. Er ist ja schon da. Wachsam, selbst im Schlaf.

Was nun tun? Hineingehen, warten? Sich wieder davonmachen? Das wäre verständlich und völlig in Ordnung. Aber andererseits – Sie wollten ja etwas, nicht wahr? Und was war das noch?«

So oder so ähnlich beginnt eine Trance, mit der Klientinnen und Patienten eingeladen werden, sich »ihrem« Drachen zu stellen. Die Drachenbegegnung steht für etwas, dem nicht zu entgehen ist. Eine Auseinandersetzung mit den dunklen

Möglichkeiten, die eine Erkrankung oder eine Problematik birgt. Eine Konfrontation mit dem Schlimmsten, was möglich wäre.

Ich arbeite mit der Drachenhöhle, in der der Drache nicht sichtbar ist, aus zwei Gründen. Zum einen ist, wie ich gleich zeigen werden, die innere Repräsentation von Drachen schwerer als die etwa eines Tiers. Zum anderen stellt die Höhle so etwas wie den klar umrissenen Ort der Konfrontation dar. Und kann zugleich auch eine Schatzhöhle sein.

»Sie warten. Sie spüren. Sie sind gerüstet mit allem, was Sie benötigen. Sie wollen nicht töten. Aber Sie wollen siegen. Erringen, was der Drache kann und weiß. Die Schätze finden und sich ihrer als würdig erweisen.«

Die eigentliche Auseinandersetzung mit dem Drachen findet dann eher im Fühlen statt als im Sehen.

»Und dann auf einmal ist er da. Der Drache mit allem, was er kann, hat und weiß. Gewaltig. Machtvoll. Und Sie wissen, nun müssen Sie kämpfen, müssen allen Mut zusammennehmen, alles nutzen, was Sie mit sich tragen … und ja, ja, jetzt spüren Sie es … Sie tragen eine Kraft in sich, die noch nie so groß und so spürbar war wie jetzt … und dann, wenn ich Sie bitte, tief zu atmen, dann wird alles gut sein, alles gut …«

16.7 Was ist das, einen Drachen besiegen?

»Besiegt?«
»Besiegt.«

Ich lasse mir erzählen, was der junge Klient erlebt. Er hat eine Lehre als Zimmermann begonnen, ist viel unterwegs und liebt Fantasy. Seine immer wieder auftretenden Angstattacken haben ihn erst zu einem verhaltenstherapeutisch arbeitenden Kollegen geführt, durch dessen Arbeit er sich der sozialen Welt gegenüber nun sicherer fühlte. Hernach aber kam er zu mir, weil er meinte, da sei noch etwas mit seinen Ängsten, und das wolle er anders angehen.

Ich erfahre, dass der Klient sich nach außen zwar sicherer gibt, aber in sich noch eine Art von sozialer Verstörung spürt. Die möchte er in Trance überwinden. Ich erzähle ihm von archetypischem Wirken, und er, in dessen Liebe zur Fantasy auch eine Liebe zur Mythologie und zur tiefen Psyche steckt, nimmt gern meinen Vorschlag an, mit dem Drachen und seiner Energie zu arbeiten. In Trance hat er sich der Drachenhöhle genähert und einen ersten Kampf durchgestanden. Wobei ich gesagt habe, dass es gut denkbar sei, dass wir mehrmals dorthin gingen, wenn er das wolle.

»Nun, wie geht es Ihnen nach dem Kampf?«
»Naja, das war schon heftig. Ich merkte, meine Muskeln waren voll angespannt, sind sie jetzt noch.«

16.7 Was ist das, einen Drachen besiegen?

Irgendetwas zu sehen oder sonst noch zu spüren? Er sagt, er habe mit Schwert und einem Spieß zugestochen und immer wieder auf den Drachen eingeschlagen. Der liegt nun in Fetzen, und um ihn herum ist ein blutiger Matsch. So oder ähnlich muss es ausgesehen haben, als Siegfried erst im Drachenpfuhl ein Gemetzel anrichtete und dann später den Lindwurm erschlug.

Aber anders als Siegfried wirkt mein Klient nicht auftrumpfend, nicht triumphierend. Als ich vorsichtig bemerke, der Sage nach mache Drachenblut unverwundbar, bekomme ich ein Achselzucken.

»Es fühlt sich nicht gut an für Sie, nicht wahr?«

»Um ehrlich zu sein, es geht so. Auch wenn es nur Fantasie ist. Aber so eine Schlachterei ist ja irgendwie doch pervers.«

Ich nicke, denn ich teile seine Anschauung. Eine Metzelei kann, muss aber nicht zwangsläufig ein echter Sieg sein. Hier, so scheint es, fehlt noch etwas. Wir überlegen, ob man gefährliche Drachen eigentlich nur töten kann. Wie soll man überhaupt mit ihnen umgehen?

Sind insbesondere die christlich geprägten Mythen voll von Variationen der Tötung der Drachen, so hat sich der Archetypus vom Drachenkampf in der Kinderbuchliteratur auf eine zugleich friedlichere und kraftvolle Weise weiter entwickelt. In der gegenwärtig bekanntesten Variante ist dies die Reihe »Drachen zähmen leicht gemacht« von Cressida Cowell. Hier basiert das Zähmen-Können der Drachen auf einer Verkennung. Diese sind nämlich zumeist nur wild, aber nicht zwangsläufig gefährlich.

Ein anderes Beispiel wären die »Harry Potter«-Bücher von Joanne K. Rowling. Hier ist Hagrid, der Wildhüter von Hogwards, ein Freund der Drachen, der einmal auch ein Drachenbaby zum Schlüpfen bringt. Hagrid verkörpert jedoch die andere Seite der Verkennung, indem er die Gefahr, die von Drachen ausgeht, unterschätzt.

Die tiefste und therapeutisch wertvollste Form, mit Drachen umzugehen, hat aber der stark von der Anthroposophie geprägte Michael Ende in »Jim Knopf und Lukas der Lokomotivführer« gefunden. Hier wird der grausame Drache Frau Malzahn von Jim und Lukas lebendig gefangen und in das Reich Mandala gebracht, wo der Drache ein Gehege bekommt. Dort beginnt er sich zu verwandeln. Denn ein Drache, der besiegt, aber nicht getötet wird, kann zum »Goldenen Drachen der Weisheit« werden. Er wird also selbst zu dem Schatz, den er zu hüten schien.

Ich erzähle meinem Klienten hiervon, und er erkennt manches wieder. Auch gefallen ihm die alternativen Möglichkeiten, Drachen zu besiegen. Wir entscheiden, noch einmal zur Drachenhöhle zu gehen. Wie mag es sich anfühlen, den Drachen auf andere Weise zu besiegen – ohne Blut und ohne Schmerzen?

Es sind insgesamt vier Trancen, in denen mein junger Klient sich der Drachenhöhle nähert, sich dem Drachen stellt. Eine dieser Trancen wird abgebrochen, sie wird zu unheimlich. Am Ende aber überwältigt der Klient das wilde Wesen mit einem Netz, mit Drachenfutter und mit einem Zauberspruch, von dem ich sage, sein Unbewusstes könnte einen wissen.

Obschon wir mit keinem Wort das soziale Leben des jungen Mannes thematisiert haben, erfahre ich kurz danach, dass er sich selbstbewusster fühlt. Er schaut nicht mehr so sehr darauf, wie andere ihn sehen könnten. Es ist, als sei er an der in Trance auf ihn wartenden Bewährungsprobe seelisch gewachsen und die Hierarchien dessen, was ihm wichtig ist und was nicht, hätten sich neu aufgebaut.

Am Ende unserer Zusammenarbeit öffnet der junge Mann seinen Hemdkragen und lässt mich eine Drachensilhouette sehen, die er jetzt um den Hals trägt. Er wirkt reifer, lacht. Ich frage, ob es sein kann, dass er den Schatz des Drachen jetzt in sich spürt. Er nickt, ernst und zugleich mit einem Lächeln.

16.8 Das Wissen des Drachen

Dass es Drachen gibt, scheint – unter anderem – einem menschlichen Bedürfnis zu entsprechen (Egerkranz 2022). Zu vermuten ist zum Beispiel, dass die Faszination, die von Dinosauriern auf Kinder ausgeht, viel mit dem Archetypus des Drachen zu tun hat (Riedel 2003). Welches Bedürfnis aber könnte hier gestillt werden? Vielleicht, Bilder für etwas zu finden, was anders nicht erfasst werden kann.

Seiner eigenen Vielgestalt wegen kann der Drache auch für vieles stehen. In meiner eigenen Arbeit stand er ursprünglich für jedes Problem, jede Herausforderung, die die Kraft von Klientinnen oder Patienten ihrem Erleben nach überstieg. Heini Frick hat dies erweitert, indem er den Drachen vor dem Hintergrund buddhistischen Denkens auch als Dämon imaginiert oder ihn wahlweise mit Krafttieren und Schutzengeln in Verbindung bringt (Frick 2016).

Würden wir die archetypische Polarität des Drachen in Worte fassen, so könnten wir sagen: Unfassbare Bedrohung steht unfassbaren Ressourcen gegenüber. Der Drache, freundlich oder nicht, ist eine Übermacht, der auch eine Übermacht an Schätzen beigegeben ist. Ihre Schätze oder ihr Wissen aber geben sie nicht immer bereitwillig ab.

Drachenwissen ist verborgenes Wissen. Verborgen ist es hinter Abgewehrtem, kulturell minder Geschätztem. Als »Drachenzeit« hat die Autorin und Magierin Luisa Francia die Tage der Menstruation bezeichnet, in denen Wertvolles geschieht, für das aber der gesellschaftliche Anerkennungshintergrund in vielen Kulturen fehlt (Francia 1987).

So ist der Drache auch das, was überwunden werden will, um zu dem zu gelangen, was wir wirklich *schätzen*. Was unsere Schätze wären, die der Drache für jene hütet, die wagemutig genug sind, sich ihm zu stellen. Was wir schätzen und was wir wissen – aus beidem speist sich die Kraft seelischen Gesundens.

Literatur

Abt, T. (1995). Archetypische Träume zur Beziehung zwischen Psyche und Materie. In: H. Atmanspacher, H. Primas & E. Wertenschlag-Birkhäuser (Hrsg.), *Der Pauli-Jung-Dialog und seine Bedeulung für die moderne Wissenschaft* (S. 109–136). Berlin und Heidelberg: Springer.

Adam, K.-U. (2003). *Therapeutisches Arbeiten mit dem Ich. Denken, Fühlen, Empfinden, Intuieren – die vier Ich-Funktionen*. Düsseldorf und Zürich: Patmos.

Adams, M. V. (2010). *The Mythological Unconscious*. Putnam CT: Spring Publications.

Adelaars, A., Rätsch, C. & Müller-Ebeling, C. (2006). *Ayahuasca. Rituale, Zaubertränke und visionäre Kunst aus Amazonien*. 3. Auflage. Aarau: AT-Verlag.

Agamben, G. (2003). *Die kommende Gemeinschaft*. Berlin: Merve.

Aliti, A. (1994). *Die wilde Frau. Rückkehr zu den Quellen weiblicher Macht und Energie*. München: Droemer Knaur.

Ammann, A. N. (1986). *Aktive Imagination. Darstellung einer Methode*. 3. Auflage. Olten und Freiburg im Breisgau: Walter.

Anderson, W. (1993). *Der grüne Mann. Ein Archetyp der Erdverbundenheit*. Solothurn und Düsseldorf: Walter-Verlag.

Appel, J. & Grosser, D. (2017). *Brigid. Lebe die Weisheit einer Heiligen, Göttin und Druidin*. 2. Auflage. Darmstadt: Schirner.

Appel, J. & Grosser, D. (2021). *Urkraft des Nordens. Mit Ahnenwissen, Schamanengottheiten und weisen Seherinnen zu den Wurzeln unserer Spiritualität*. 2. Auflage. Bielefeld: Aurum.

Arvay, C. (2019). Eco-Psychosomatics – The Link between Natural Habits and Human Health. In: D. Kotte, W. S. Shin, Q. Li & A. Michalsen (Hrsg.), *International Handbook of Forest Therapy* (pp. 42–47). Newcastle upon Tyne: Cambridge Scholars Publishing.

Badinter, É. (1988). *Die Mutterliebe. Geschichte eines Gefühls vom 17. Jahrhundert bis heute*. München: Piper.

Balmer, Heinrich H. (1972). *Die Archetypentheorie von C. G. Jung. Eine Kritik*. Heidelberg: Springer.

Barwig, E. & Schmitz, R. (2001). Narren, Geisteskranke und Hofleute. In: B. U. Hergemöller (Hrsg.), *Randgruppen spätmittelalterlicher Gesellschaft. Ein Hand- und Studienbuch*. Neu bearbeitete Auflage. Warendorf: Fahlbusch.

Basford, K. (1998). *The Green Man*. New Edition. Woodbridge, Suffolk: Boydell & Brewer.

Bauer, W. (2014). *Der Fliegenpilz. Geheimnisvoll, giftig und heilsam. Die Wurzeln von Mythen, Märchen und Religion*. Solothurn: Nachtschatten-Verlag.

Beier, U. (1975). *The Return of the Gods. The Sacred Art of Susanne Wenger*. Cambridge: Cambridge University Press.

Betschart, I. (1941). *Theophrastus Paracelsus. Der Mensch an der Zeitenwende*. Einsiedeln und Köln: Benziger.

Blumenberg, H. (1978). *Die Sorge geht über den Fluss*. Frankfurt am Main: Suhrkamp.

Bly, R. (1991). *Eisenhans. Ein Buch über Männer*. München: Kindler.

Bölsche, W. (1929). *Drache. Sage und Naturwissenschaft. Eine volkstümliche Darstellung*. Stuttgart: Franckh'sche Verlagsbuchhandlung.

Burke, P. (1981). *Helden, Schurken und Narren. Europäische Volkskultur in der frühen Neuzeit*. Stuttgart: Klett-Cotta.

Campbell, J. (1999). *Der Heros in tausend Gestalten*. Frankfurt am Main und Leipzig: Insel.

Campbell, J. (2007). *Die Kraft der Mythen*. Düsseldorf: Albatros.

Cheetham, T. (2004). *Green Man, Earth Angel: The Prophetic Tradition and the Battle for the Soul of the World.* Albany, NY: State University of New York SUNY Press.
Cicchetti, J. T. (2010). *Träume, Symbole und Homöopathie. Archetypische Dimensionen der Heilung.* Berlin: Verlag Homöopathie und Symbol.
Conger, J. P. (2005). *Jung & Reich. The Body as Shadow.* Berkeley: North Atlantic Books.
Cowan, T. (2000). *Die Schamanen von Avalon. Reisen in die Anderwelt der Kelten.* München: Econ.
Dilts, R. B. & McDonald, R. (1998). *Und dann geschieht ein Wunder ... Tools of the Spirit. Angewandtes NLP.* Paderborn: Junfermann.
Dörner, K. (1995). *Bürger und Irre. Zur Sozialgeschichte und Wissenschaftssoziologie der Psychiatrie.* 3. Auflage: Frankfurt am Main: Europäische Verlagsanstalt.
Donath, O. (2016). *Regretting Motherhood. Wenn Mütter bereuen.* München: Knaus.
Dorst, T. (1981). *Merlin oder Das wüste Land.* Frankfurt am Main: Suhrkamp.
Dudgeon, P. (2009). *Captivated. J. M. Barrie, Daphne du Maurier and the Dark Side of Neverland.* London: Vintage.
Duerr, H. P. (1979). *Traumzeit. Über die Grenze zwischen Wildnis und Zivilisation.* 4. Auflage. Frankfurt am Main: Syndikat.
Duerr, H. P. (1985). *Sedna oder Die Liebe zum Leben.* 2. Auflage. Frankfurt am Main: Suhrkamp.
Eberwein, W. (2001). Hypnodynamik. *Suggestionen, 1,* 45–52.
Egeler, M. (2011). *Walküren, Bodbs, Sirenen. Gedanken zur religionsgeschichtlichen Anbindung Nordwesteuropas an den mediterranen Raum.* Berlin: de Gruyter.
Egerkranz, J. (2022). *Drachen.* Zürich: Atrium.
Estés, C. P. (2000). *Die Wolfsfrau. Die Kraft der weiblichen Urinstinkte.* 20. Auflage der überarbeiteten und erweiterten Ausgabe. München: Heyne.
Evers, T. (1987). *Mythos und Emanzipation. Eine kritische Annäherung an C. G. Jung.* Hamburg: Junius.
Faivre, A. (2000). *Theosophy, Imagination, Tradition. Studies in Western Esotericism.* Albany, NY: State University of New York Press.
Feinstein, D. & Krippner, S. (1995). *Persönliche Mythologie. Die psychologische Entwicklung des Selbst.* München: Hugendubel.
Findeisen, H. (1956). *Das Tier als Gott, Dämon und Ahne: eine Untersuchung über das Erleben des Tieres in der Altmenschheit.* Stuttgart: Frankh.
Fischer, S. (2013). *Das Münchhausen-by-proxy-Syndrom. Eine subtile Form der Kindesmisshandlung.* München: GRIN.
Francia, F. (1987). *Drachenzeit.* München: Frauenoffensive.
Francia, L. (1992). Susanne Wenger. In: L. Francia, *Warten auf blaue Wunder* (S. 89–97). Löhrbach: Der grüne Zweig.
Francia, L. (2000). *Zaubergarn.* 5. Auflage. München: Frauenoffensive.
Francia, L. (2019). *Der weibliche Weg zur wilden Kraft.* München: Nymphenburger.
Franz, M.-L. von (1985). *Die Suche nach dem Selbst. Individuation im Märchen.* München: Kösel.
Franz, M.-L. von (1987a). *Wissen aus der Tiefe. Über Orakel und Synchronizität.* München: Kösel.
Franz, M.-L. von (1987b). *Der ewige Jüngling. Der Puer Aeternus und der kreative Genius im Erwachsenen.* München: Kösel.
Franz, M.-L. von (1994). *Archetypische Dimensionen der Seele.* Einsiedeln: Daimon.
Franz, M.-L. von (2009). *Aktive Imagination und Alchemie.* Egg: Fo-Fotorotar.
Franz, M.-L. von (2015). *Divination und Synchronizität. Zur Psychologie des sinnvollen Zufalls.* Küsnacht: Stiftung für Jung'sche Psychologie.
Franz, M.-L. Von (2019). *Archetypische Muster im Märchen.* Küsnacht: Stiftung für Jung'sche Psychologie.
Frey, D. (Hrsg.) (2017). *Psychologie der Märchen. 41 Märchen wissenschaftlich analysiert – und was wir heute aus ihnen lernen können.* Berlin: Springer.
Frick, H. (2016). Der »Palast der Wünsche« und die Drachen-Trance von Georg Milzner. *CH Hypnose, 26, 1,* 13–16.
Frischkind, M. (2019). Das Schwert der Jungfrau. *Spuren,* Heft 132.
Gagliano, M. (2018). *Thus Spoke the Plant. A Remarkable Journey of Groundbreaking Scientific Discoveries and Personal Encounters with Plants.* Berkely: North Atlantic Books.

Gess, H. (1994). *Vom Faschismus zum Neuen Denken. C. G. Jungs Theorie im Wandel der Zeit.* Lüneburg: zu Klampen.
Gilligan, S. G. (2011). *Liebe dich selbst wie deinen Nächsten. Die Psychotherapie der Selbstbeziehung.* 3. Auflage. Heidelberg: Carl Auer-Verlag.
Gilligan, S. G. & Dilts, R. (2013). *Die Heldenreise. Auf dem Weg zur Selbstentdeckung.* Paderborn: Junfermann.
Ginzburg, C. (1990). *Hexensabbat. Entzifferung einer nächtlichen Geschichte.* Berlin: Wagenbach.
Ginzburg, C. (1995). *Spurensicherung. Die Wissenschaft auf der Suche nach sich selbst.* Berlin: Wagenbach.
Göttner-Abendroth. H. (2005). *Frau Holle. Das Feenvolk der Dolomiten: die großen Göttinnenmythen Mitteleuropas und der Alpe.* Königstein/Taunus: Verlag Ulrike Helmer.
Goodall, J. & Berman, P. (1999). *Grund zur Hoffnung.* Autobiographie. München: Bertelsmann.
Goodman, F. (2003). *Trance. Der uralte Weg zum religiösen Erleben.* 5. Auflage. Gütersloh: Gütersloher Verlagshaus.
Grof, S. (2007). *Kosmos und Psyche. An den Grenzen menschlichen Bewusstseins.* 5. Auflage. Frankfurt am Main: Fischer.
Grof, S. (2008). *Impossible – Wenn Unglaubliches passiert. Das Abenteuer außergewöhnlicher Bewusstseinserfahrungen.* München: Kösel.
Grof, S. (2019). *Revision der Psychologie. Das Erbe eines halben Jahrhunderts Bewusstseinsforschung.* Solothurn: Nachtschatten Verlag.
Groys, B. (2022). *Philosophie der Sorge.* München: Claudius.
Gschwend, G. (2000). Pathogramm von Nietzsche aus neurologischer Sicht. *Schweizer Ärztezeitung, 81,* 45–48.
Gussone, B. & Schiepek, G. (2000). *Die »Sorge um sich«. Burnout-Präsention und Lebenskunst in helfenden Berufen.* Tübingen: dgvt.
Hagemann, J. (2014). *ADHS bei Kindern. Behandlung durch Medikamente oder körperliche Betätigung?* München: GRIN.
Hagner, M. (2006). *Der Geist bei der Arbeit. Historische Untersuchungen zur Hirnforschung.* Göttingen: Wallstein.
Halbwachs, M. (1985). *Das kollektive Gedächtnis.* Frankfurt am Main: Fischer.
Hampe, M. (2020). *Die Wildnis, die Seele, das Nichts. Über das wirkliche Leben.* München: Hanser.
Hannah, B. (1991). *Begegnungen mit der Seele. Aktive Imagination – der Weg zu Heilung und Ganzheit.* München: Droemer Knaur.
Hannah, B. (2006). *The Archetypal Symbolism of Animals.* New York: Chiron.
Haule, J. R. (2010a). *Jung in the 21st Century. Volume One: Evolution and Archetype.* New York: Routledge.
Haule, J. R. (2010b). *Jung in the 21st Century. Volume Two: Synchronicity and Science.* New York: Routledge.
Haykin, M. D. (1998). Fifty Years – A Perspektive. *Transactional Analysis Journal, 28,* 1, 35–44.
Heinz-Moor, G. (1988). *Lexikon der Symbole. Bilder und Zeichen der christlichen Kunst.* München: Diederichs.
Hetmann, F. (1982). *Traumgesicht und Zauberspur. Märchenforschung, Märchenkunde, Märchendiskussion.* Frankfurt am Main: Fischer.
Highwater, J. (1992). *Sexualität und Mythos. Wie die Kultur die Lust bestimmt.* Solothurn: Walter-Verlag.
Hill, J. H. (2000). *Die Botschaft der Baumfrau.* München: Riemann.
Hillman, J. & Ventura, M. (1993). *Hundert Jahre Psychotherapie – und der Welt geht's immer schlechter.* Solothurn und Düsseldorf: Walter.
Höffgen, T. (2023). *Schamanismus bei den Germanen. Götter, Menschen, Tiere, Pflanzen.* 6. Auflage. Meschede: Edition Roter Drache.
Hofmann, L. & Rösler, C. (2010). Der Archetyp des verwundeten Heilers. *Transpersonale Psychologie und Psychotherapie 16,* 1, 75–90.
Hübner, K. (2013). *Die Wahrheit des Mythos.* 2. Auflage. Freiburg i. Br.: Karl Alber.
Hüther, G. & Bonney, H. (2013). *Neues vom Zappelphillipp. ADS verstehen, vorbeugen und behandeln.* 2. Auflage. Weinheim: Beltz.

Hyde, L. (1998). *Trickster makes this world. Mischief, Myth, and Art.* New York: Farrar Straus and Giroux.
Jacobi, J. (1957). *Komplex, Archetypus, Symbol in der Psychologie C. G. Jungs.* Zurich: Rascher.
Jacobi, J. (1969). *Vom Bilderreich der Seele. Wege und Umwege zu sich selbst.* Olten: Walter.
Jacobs, A. (1994). Theory as Ideology: Reparenting and Thought Reform. *Transactional Analysis Journal, 24, 1,* 39–55.
James, E. O. (1959).*The Cult of the Mother Goddess. An Archaeological and Documentary Study.* New York: Praeger.
Jasnow, R. (2007). Isis, das göttliche Kind und die Weltordnung. Neue religiöse Texte aus dem Fayum nach dem Papyrus Wien D, 12006 Recto. *Journal of Ancient New Eastern Religions, 7, 2,* 239–245.
Jung. C. G. (1942). *Paracelsia. Zwei Vorlesungen über den Arzt und Philosophen Theophrastus.* Zürich: Rascher.
Jung, C. G. (1954). *Von den Wurzeln des Bewusstseins.* Zürich: Rascher.
Jung, C. G. & Kerényi, K. (1951). *Das göttliche Kind. Einführung in das Wesen der Mythologie.* Zürich: Rhein-Verlag.
Jung, L. (1995). *Der Archetypus des Knaben in der heutigen Zeit.* Küsnacht: Stiftung für Jung'sche Psychologie.
Kaiser-Rekkas, A. (2021). *Die Fee, das Tier und der Freund. Hypnotherapie in der Psychosomatik.* 5. Auflage. Heidelberg: Carl Auer-Verlag.
Keller, A. (2021). *Der »innere Arzt«. Kneipps Ordnungstherapie aus heutiger Sicht kann mehr als wir glauben.* Mindelheim: Hans Högel.
Kerényi, K. (1955). *Umgang mit Göttlichem.* Göttingen: Vandenhoeck & Ruprecht.
Kerényi, K. (1956). *Der göttliche Arzt. Studien über Asklepios und seine Kultstätten.* Neuausgabe. Darmstadt: Hermann Gentner.
Kiley, D. (1991). *Das Peter-Pan-Syndrom. Männer, die nie erwachsen werden.* 3. Auflage. München: Heyne.
Kirn, T, Echelmeyer, L. & Engberding, M. (2015). *Imagination in der Verhaltenstherapie.* 2. Auflage. Heidelberg: Springer.
Klopf, J. (2016). Vom Trickster als Archetyp zur Sozialfigur des erfolgreichen Psychopathen. Strukturprinzipien und polymorphe Erscheinungsformen. In: J. Klopf, M. Gabriel & M. Frass (Hrsg.), *Trickster – Troll – Trug* (S. 11–50). Salzburg: Paracelsus Buchhandlung und Verlag.
Kott, J. (1990). Was tanzen wir noch vor den Göttern? In: J. Kott. (Hrsg.), *Das Gedächtnis des Körpers. Essays zu Theater und Literatur* (S. 191–197) Berlin: Alexander Verlag.
Künne, T. & Zimmer, K. M. (2020). *Heilsame Archetypen-Meditationen.* Murnau: Mankau Verlag.
Kurth, W. (1951). Das Traumbuch des Artemidoros im Lichte der Freudschen Traumlehre. *Psyche, 4,* 488–512.
Laager, J. (1957). *Geburt und Kindheit des Gottes in der griechischen Mythologie.* Winterthur. Keller.
Lacy, L. R. (1990). Aktaion and a Lost »Bath of Artemis«. *Journal of Hellenic Studies, 110,* 26–42.
Lang, G. (2013). Archetypische Bilder: »Der Eisenhans«. *Gudjons aktuell, 18,* 2–4, 54–70.
Lanner, M. (2015). Das Lachen einer Närrin. *Wege, 1,* 52.
Lanner, M. (2018). *Hin zu Fuß, zurück auf Adlerschwingen.* Stuttgart: Opus Magnum.
Larrington, C. (2015). *The Land of the Green Man. A Journey through the Supernatural Landscapes of the British Isles.* London und New York: I. B. Tauris.
Lecouteux, C. (1979). Der Drache. *Zeitschrift für deutsches Altertum und deutsche Literatur, 108,* 13–31.
Leu, U. B. (2016). *Conrad Gessner (1516–1565). Universalgelehrter und Naturforscher der Renaissance.* Zürich: Verlag Neue Zürcher Zeitung.
Leuner, H. C. (2011). *Katathym-imaginative Psychotherapie (KiP).* Fortgeführt von Eberhard Wilke. 7., unveränderte Auflage. Stuttgart: Thieme.
Likar, R., Janig, H., Pinter, G. & Kolland, F. (2022). *Selbstheilung. Der innere Arzt und die Macht der Gedanken.* Berlin: Carl Ueberreuter.
Lovelock, J. (1992). *Gaia. Die Erde ist ein Lebewesen.* Bern, München und Wien: Scherz-Verlag.

Maaz, H.-J. (2017). *Das falsche Leben: Ursachen und Folgen unserer normopathischen Gesellschaft.* München: Beck.
Mänken, S. (Hrsg.). (2020). *Mütter der Neuen Zeit. Wir plädieren für eine kindgerechte Entwicklung.* Saarbrücken: Neue Erde.
Margulis, L. (2017). *Der symbiotische Planet oder Wie die Evolution wirklich verlief.* Frankfurt am Main: Westend.
Markale, J. (1984). *Die keltische Frau. Mythos, Geschichte, soziale Stellung.* München: Dianus-Trikont.
Meadow, R. (1977). Munchausen Syndrome by Proxy: The Hinterland of Child Abuse. *The Lancet,* 310, 343–345
Mendelssohn; F. de (2014). *Der Mann, der sein Leben einem Traum verdankte. Ein Traumforscher erzählt.* Salzburg: Ecowin.
Merimi, M. (2020). *13 Monde auf dem Weg zur Crone. Entdecke die weise, alte Frau in dir. Ein schamanischer Weg.* Norderstedt: Book on Demand.
Metzner, R. (2000). *Das mystische Grün. Die Wiedervereinigung des Heiligen mit dem Natürlichen.* Engerda: Arun.
Metzner, R. (2010). *Alchemistische Divination. Heilung und Führung durch den Zugang zu deiner spirituellen Intellligenz.* Solothurn: Nachtschatten-Verlag.
Metzner, R. (2012). *Die Wurzeln von Krieg und Herrschaft.* Solothurn: Nachtschatten.
Metzner, R. (2014). *Die sechs Lebenswege.* Solothurn: Nachtschatten-Verlag.
Metzner, R. (2015). *Die Kröte und der Jaguar. Erfahrungsberichte zur Erforschung einer visionären Medizin. Bufo Alvarius und 5-MeO-DMT.* Solothurn: Nachtschatten-Verlag.
Miller, A. I. (2011). *137. C. G. Jung, Wolfgang Pauli und die Suche nach der kosmischen Zahl.* München: Deutsche Verlags-Anstalt.
Miller, H. (1991). *Der Koloss von Maroussi.* Reinbek: Rowohlt.
Milzner, G. (1996). Was ist Hypnotherapie? Überlegungen und Thesen zur Lage der Hypnotherapie als einer eigenständigen Therapieform. *Experimentelle und klinische Hypnose,* 12, 1, 73–88.
Milzner, G. (1997). Hypnotherapie mit Aggressiven. Überlegungen, Fallbeispiele und ein Modell. *Experimentelle und klinische Hypnose,* 13, 1, 55–69.
Milzner, G. (2000). Die Wiederkehr der Hypnoanalyse. Acht vorläufige Anmerkungen zu einer Debatte. *Suggestionen,* 1, 11–12.
Milzner, G. (2001). *Die Poesie der Psychosen. Zur Hypnotherapie des Verrücktseins.* Bonn: Psychiatrie-Verlag.
Milzner, G. (2005). Die Hypnotherapie von Persönlichkeitsstörungen. In: Th. Giernalczyk (Hrsg.), *Zur Therapie von Persönlichkeitsstörungen* (S. 55–66). Zweite, überarbeitete Auflage. Tübingen: DGVT.
Milzner, G. (2006). Das nicht verwendbare Kind. Suggestionen zu AD(H)S. *Sozialpsychiatrische Informationen,* 3, 24–32.
Milzner, G. (2010). *Die amerikanische Krankheit. Amoklauf als Symptom einer zerbrechenden Gesellschaft.* Gütersloh: Gütersloher Verlagshaus.
Milzner, G. (2011). C. G. Jung in den Händen des Archetypus. In: G. Milzner, *Zwischen Wartburg und Wewelsburg. Deutscher Geist und Nationalsozialismus. Zehn Porträts* (S. 130–178). Neustadt an der Orla: Arnshaugk.
Milzner, G. (2017). *Wir sind überall, nur nicht bei uns. Leben im Zeitalter des Selbstverlusts.* Weinheim: Beltz 2017.
Milzner, G. (2019). *Von fliegenden Kindern und grässlichen Monstern. Was die Träume unserer Kinder verraten.* Weinheim: Beltz.
Milzner, G. (2022). *Die Renaturierung der Kindheit. Für eine bindungsorientierte Betreuung kleiner Kinder.* Leipzig: tologo.
Mittermair, S. (2019). *Tanz der Archetypen.* 2. Auflage. Babensham: Eagle Books.
Mohajeri, T. (2017). *Die Wildnis in dir. Entdecke deine Einzigartigkeit.* München: Irisiana.
Moore, R. L. (2003). *Facing the Dragon: Confronting Personal and Spiritual Grandiosity.* Asheville, N. C.: Chiron Publications.
Moore, R. L. & Gillette, D. (1990). *König, Krieger, Magier, Liebhaber. Die Stärken des Mannes.* München: Kösel.

Morizot, B. (2020). *Philosophie der Wildnis oder Die Kunst, vom Weg abzukommen.* Stuttgart: Reclam.
Müller, U. (2006). Aufstieg und Fall der Jacqui Lee Schiff. Versuch einer Aufarbeitung. *Zeitschrift für Transaktionsanalyse,* 2.
Müller-Ebeling, C. (2022). Hexenbilder – die Dämonisierung der heilkräftigen Natur. In: C. Müller-Ebeling, C. Rätsch & W.-D. Storl, *Hexenmedizin. Die Wiederentdeckung einer verbotenen Heilkunst. Schamanische Traditionen in Europa* (S. 167–232). 16. Auflage. Aaarau und München: AT-Verlag.
Müller-Ebeling, C. & Rätsch, C. (2011). *Tiere der Schamanen. Krafttier, Totem und Tierverbündete.* Aaarau und München: AT-Verlag
Naddair, K. (1984). *From the Wildman to the Lord of the Forest. A Keltic-pagan Initiation Path.* Edinburgh: Keltia Publications.
Naddair, K. (1985). *The Search for Awen: A Guest for the Godess in Roots and Relationships.* Edinburgh: Keltia Publications.
Naddair, K. (1987). *Keltic Folk & Fairy Tales. Their hidden meaning explored.* London: Century.
Nagel, T. (2016). *What Is It Like to Be a Bat? Wie ist es, eine Fledermaus zu sein?* Stuttgart: Reclam 2016.
Nauwald, N. (2002). *Bärenkraft und Jaguarmedizin. Die bewusstseinsöffnenden Techniken der Schamanen.* Aarau und München: AT-Verlag.
Neumann, E. (1956). *Die große Mutter. Eine Phänomenologie der weiblichen Gestaltungen des Unbewussten.* Zürich: Rhein-Verlag.
Ogden, D. (2013). *Drakon. Dragon Myth and Serpent Cult in the Greek and Roman Worlds.* Oxford: Oxford University Press.
Ogden, D. (2021). *The Dragon in the West. From Ancient Myth to Modern Legend.* Oxford: Oxford University Press.
Otto, R. (2014). *Das Heilige. Über das Irrationale in der Idee des Göttlichen und sein Verhältnis zum Rationalen.* 4. Auflage. München: Beck.
Paracelsus, Theophrastus (2010). *Of the Imagination and How It Comes to Its Own Exultation.* Whitefish MT: Kessinger Publishing.
Paulsen, R. (2021). *Die große Angst. Warum wir uns mehr Sorgen machen als je eine Gesellschaft zuvor.* München: Mosaik.
Peterson, J. (2019). *Warum wir denken, wie wir denken. Wie unsere Überzeugungen und Mythen entstehen.* München: mvg.
Pieper, J. (1987). *Suche nach der Weisheit. Vier Vorlesungen.* Leipzig: St. Benno-Verlag.
Radin, P. (1972). *The Trickster. A Study in American Indian Mythology.* 2. ed. New York: Schocken.
Rätsch, C. (2019). *Der Heilige Hain. Germanische Zauberpflanzen, heilige Bäume und schamanische Rituale.* 8. Auflage. Aarau und München: AT Verlag.
Rank, O. (1907). *Der Künstler. Ansätze zu einer Sexualpsychologie.* Wien: Internationaler psychoanalytischer Verlag.
Rank, O. (1922). *Der Mythos von der Geburt des Helden. Versuch einer psychoanalytischen Mythendeutung.* Zweite, wesentlich erweiterte Auflage. Leipzig und Wien: Deuticke.
Ranke-Graves, R. v. (1981). *Die weiße Göttin. Sprache des Mythos.* Berlin: Medusa-Verlag.
Rebillot, P. (2011). *Die Heldenreise. Das Abenteuer der kreativen Selbstentfaltung.* Wasserburg: Eagle Verlag.
Reddemann, L. & Krüger, A. (2009). *Psychodynamisch Imaginative Traumatherapie für Kinder und Jugendliche.* 2. Auflage. Stuttgart: Klett-Cotta.
Renggli, F. (2014). Heilung durch Tragen: Zur Bedeutung des Kinderweinens und zur Aussöhnung der Eltern mit ihren eigenen frühen Verletzungen. In: *Dresdner Tragetage. Tagungsband 19.–21. Juli.* S. 43–54.
Riedel, I. (2003). Dinos, Zauberer und Engel – Konstellationen des kollektiven Unbewussten oder Modetrends? *Analytische Psychologie,* 34, 4, 251–265.
Riedel, I. (2005). *Frau Holle. Wie aus der ungeliebten Tochter eine starke Frau wird.* Stuttgart: Kreuz-Verlag.
Riedel, I. (2013). *Wenn Mütter und Töchter einander suchen. Das alte Wissen eines Mythos.* Berlin: Aira.

Riedel, I. (2016). *Die weise Frau. Der Archetyp der alten Weisen in Märchen, Traum und Religionsgeschichte.* Düsseldorf: Patmos.
Rösing, I. (2007). *Der verwundete Heiler. Kritische Analyse einer Metapher.* Kröning: Asanger.
Roesler, C. & Sotirova-Kohli, M. (2014). Das psychische Erbe der Menschheit. Forschungsstand und empirische Studien zum Archetypenkonzept C. G. Jungs. *Forum der Psychoanalyse, 30,* 133–155.
Roth, P. (2012). *Im Tal der Schatten. Frankfurter Poetikvorlesungen.* 3. Auflage. Frankfurt am Main: Suhrkamp.
Ruland, J. (2021). *Elfen, Feen, Gnome. Das Buch der Naturgeister.* 15. Auflage. Darmstadt: Schirner.
Sas, S. (1964). *Der Hinkende als Symbol. Studien aus dem C. G. Jung-Institut XVI.* Zürich: Rascher.
Schacht, J. (2012). Die Schlange. Zentraler Archetyp im schamanisch-matriarchalen Weltbild. *Connection Schamanismus, 10,* 14–21.
Schiff, J. L. (1970). *Alle meine Kinder. Heilung der Schizophrenie durch Wiederholung der Kindheit.* München: Kaiser.
Schmidbauer, W. (2013). *Hilflose Helfer. Über die seelische Problematik der helfenden Berufe.* 19. Auflage. Reinbek: Rowohlt.
Schmidt, K. O. (1996). *Der innere Arzt. Einführung in Wesen und Praxis der geistigen Heilung.* Pforzheim: Frick.
Schmölders, C. (2009). *Die wilde Frau. Mythische Geschichten zum Staunen, Fürchten und Begehren.* 6. Auflage. München: Diederichs.
Schott, H. (2003). Paracelsus and van Helmont on Imagination. Magnetism and Medicine before Mesmer. In: Gerhild Scholz Williams & Charles D. Gunnoe Jr. (Eds.), *Paracelsian Moments. Science, Medicine, and Astrology in Early Modern Europe.* University Park PA: Penn State University Press.
Schott, H. (2021). »Invisible Diseases« – Imagination and Magnetism: Paracelsus and the Consequences. In: Ole Peter Grell (Ed.), *Paracelsus: The Man and His Reputation, His Ideas and Their Transformation* (pp. 309–321). Leiden; Brill.
Schuldes, B. M. (2005). *Psychoaktive Pflanzen.* 16. Auflage. Löhrbach: Werner Pieper & The Grüne Kraft.
Seel, M. (2015). Facetten der Vermessenheit. *Forschung Frankfurt, 1,* 5–6.
Shuker, K. (1997). *Drachen. Mythologie – Symbolik – Geschichte.* Augsburg: Bechtermünz Verlag.
Siegmund, W. (1984). *Antiker Mythos in unseren Märchen.* Tüchersfeld: Röth.
Sjoestedt, M.-L. (1982). *Gods and Heroes of the Celts.* Berkely: Turtle Island Foundation.
Snowden, F. M. (2019). *Epidemics and Society. From the Black Death to the Present.* New Haven: Yale University Press.
Snyder, G. (2011). *Lektionen der Wildnis.* Berlin: Mattes & Seitz.
Somerset, J. (1939). The »Green man« in Church Architecture. *Folklore, 50,* 90990, 45–57.
Sotirova-Kohli, M., Rosen, D. H., Smith, S. M., Henderson, P. & Taki-Reece, S. (2011). Empirical study of Kanji as archetypal images: Understanding the collective unconscious as part of the Japanese language. *The Journal of Analytical Psychology, 56, 1,* 109–132.
Spenger, M. (2020). *Green Beat. Gary Snyder und die moderne amerikanische Umweltbewegung.* Göttingen: Vandenhoeck & Ruprecht.
Spillmann, B. & Strubel, R. (2010). *C. G. Jung – Zerrissen zwischen Mythos und Wirklichkeit. Über die Folgen persönlicher und kollektiver Spannungen im tiefenpsychologischen Erbe.* Gießen: Psychosozial-Verlag.
Stadler, M. (2002). Isis, das göttliche Kind und die Weltordnung. Prolegomena zur Deutung des unpublizierten Papyrus Wien D. 12006 recto. In: Jan Assmann und Martin Bommas (Hrsg.), *Ägyptische Mysterien?* (S. 109–125). München: Fink.
Stark, M. (2012). *Göttliche Kinder. Ikonographische Untersuchung zu den Darstellungskonzeptionen von Gott und Kind bzw. Gott und Mensch in der griechischen Kunst.* Stuttgart: Franz Steiner Verlag.
Steiner, G. (1984). *Die Frau im Berg. Die Verwandlungsfahrten der Wildfrauen.* München: Dianus-Trikont.
Steinert, S. (2022). *Hypnosystemische Kommunikation mit inneren Beratern. Mentale Techniken aus der Traditionellen Chinesischen Medizin.* Heidelberg: Carl Auer-Verlag.

Stone, M. (1976). *When God Was a Woman.* New York: Dial Press.
Storl, W.-D. (2014). *Die alte Göttin und ihre Pflanzen. Wie wir durch Märchen zu unserer Urspritualität finden.* 7. Auflage. München: Kailash.
Storl, W.-D. (2019). *Schamanentum. Die Wurzeln unserer Spiritualität.* Ein Gespräch mit Dirk Grosser. 8. Auflage. Bielefeld: Aurum.
Storl, W.-D. (2020). Revitalisierungsbewegungen. In: W.-D. Storl, *Einsichten und Weitblicke.* (S. 278–297). Aarau und München: AT-Verlag.
Swimme, B. (1985). *The Universe Is a Green Dragon.* Santa Fe: Bear & Co.
Tolstoy, N. (1997). *Auf der Suche nach Merlin. Mythos und geschichtliche Wahrheit.* München: Diederichs.
Varner, G. A. (2006). *The Mythic Forest, the Green Man and the Spirit of Nature.* New York: Algora Publishing.
Vogel, R. T. (2014). Der geheimnisvolle Weg nach innen – Grundlagen und Praxis der Aktiven Imagination. In: Brigitte Dorst und Ralf T. Vogel (Hrsg.), *Aktive Imagination. Schöpferisch leben aus inneren Bildern* (S. 15–50). Stuttgart: Kohlhammer.
Wagner, J. (2016). *Frau Holle – eine Würdigung.* Berlin: epubli.
Waibel, K. (2015). *Wilde Weiber Wünsche. Pflanzen, Sehnsucht und Begierde.* Hohenems: Bucher Verlag.
Walde, C. (2001). *Antike Traumdeutung und moderne Traumforschung.* Düsseldorf: Artemis & Winkler.
Walker, B. G. (2001). *Die Weise Alte. Kulturgeschichte, Symbolik, Archetypus.* 3. Auflage. München: Frauenoffensive 2001.
Whitmont, E. C. (1987). *Psyche und Substanz. Essays zur Homöopathie im Lichte der Psychologie C. G. Jungs.* Göttingen: Burgdorf.
Wilber, K. (1996). *Eros, Kosmos, Logos. Eine Vision an der Schwelle zum nächsten Jahrtausend.* München: Krüger.
Wild, I. (2012). Das ganz andere Mädchen. Überlegungen zu Astrid Lindgrens Kinderbuchklassiker »Pippi Langstrumpf«. In: Renate Möhrmann (Hrsg.), *Rebellisch … verzweifelt … infam. Das Böse Mädchen als ästhetische Figur.* Bielefeld: Aisthesis.
Wilson, C. (2006). *Kultstätten der Menschheit. Ein Atlas zu den heiligen Orten und mythischen Plätzen unserer Erde.* Münster: Premio.
Yeats, W. B. (2005). *The Celtic Twilight.* Cabin John, Maryland: Wildside Press.

Stichwortverzeichnis

A

Achtsamkeit 144
AD(H)S 87, 89, 102
Aktive Imagination 27
Altersregression 23
Amokläufer 10, 33
Angst 55
Assoziationen 116, 117, 121, 145, 149

B

Bewusstseinszustände 154
Bindungsstörungen 52, 53

C

Coaching 9

D

Diagnose 61
Dichter 49, 101, 119, 122
Drachenkampf 65, 160, 165

E

Ego-State 21, 23, 82
Elektra 15
Entwicklungsstufen 86
Erzählung 18, 22, 59, 68, 109, 145, 159

F

Fantasie 26, 127
Frühstörungen 52

G

Gedächtnis 9
Gehirn 11, 42, 152

Gestalttherapie 9
Gott 80

H

Harry Potter 83, 97, 102, 163, 165
Heldenreise 9, 31, 32
Hypnoanalyse 12

I

Imagination 21, 24–27, 30, 41, 57, 153, 161
Interpretation 69, 150

K

König 34, 35, 37
Königin 37, 58
Krebs 137, 138, 149
Kultstätte 135
Kulturforschung 157

L

Lebenskraft 132
Leere 55
Liebende 34, 37
Liebender 37

M

Magier 11, 22, 34, 37, 39, 40, 97
Magierin 36, 37, 39, 61, 87, 166
Meditation 25, 69, 94, 111, 144

N

Narziss 15
Naturgeschichte 161
Naturwissenschaft 157

Neurodermitis 144
Neurowissenschaften 16

O

Ödipus 15
Orakel 134, 151, 159

P

Peter Pan 84, 85
Psychose 22, 24, 55, 56, 87, 88, 126
Psychosomatik 140
Psychosynthese 9

S

Safe Place 136
Schamanen 12, 39, 59, 103, 149
Schamanismus 31
Schatten 12, 31, 38, 119
Schlange 10, 39, 78, 83, 148, 150–152, 154, 155, 158–160, 162
Schmerz 29–32, 44, 47–49, 55, 58, 59, 73, 74, 85, 131, 141, 155, 156, 165
Schmerzgedächtnis 142
Schmerzsymptomatik 141
Selbstbild 53, 90, 120
Selbsterfahrung 44, 99, 100, 108
Selbstfindung 9, 87
Selbstverwirklichung 99, 103
Selbstwissen 49
Spiritualität 56
Sprachmuster 21, 22

Suggestion 56, 90, 119, 142
Symbolik 119, 150, 159

T

Tagtraum 26, 27
Trance 11, 19, 23, 27, 32, 35, 37, 49, 52, 53, 62, 69, 72–74, 76, 78, 89, 90, 94, 98–100, 102–106, 108, 110–113, 117, 118, 121, 123, 129, 131–133, 135, 137–139, 142, 144–147, 151–153, 155, 156, 161, 163, 164, 166
Transformation 10, 28, 37, 39
Trauma 23, 29, 136
Traumdeutung 162
Träume 18, 32, 41, 42, 90, 128, 137, 143, 147, 160, 162

U

Urbild 10, 17, 18, 54, 58, 80, 81, 103, 109, 111, 157, 158
Urform 15, 94
Urkräfte 9

V

Verarbeitungsmuster 21

Z

Zwangssymptomatik 118